JN309200

WASEDA University Academic Series

早稲田大学学術叢書

12

石が語る
アンコール遺跡

―岩石学からみた世界遺産―

内田悦生
Etsuo Uchida

コラム執筆 下田一太
Ichita Shimoda

早稲田大学出版部

When the Building Blocks of Angkor Speak
—Petrological Approaches to the World Heritage—

Etsuo UCHIDA is professor of petrology, mineralogy, economic geology, and cultural property science at Waseda University, Tokyo.

An English summary of this book is on p.253.

First published in 2011 by
Waseda University Press Co., Ltd.
1-9-12-402 Nishiwaseda
Shinjuku-ku, Tokyo 169-0051
www.waseda-up.co.jp

© 2011 by Etsuo Uchida

All rights reserved. Except for short extracts used for academic purposes or book reviews, no part of this publication may be reproduced, stored in a retrieval system or transmitted in any form whatsoever—electronic, mechanical, photocopying or otherwise—without the prior and written permission of the publisher.

ISBN 978-4-657-11704-5

Printed in Japan

i　バイヨン遠景

ii　バイヨンの四面塔尊顔

iii　バンテアイ・スレイの破風

iv　遺跡の上に成長した巨大な樹木（タ・プローム）

1 タ・ケオの外周壁を構成する灰色〜黄褐色砂岩

2 バイヨン内周壁に使われている灰色〜黄褐色砂岩

3 アンコール・ワットの灰色〜黄褐色砂岩の顕微鏡写真（左：単ポーラー，右：直交ポーラー）

4 タ・ケオの緑灰色硬砂岩の顕微鏡写真（左：単ポーラー，右：直交ポーラー）

5 バンテアイ・スレイの中央祠堂および前室に使用されている赤色砂岩

6 バンテアイ・スレイの赤色砂岩の顕微鏡写真 (左:単ポーラー, 右:直交ポーラー)

7 タ・ケオの基壇に見られる良質のピソライト質ラテライト

8 バクセイ・チャムクロンの基壇に見られる多孔質ラテライト

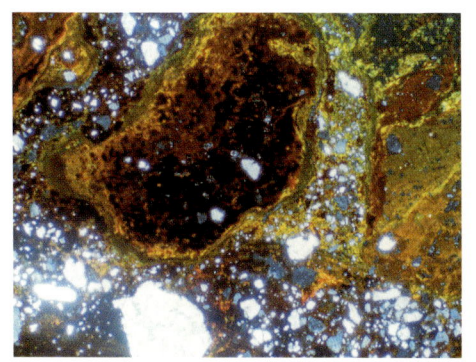

9 プラサート・スープラのピソライト質ラテライトの顕微鏡写真（直交ポーラー）

10 JSAが修復用に使用しているラテライト新材の石切り場

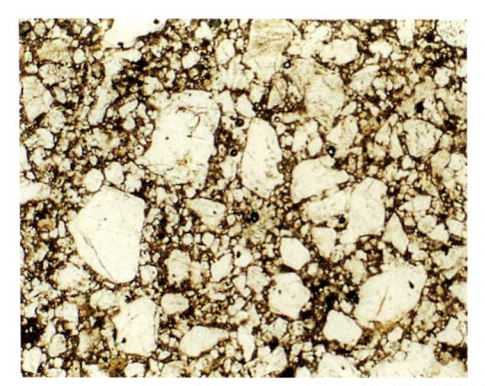

11 プリア・コーのレンガの顕微鏡写真（左：単ポーラー，右：直交ポーラー）

12　アンコール・ワット十字回廊の柱表面に見られる顔料

13　アンコール・ワット十字回廊の柱や小壁などに残存している顔料

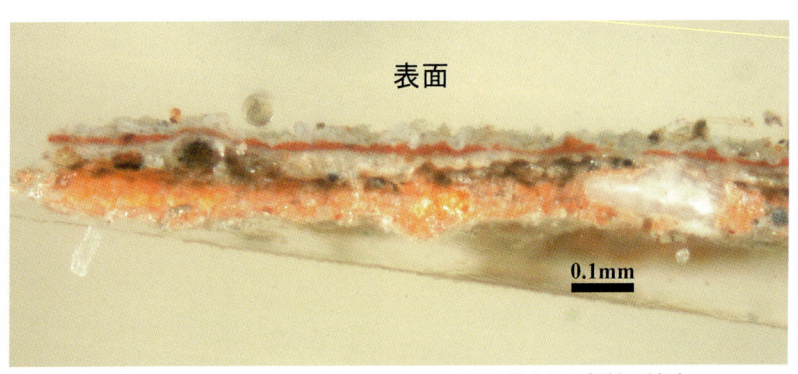

14　アンコール・ワット十字回廊の柱表面に塗られた顔料の断面

15　バイヨン南経蔵基壇の内部構造

16　迫り出し積みアーチ（バイヨン）

17 アンコール遺跡における灰色～黄褐色砂岩の帯磁率の頻度分布

18　インドシナ半島の地質と各遺跡に使用されている砂岩材の供給源。★の色が供給源の地層を表す

凡例：
- コー・クルワット層・マハー・サラカーム層（石質砂岩）
- プラ・ヴィハーン層、サオ・クワ層、プ・パーン層（石英質砂岩：赤色砂岩等）
- プー・クラドゥン層（長石質砂岩：灰色〜黄褐色砂岩）

19　タイのコラート高原上にあるピマイ

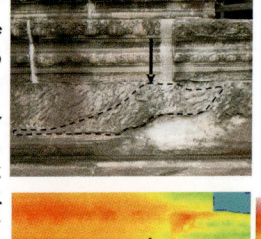

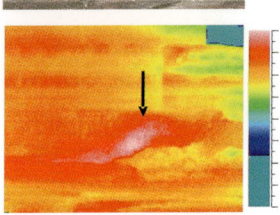

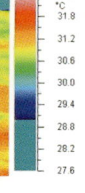

20　赤外線サーモグラフィによる砂岩材表面剥離の調査例（アンコール・ワット外周壁内北経蔵）。剥離した部分は他の部分と比べて高温になっている（ピンク色）

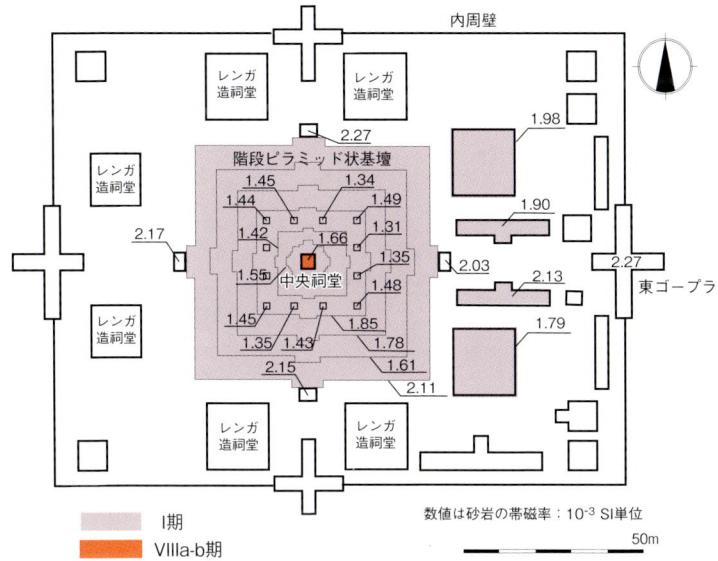

図21 バコン内周壁内の平面図

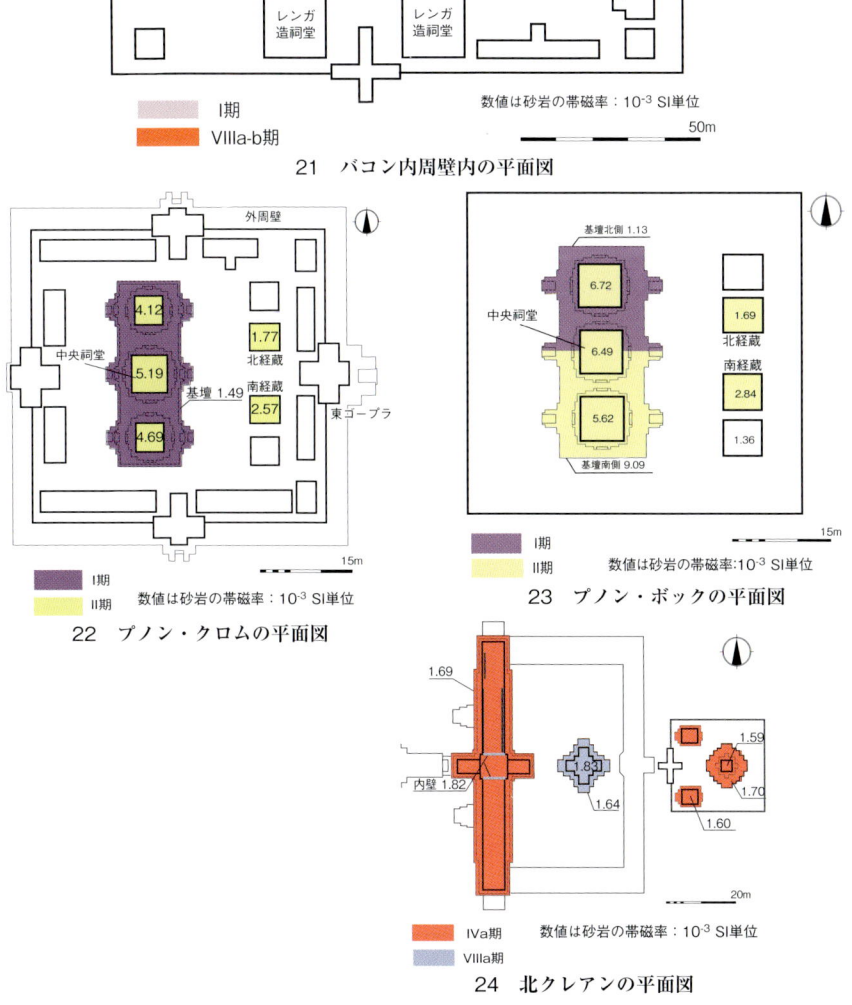

凡例:
- I期
- VIIIa-b期

数値は砂岩の帯磁率：10⁻³ SI単位

主な注記:
- 内周壁
- レンガ造祠堂
- 階段ピラミッド状基壇
- 中央祠堂
- 東ゴープラ

帯磁率の値（階段ピラミッド状基壇周辺）:
1.45, 1.34, 1.49, 1.44, 1.42, 1.31, 1.66, 1.35, 1.55, 1.48, 1.45, 1.43, 1.85, 1.78, 1.35, 1.61, 2.15, 2.11, 2.27, 2.17, 2.03, 2.13, 2.27, 1.98, 1.90, 1.79

スケール: 50m

図22 プノン・クロムの平面図

凡例:
- I期
- II期

数値は砂岩の帯磁率：10⁻³ SI単位

主な注記:
- 外周壁
- 中央祠堂
- 北経蔵
- 南経蔵
- 東ゴープラ
- 基壇 1.49

帯磁率の値:
4.12, 5.19, 4.69, 1.77, 2.57

スケール: 15m

図23 プノン・ボックの平面図

数値は砂岩の帯磁率：10⁻³ SI単位

凡例:
- I期
- II期

主な注記:
- 中央祠堂
- 北経蔵
- 南経蔵
- 基壇北側 1.13
- 基壇南側 9.09

帯磁率の値:
6.72, 6.49, 5.62, 1.69, 2.84, 1.36

スケール: 15m

図24 北クレアンの平面図

凡例:
- IVa期
- VIIIa期

数値は砂岩の帯磁率：10⁻³ SI単位

主な注記:
- 内壁 1.82

帯磁率の値:
1.69, 1.83, 1.64, 1.59, 1.70, 1.60

スケール: 20m

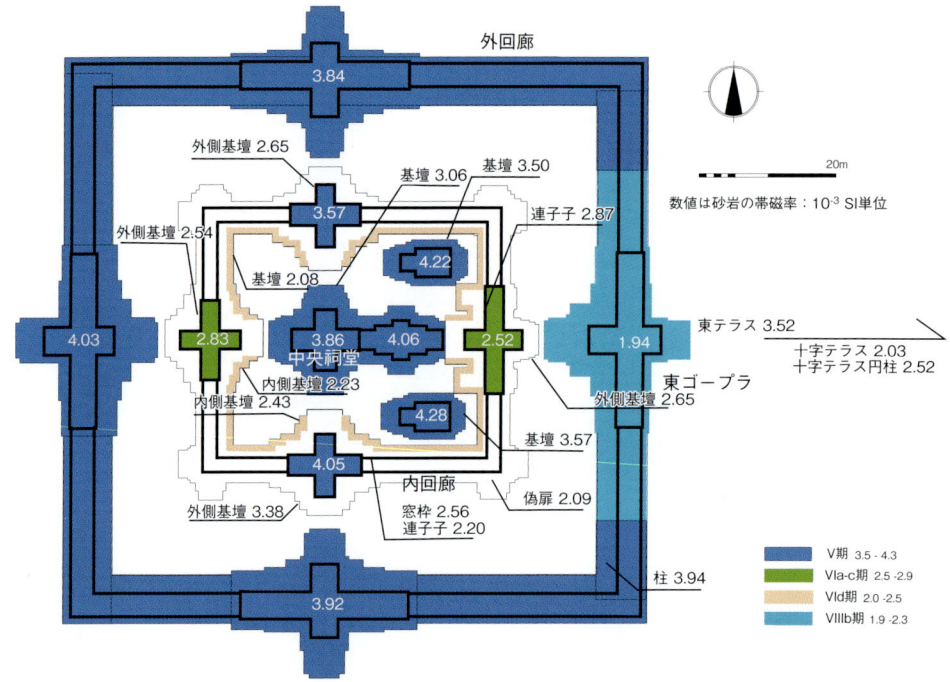

25 バンテアイ・サムレの平面図。砂岩の帯磁率に基づいて推測された建造順序

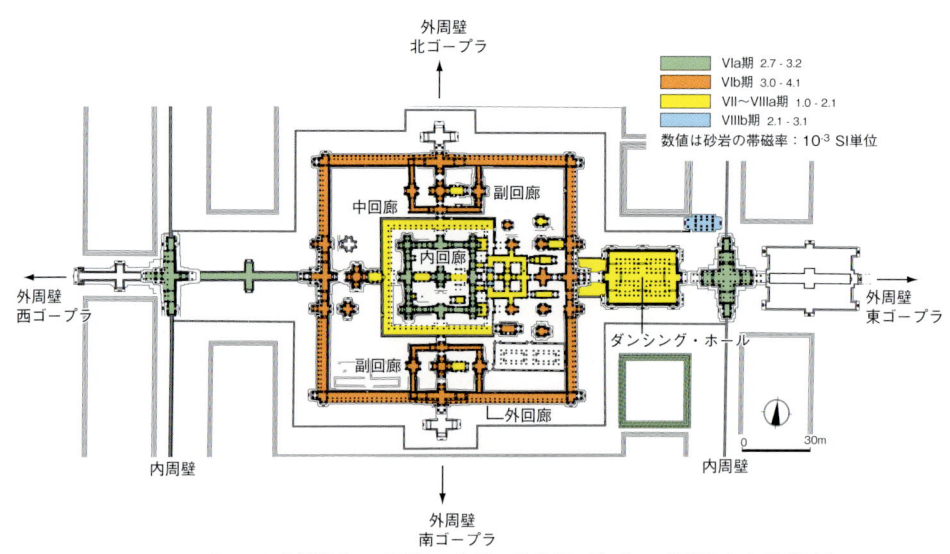

凡例:
- V期 3.5 - 4.3
- VIa-c期 2.5 -2.9
- VId期 2.0 -2.5
- VIIIb期 1.9 -2.3

数値は砂岩の帯磁率：10^{-3} SI単位

主な計測値:
- 外回廊 3.84
- 外側基壇 2.65
- 基壇 3.06
- 基壇 3.50
- 3.57
- 連子子 2.87
- 外側基壇 2.54
- 基壇 2.08
- 4.22
- 4.03
- 2.83
- 3.86 中央祠堂
- 4.06
- 2.52
- 1.94
- 東テラス 3.52
- 十字テラス 2.03
- 十字テラス円柱 2.52
- 内側基壇 2.23
- 内側基壇 2.43
- 4.28
- 東ゴープラ
- 外側基壇 2.65
- 4.05
- 基壇 3.57
- 内回廊
- 偽扉 2.09
- 外側基壇 3.38
- 窓枠 2.56
- 連子 2.20
- 柱 3.94
- 3.92

26 タ・プロム内周壁内の平面図。砂岩の帯磁率に基づいて推測された建造順序

凡例:
- VIa期 2.7 - 3.2
- VIb期 3.0 - 4.1
- VII～VIIIa期 1.0 - 2.1
- VIIIb期 2.1 - 3.1

数値は砂岩の帯磁率：10^{-3} SI単位

区画ラベル: 外周壁北ゴープラ、中回廊、副回廊、内回廊、外周壁西ゴープラ、ダンシング・ホール、外周壁東ゴープラ、副回廊、外回廊、内周壁、外周壁南ゴープラ

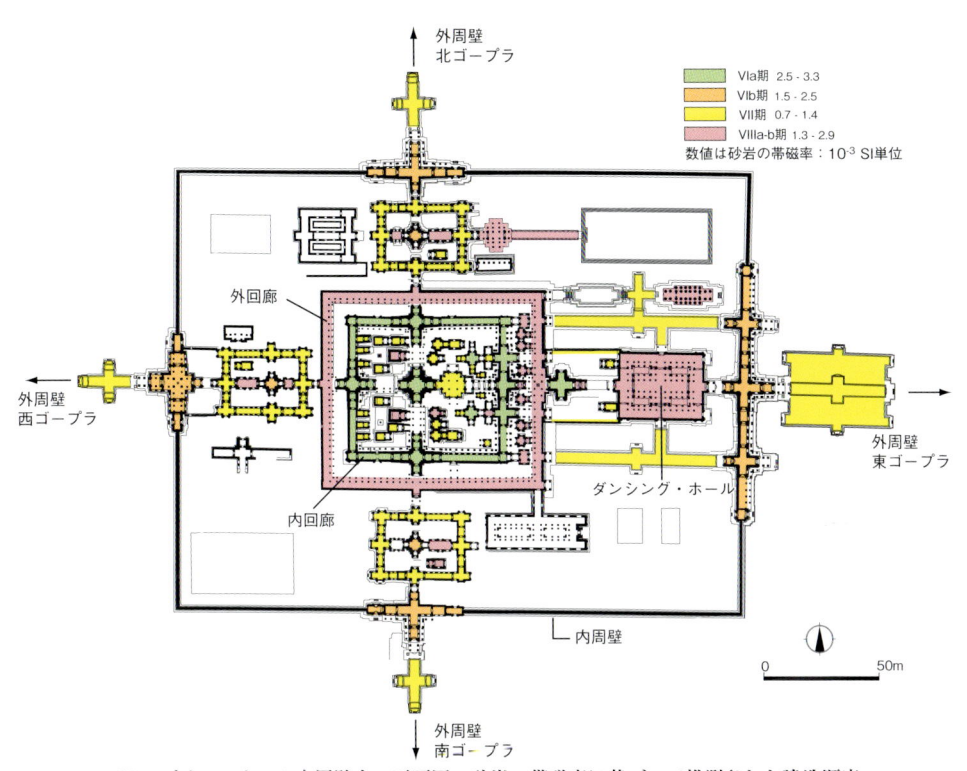

27 プリア・カーン内周壁内の平面図。砂岩の帯磁率に基づいて推測された建造順序

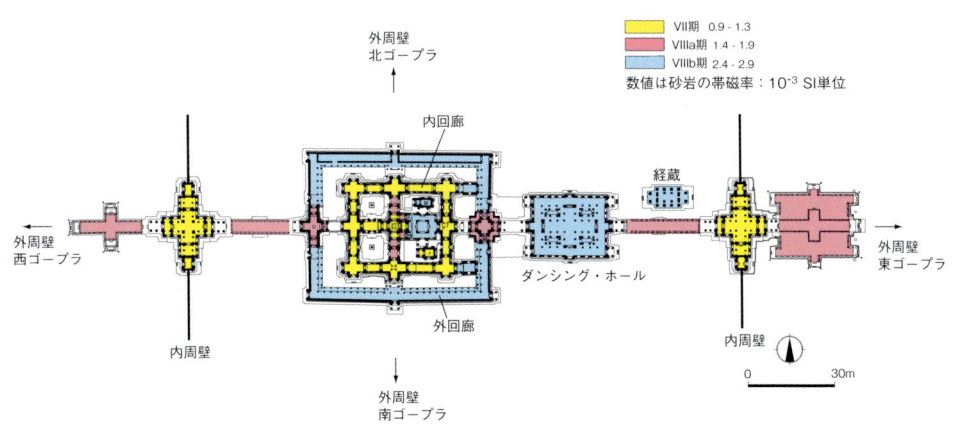

28 バンテアイ・クデイ内周壁内の平面図。砂岩の帯磁率に基づいて推測された建造順序

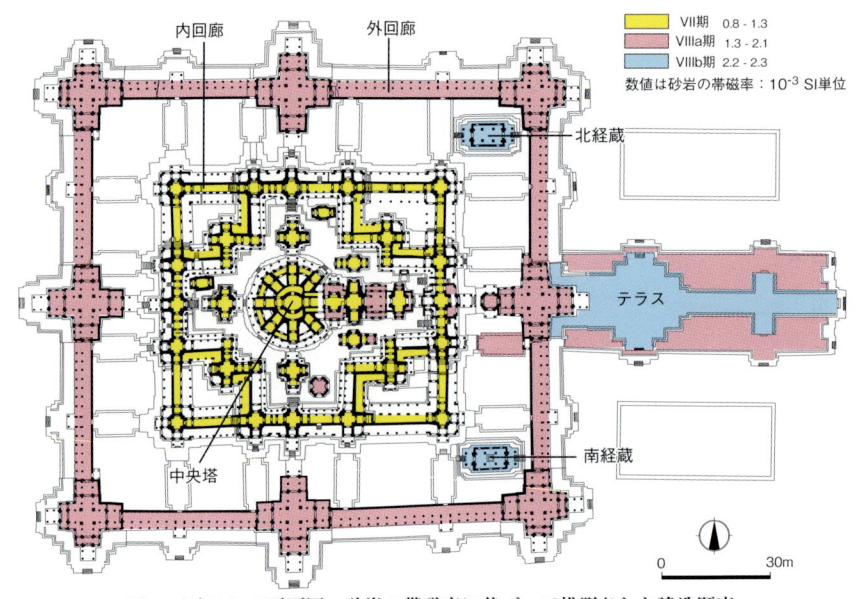

29 バイヨンの平面図。砂岩の帯磁率に基づいて推測された建造順序

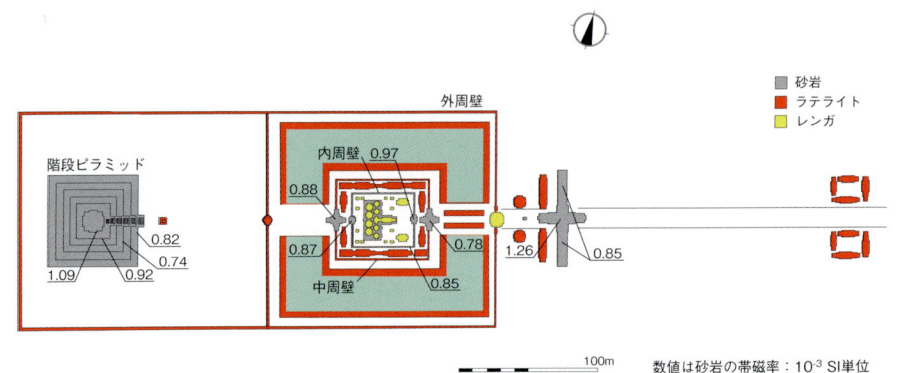

凡例:
- VII期 0.8 - 1.3
- VIIIa期 1.3 - 2.1
- VIIIb期 2.2 - 2.3

数値は砂岩の帯磁率：10^{-3} SI単位

ラベル: 内回廊、外回廊、北経蔵、南経蔵、テラス、中央塔

30 コー・ケルの平面図（砂岩の帯磁率分布）

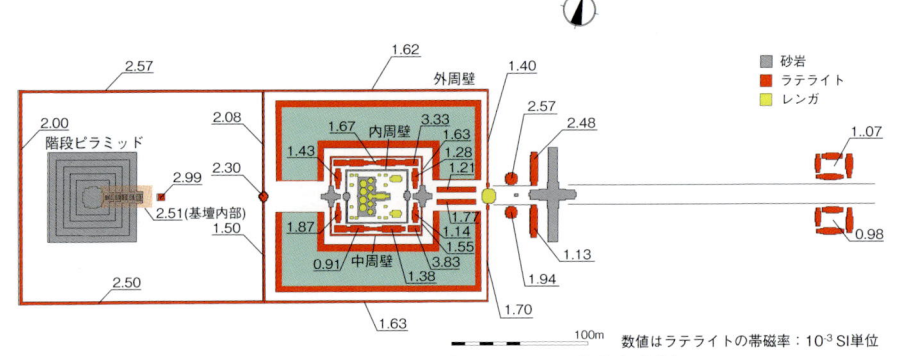

凡例:
- 砂岩
- ラテライト
- レンガ

ラベル: 階段ピラミッド、外周壁、内周壁、中周壁

数値（砂岩）: 1.09, 0.92, 0.82, 0.74, 0.88, 0.97, 0.87, 0.78, 0.85, 1.26, 0.85

数値は砂岩の帯磁率：10^{-3} SI単位

31 コー・ケルの平面図（ラテライトの帯磁率分布）

数値: 2.57, 2.00, 2.08, 1.62, 1.40, 2.57, 2.48, 1.07, 1.43, 1.67, 3.33, 1.63, 1.28, 2.99, 2.30, 1.21, 2.51 (基壇内部), 1.50, 1.87, 1.77, 1.13, 0.98, 0.91, 1.14, 3.83, 1.55, 1.38, 1.94, 2.50, 1.63, 1.70

数値はラテライトの帯磁率：10^{-3} SI単位

はじめに

　ユネスコによって登録された世界遺産は2010年11月現在911件にのぼり，世界遺産に対する世間の関心はますます高まっている。世界遺産をテーマにしたテレビ番組の放映，本および雑誌の出版も活発であり，世界遺産を対象とした観光ツアーも多く企画されている。大学にも世界遺産を対象とした学科や大学院専攻が設けられるとともに，世界遺産検定なる検定試験も存在し，まさに世界遺産ブームである。日本でもすでに14件が世界遺産として登録され，今後その数は増えて行くことであろう。

　世界遺産は文化遺産，自然遺産および文化と自然が共存した複合遺産とに分けられている。自然が造り出した絶景や不思議な景観はもちろんのこと，人類が造り出したすばらしい文化遺産は，われわれが後世に引き継がなければならない掛け替えのないものである。文化遺産を後世に伝えるためには，適切な修復・保存を行なう必要があり，これは自然との戦いである。木造建物は朽ちやすく，その保存対策は容易でない。それに対し，石材は木材より丈夫であることから，石造文化財は永久に保存できるように思われがちである。しかしながら，一見丈夫そうに見える石材も自然の脅威には勝つことができず，その劣化は意外と速いものである。世界遺産の中には，経済力のない国に存在し，自分たちだけの力では修復・保存がままならず崩壊の危機に瀕したものも存在する。その一つがカンボジアのアンコール遺跡である。

　アンコール遺跡は9世紀から15世紀にかけて建造された石造建造物であるが，1431年のアンコール王朝の崩壊以降，密林に埋もれ，自然の脅威の中で崩壊が進んでいった。1863年にカンボジアはフランスの保護国となり，1907年からフランス極東学院によって修復・保存活動が行なわれてきた。しかしながら，修復しなければならない遺跡の数は膨大であり，そうした活動がなかなか進まないばかりか，1970年から1991年まで続いた内戦により中断し，この間にも自然崩壊が進むとともに，人的な破壊や盗掘も行なわれた。アンコール遺跡は内戦の終結とともに，1992年にユネスコによって危機に瀕した世界遺産として登録され，

各国に対して遺跡の修復・保存の協力を要請した。これを受けて日本国政府も1994年に早稲田大学理工学部（現理工学術院）の中川武教授を団長とする日本国政府アンコール遺跡救済チーム（Japanese Government Team Safeguarding Angkor: JSA）を結成し，それ以来JSAによる修復・保存活動が続けられている。各国の修復・保存に対する協力の甲斐あって，2004年にはアンコール遺跡は危機遺産リストから外れることができた。

　文化財の修復・保存には，多岐に渡る分野の専門家の協力が必要であり，JSAは，建築をはじめ，考古，美術，地盤・地質，岩石，生物，保存科学，測量などの専門家から構成されている。私は，岩石・鉱物・鉱床学の専門家であるが，中川団長が在籍している早稲田大学理工学部には岩石の専門家が私一人しかいなかったこともあり，JSAに参加する機会を得た。それまで石造文化財を対象とした調査・研究を行なった経験が全くなく，また，一般的な岩石の調査とは異なり非破壊調査が原則であり，ハンマー片手に行なってきたそれまでの調査とは全く異なることから，一体私に何ができるのか不安でいっぱいであった。しかしながら，小さなころよりなぜか密林に埋もれたアンコール遺跡に興味があったこともあり，JSAのメンバーになることを引き受けることになった。

　JSAは正式には1994年に結成されたが，その会議は1992年から開催され，まだ，内戦が終結したばかりのカンボジアにおける調査にもかなりの不安があったものの，一度行ってみたいという憧れもあり，不安より期待のほうが勝っていたように記憶している。とりあえず年に1回2週間ほど調査のために現地へ赴き，2～3年程度で調査・研究は終了するであろうと当初は思っていた。しかしながら，今や調査を開始してから16年が経過し，当初は年に1回であったのが，その後，年に2～3回の調査を行なうようになり，すでに調査回数は30回を超え，カンボジアでの滞在期間も合計で1年を超えるまでに至った。そればかりか，今や調査対象はカンボジアのアンコール遺跡ばかりでなく，タイやラオスに点在するアンコール時代の遺跡（クメール遺跡）やインドネシアのジャワ島にあるボロブドゥールを代表とする中部ジャワ遺跡の調査を行なうまでに拡大している。さらに，この間，古代エジプト遺跡や大分県などに点在する磨崖仏の調査を行なう機会にも恵まれ，今や岩石・鉱物・鉱床学だけでなく，文化財科学も私の専門となってしまった。これはアンコール遺跡の調査・研究から得られた思いがけなく面白い成果の副産物である。調査開始当時，岩石の専門家として私がもっていた

唯一の非破壊調査機器である帯磁率計（岩石が磁化する程度を測定する装置）が，アンコール遺跡の調査に驚異的な威力を発揮したのである。

アンコール遺跡の主要構成石材である灰色〜黄褐色砂岩は共通の石材であるが，構成鉱物においても化学組成においても遺跡や時期による違いがなく，それまでは全く同じ砂岩が使用されていると理解されていた。確かに岩石学的には同じ砂岩ではあるが，私の帯磁率計は，砂岩の帯磁率が建造時期によって異なり，建造時期とともに変化していることを明らかにした。2000年ごろからは，当時，フランスのナンシー建築大学大学院博士課程の学生であり，建築学的な見地からアンコール時代の末期に位置するバイヨン期の建造物の調査・研究を行なっていたオリヴィエ（Olivier Cunin）が私の砂岩材に対する調査結果に興味を抱き，彼とともにさらに詳細な帯磁率測定を行なうことになった。今までに帯磁率測定を行なった石材の数は10万個近くに達するであろう。このことによってバイヨン期のみならず，全アンコール時代の主要遺跡に対する建造順序の推定や遺跡間の建造時期の対比が可能となり，重要な成果を得ることができ，この成果はオリヴィエの博士論文の一部を構成することとなった。帯磁率測定はアンコール遺跡の石材研究における，まさにブレイク・スルーであった。これに加え，従来ほとんど研究されてこなかったもう一つの主要石材であるラテライトの研究や大きさ・形・組積法などの，石材の特徴の時代変化に関する研究からも重要な知見を得ることができた。

アンコール遺跡に関する本やガイドブックでは，建築，美術，碑文や宗教に主眼を置いて遺跡の解説が行なわれているが，その構成石材に関してはあまり触れられていないのが実情である。しかしながら，アンコール遺跡では，石材が遺跡建造に関する多くの重要な謎を語るとともに，遺跡の修復・保存に結びつく石材の劣化機構に関しても岩石学的な調査・研究から重要な知見が得られつつある。そこで，本書では，従来のアンコール遺跡に関する本やガイドブックとは異なり，この遺跡の主要建築材料である石材を中心として今までの調査・研究成果を織り込みながらできるだけわかりやすく解説し，アンコール遺跡を訪れたときに他の一般的なガイドブックとともに本書を携行し，石材というもう一つの異なった見地から遺跡を堪能してもらうことを意図した。しかしながら，石材に関することばかりでは内容的に偏りが生じてしまうことが懸念されたため，建築学の専門家であり，この4年間，日本国政府アンコール遺跡救済チームのシェム・リアップ

事務所に技術顧問として常駐している下田一太氏にアンコール遺跡に関する様々なトピックスをコラムとして挿入していただいた。この本を携えて，アンコールの地を訪れていただければ幸いである。
　日本国政府アンコール遺跡救済チームの団員となったことをきっかけとして，アンコール遺跡の調査・研究を行なってきたが，このチームの団長である早稲田大学理工学術院の中川武教授には，このような貴重な調査・研究の機会を与えていただくとともに，この16年間終始温かく私たち岩石班の調査・研究活動を見守り，折々に励ましの言葉を頂戴した。ここに深く感謝する次第である。ここでは一人ひとりのお名前を挙げることはできないが，日本国政府アンコール遺跡救済チームの団員の方々には，多くの貴重な情報をいただくとともに，現地での生活を楽しく過ごさせていただいた。また，毎回の現地調査では，研究室の学生1～2名を同行して行なったが，今までに参加した多くの学生の協力なくしては本書で述べる成果を得ることはできなかったであろう。
　本調査・研究は，当初，日本国政府がユネスコに託した「文化遺産保存日本信託基金」を用いて実施したが，2002年からは主として文部科学省の科学研究費（基盤研究　海外）を用いて行なった。
　本書を書くにあたり，日本国政府アンコール遺跡救済チームの団員である佐藤桂さんには原稿に目を通していただき，有益なコメントを頂戴した。厚く御礼を申し上げる。
　最後に，本書は，早稲田大学の2010年度学術研究書出版制度の助成によって出版されたものである。ここに記して謝意を表する。
　　2011年2月

　　　　　　　　　　　　　　　　　　　　　　　　　　　　　内田　悦生

目　次

はじめに ……………………………………………………………………………… i

第1章　アンコール遺跡の概要と歴史 …………………………………… 1
1. アンコール遺跡の概要　2
2. アンコール遺跡の歴史　6
　　1. アンコールの王たち　6
　　　　　　　　　　　　　　Column 1　前アンコール時代のクメール建築
　　2. アンコール遺跡の時代区分　12

第2章　建築と石材 …………………………………………………………… 13
1. アンコール遺跡の建築材　14
　　1. 砂岩　14
　　（1）灰色〜黄褐色砂岩　15　　　　　Column 2　贅沢な石材利用
　　（2）緑灰色硬砂岩　18
　　（3）赤色砂岩　19
　　2. ラテライト　21
　　3. レンガ　25
　　4. 木材　27　　　　　　　　　　　　Column 3　失われた木造架構
　　5. 顔料　30
　　6. 石材の採掘と運搬　33　　　　　　Column 4　石切り場の痕跡
　　7. 組積法　38　　　　　　Column 5　今日の修復工事に復元された当時の工法
2. 石材の特徴の時代変化　41
　　1. 砂岩の帯磁率　41
　　2. 石材の形・大きさ・色　47
　　3. 層理面方向　48
　　4. 積み方と加工精度　50
　　5. その他の特徴　51
3. 他のクメール遺跡の石材　52

v

第3章　遺跡の崩壊と石材の非破壊調査 …… 57

1. 遺跡の崩壊と石材劣化　58
1. 地盤の不同沈下　58
2. 石材強度　59
3. 塩類風化　61
   (1) コウモリの排泄物による石材劣化　61
   (2) 方解石析出による石材劣化　64
   (3) タフォニによる石材劣化　67
4. 太陽光による膨張・収縮に起因する石材劣化　68
5. 生物活動　69
   (1) 樹木　70
   (2) 藻類・地衣類・細菌　70
6. 人為的破壊　72

Column 6　国際的な修復活動

2. 石材の非破壊調査　75
1. 顕微鏡観察　75
2. 携帯型蛍光 X 線分析装置　76
3. 携帯型レーザラマン分光装置　78
4. 帯磁率測定　78
5. 超音波伝播速度測定　79
6. 反発硬度測定　80
7. 赤外線サーモグラフィによる温度測定　81
8. 電磁波レーダ　82
9. 含水率測定　83
10. 表面吸水試験　85

第4章　アンコール遺跡各論 …… 87

はじめに　88

1. プリア・コー　88
2. バコン　91
3. ロレイ　94
4. プノン・バケン　97

Column 7　寺院の看板装飾：リンテル

Column 8　大貯水池「バライ」

Column 9　重層する王都の痕跡

5. プノン・クロム　102
6. プノン・ボック　107
7. プラサート・クラヴァン　111
8. バクセイ・チャムクロン　114
9. 東メボン　115
10. プレ・ループ　118
11. バンテアイ・スレイ　121
12. タ・ケオ　125
13. ピメアナカスおよび王宮　127
14. 北クレアンおよび南クレアン　131
15. バプーオン　134
16. 西メボン　137
17. トマノン　140
18. チャウ・サイ・テヴォダ　141
19. ワット・アトヴィア　144
20. プラサート・スープラ　148
21. アンコール・ワット　152
22. バンテアイ・サムレ　160
23. タ・プローム　164
24. プリア・カーン　168
25. ニアック・ポアン　171
26. バンテアイ・クデイ　174
27. アンコール・トム　177
28. バイヨン　180
29. タ・ネイ　186
30. タ・ソム　188
31. バンテアイ・プレイ　189

Column 10　組積工法の簡易化
Column 11　山上寺院
Column 12　レンガ造遺構の修復

Column 13　排水口を飾る彫刻
Column 14　二つの美しき寺院

Column 15　基本構造の遵守と自由な空間構成への志向
Column 16　対称か非対称か
Column 17　フランス極東学院
Column 18　宇宙が創造される小島

Column 19　往時の宗教儀礼に思いを馳せて
Column 20　建設方法を示す痕跡

Column 21　中国史料にみるアンコール遺跡

Column 22　細部彫刻に隠された小さなメッセージ
Column 23　増改築を重ねた寺院の痕跡

Column 24　神話と建築

Column 25　国をあげての建設事業
Column 26　建設王の夢

32. クオル・コー　190		Column 27　仏像破壊
33. 象のテラス　192		
34. ライ王のテラス　193		Column 28　伝説のライ病王
35. プリア・パリライ　195		
36. プリア・ピトゥ　196		
37. コー・ケル　199		Column 29　巨大リンガの新都
38. コンポン・スヴァイのプリア・カーン　207		
		Column 30　不可視の超広域計画
39. ベン・メリア　214		Column 31　王道と地方拠点
40. バンテアイ・チュマール　218		Column 32　止まらない盗掘の現実

まとめ－アンコール遺跡の石材の特徴と劣化　223

おわりに ……………………………………………… 227
参 考 文 献 ……………………………………………… 229
図 表 一 覧 ……………………………………………… 232
索　　　引 ……………………………………………… 243
英 文 要 旨 ……………………………………………… 253

第1章 アンコール遺跡の概要と歴史

1. アンコール遺跡の概要

アンコール遺跡は，カンボジアの首都プノン・ペンの北北西約 250 km のところに位置するシェム・リアップという町の周辺に点在するヒンドゥー教・仏教建造物である（図 1-1）。9 世紀～15 世紀の間にクメール人（カンボジア人）によって建てられ，主要な遺跡だけでも 40 ほど存在している（図 1-2）。アンコール遺跡というのは，このシェム・リアップ周辺のものを指し，それ以外のものは，アンコール遺跡も含めてクメール遺跡と総称されている。カンボジア国内には，アンコール遺跡以外の主要なクメール遺跡として，カンボジア北部にあるバンテアイ・チュマール，プリア・ヴィヘア，コー・ケル，コンポン・スヴァイのプリア・カーン（大プリア・カーン），ベン・メリア，バッタンバン周辺のワット・エク，ワット・バナン，プラサート・バサット，プノン・ペンの南にあるトンレ・バティのタ・プローム，プノン・チソール，コンポン・チャムのワット・ノコールなどがある。さらに，タイ東北部やラオス南部にも多くの遺跡が存在し，大小合わせると 5,000 を超えるともいわれている。

アンコール遺跡を訪れる観光客は近年急増しており，2007 年における外国人観光客数は 110 万人を突破している。内戦直後は観光客もまばらであったが，2000 年ごろから観光客が増え始め，ホテルも乱立気味であり，5 つ星の国際的な高級ホテルも建てられている（図 1-3）。また，2007 年末にはアンコール国立博物館がオープンしている（図 1-4）。

日本からアンコール遺跡のあるシェム・リアップに行くには，タイのバンコク，ヴェトナムのホーチミンあるいはハノイ，韓国のソウルなどを経由していくのが一般的である。2010 年現在，日本からの定期直行便は運航されていないが，定期直行便が運航されれば日本人観光客数が急増するこ

図 1-1 アンコール遺跡の位置

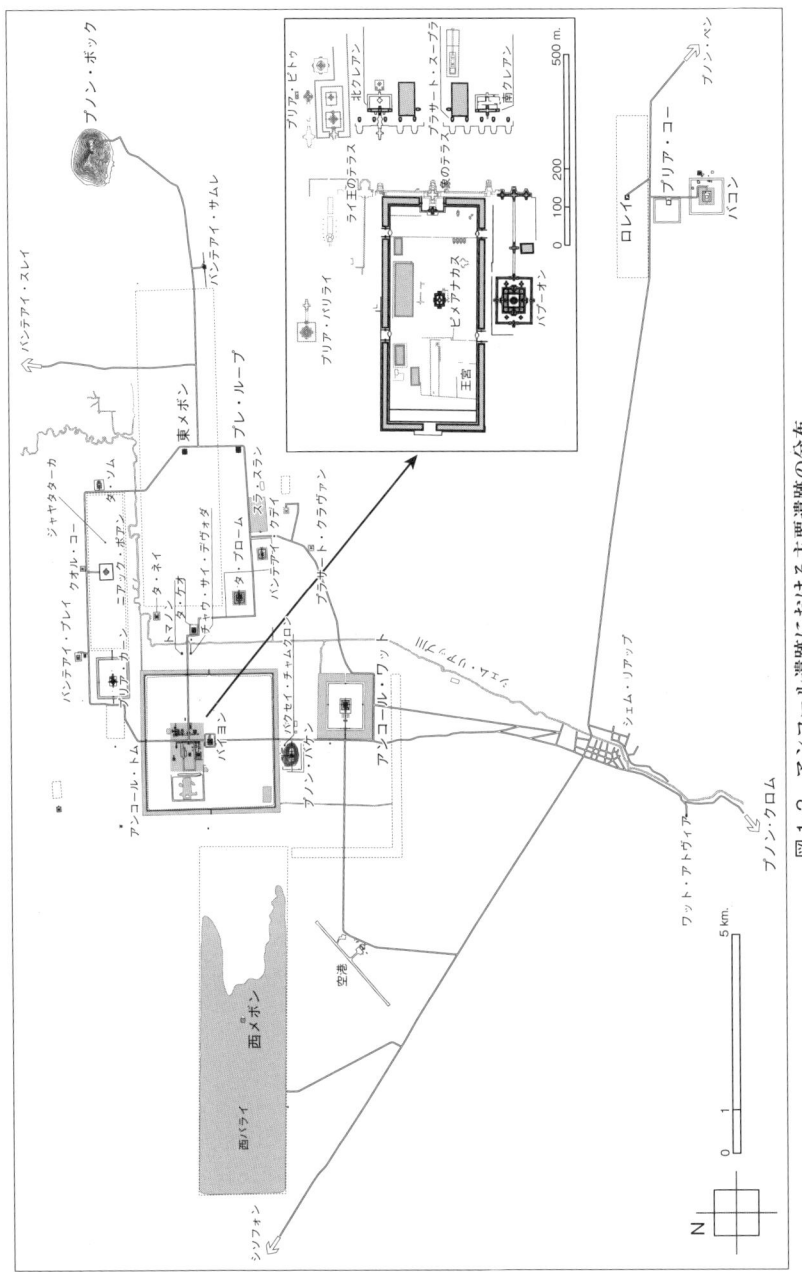

図1-2 アンコール遺跡における主要遺跡の分布

アンコール遺跡の概要と歴史　3

図1-3 シェム・リアップにある5つ星の高級ホテル

図1-4 2007年にオープンしたアンコール国立博物館

図1-5 シェム・リアップの繁華街の風景

とは間違いないであろう。

　シェム・リアップはまさにアンコール遺跡の町であり，観光客数もプノン・ペンより多く，物価も国内で一番高いといわれている（図1-5）。ホテルとともにしゃれたレストランも増加し，カンボジア料理は当然であるが，中華，インド，イタリア，ドイツ，韓国，日本料理などのレストランがあり，食事には全く困らない状況である。シェム・リアップの町では今や内戦の面影はほとんど残っていないが，シェム・リアップを離れると，まともなホテルやレストランはほとんどなく，道路事情も大変悪くなっている。それに加え，未だにおびただしい数の地雷が埋められたままの状態になっている。シェム・リアップから東に約95km離れた大規模地方拠点寺院の一つであるコンポン・スヴァイのプリア・カーンに行くためには，ランドクルーザ並みの車両が必要で，しかも，橋がないため乾季にしか行くことができず，車で片道4時間近くの行程となる（2010年12月現在，道路整備中）。

　このような情況からもわかるように，カンボジアの経済はまだまだ発展しておらず，密林に放置され崩壊の進んだ

遺跡の修復・保存をカンボジア人だけの手で行なうことは無理な話であり，各国のチームが遺跡の修復・保存活動に協力している。最近では，日本以外にフランス，ドイツ，インド，中国，イタリア，アメリカ，スイス，インドネシアなどのチームがアンコール遺跡

図 1-6　シェム・リアップにある日本国政府アンコール遺跡救済チーム（JSA）の事務所

の修復・保存に貢献している。日本からは，日本国政府アンコール遺跡救済チーム（Japanese Government Team for Safeguarding Angkor: JSA），上智大学アンコール遺跡国際調査団ならびに独立行政法人国立文化財機構奈良文化財研究所が修復・保存活動に協力している（図1-6）。私が参加しているJSAは，既に，アンコール・ワット最外周壁内北経蔵，バイヨン北経蔵，プラサート・スープラN1およびN2塔の修復を終え，2010年現在，バイヨン南経蔵の修復を行なうとともに，バイヨン中央塔の恒久的安定策および内回廊レリーフの保存法の策定を行なっている（図1-7）。

図 1-7　修復前（左）および修復後（右）のバイヨン北経蔵（1999年竣工）

アンコール遺跡の概要と歴史　　5

2. アンコール遺跡の歴史

1. アンコールの王たち

　インドシナ半島の南部地域には，紀元前後より扶南という国家が成立しており，内陸部から集積された産物のインドや中国をはじめとした国々との交易により栄えていた。この扶南は，インドとの交易の関係でヒンドゥー教ならびに仏教の影響下にあった。6世紀ごろには，メコン川中流域から南下したクメール人が，内陸部にアンコール王朝のルーツであり，今のカンボジアのルーツである真臘（チェンラ）と呼ばれる国を扶南から独立・発展させていた。

　6世紀末（598年）には，バヴァヴァルマン1世によって治められていたバヴァプラという真臘の都市があった。その場所に関しては諸説あるが，サンボール・プレイ・クックあるいはその近傍であったという説が有力である。その後，その弟であるマヘンドラヴァルマン（610年死亡），そして息子のイーシャナヴァルマン1世によって後が継がれた（615年）。これらの王は扶南を徐々に駆逐し，イーシャナヴァルマン1世はサンボール・プレイ・クックに都城イーシャナプラを築いた（コラム1，p.11）。イーシャナヴァルマン1世の息子，バヴァヴァルマン2世は，639年に王位を継承し，657年にはジャヤヴァルマン1世に王位が継承された。ジャヤヴァルマン1世の時代，真臘は版図を拡大したが，ジャヤヴァルマン1世の死後真臘は縮小，さらに8世紀初めには，陸真臘と水真臘とに分裂した。水真臘の一部はジャワのシャイレンドラ朝の勢力によって占拠されていたといわれている。

　その後，ジャヤヴァルマン2世が790年に国内を統一した。ジャヤヴァルマン2世は次々と版図を拡げ，今のロリュオス近くに最初の都ハリハラーラヤを置いたが，一時クレン山に都（マヘンドラパルヴァタ）を遷し，802年に王として即位した（表1-1）。一般的にはこの802年をもってアンコール時代の始まりとされ，それ以前の時代は前アンコール時代と呼ばれている。ジャヤヴァルマン2世は，その後，都を再度ハリハラーラヤに戻し，そこで835年に死去した。

図1-8 前アンコール時代の代表的建造物であるサンボール・プレイ・クック遺跡群のプラサート・タモンの壁面を飾るフライング・パレス（空中宮殿）

　ジャヤヴァルマン2世の死後，王位はジャヤヴァルマン2世の息子であるジャヤヴァルマン3世，そして，インドラヴァルマン1世へと移った。インドラヴァルマン1世はプリア・コーおよびバコンを建造するとともに貯水池インドラタターカを造り始め，その息子ヤショーヴァルマン1世の時に完成した。ヤショーヴァルマン1世は，インドラタターカの中心にロレイを建立するとともに，都をバケン山周辺に遷して都城ヤショーダラプラを築き，その北東に東西7.3 km，南北1.8 kmの大きさをもつ巨大貯水池東バライを建造した。これらに加えて，ボック山およびクロム山の山頂にも寺院を建立した。
　915年のヤショーヴァルマン1世の死後は，2人の息子であるハルシャヴァルマン1世およびイーシャナヴァルマン2世によって統治された。その一方，ジャ

アンコール遺跡の概要と歴史　　7

表 1-1 アンコール王朝の王と建造物

様式	王名	在位期間	主要建造物
プノン・クレン	ジャヤヴァルマン2世	802-835	プラサート・ダムレイ・クラップ (クレン山)
	ジャヤヴァルマン3世	835-877	
プリア・コー	インドラヴァルマン1世	877-c889	プリア・コー バコン インドラタターカ
バケン	ヤショーヴァルマン1世	889-c915	ロレイ 東バライ プノン・ボック プノン・クロム プノン・バケン
遷移期	ハルシャヴァルマン1世	c915-923	プラサート・クラヴァン バクセイ・チャムクロン
コー・ケル	イーシャナヴァルマン2世	923-c928	
	ジャヤヴァルマン4世	c921-c941	コー・ケル遺跡群
	ハルシャヴァルマン2世	c941-944	
遷移期	ラージェンドラヴァルマン	944-968	東メボン スラ・スラン
プレ・ループ			プレ・ループ
バンテアイ・スレイ			バンテアイ・スレイ
	ジャヤヴァルマン5世	968-c1000	タ・ケオ
クレアン	ウダヤディティヤヴァルマン1世	1001-1002	
	ジャヤヴィラヴァルマン	1002-1010	北クレアン
	スールヤヴァルマン1世	1002-1049	ピメアナカス 王宮周壁 南クレアン 西バライ
バプーオン	ウダヤディティヤヴァルマン2世	1050-1066	バプーオン 西メボン
	ハルシャヴァルマン3世	1066-1080	
	ジャヤヴァルマン6世	1080-c1107	
	ダラニンドラヴァルマン1世	1107-1113	
アンコール・ワット	スールヤヴァルマン2世	1113-c1150	トマノン チャウ・サイ・テヴォダ ワット・アトヴィア プラサート・スーブラ アンコール・ワット バンテアイ・サムレ ベン・メリア
	ヤショーヴァルマン2世	c1150-1165	
	トリブヴァナディティヤヴァルマン	c1165-1177	
バイヨン	ジャヤヴァルマン7世	1182-c1218	タ・プローム プリア・カーン ニアック・ポアン タ・ネイ アンコール・トム バイヨン バンテアイ・クデイ タ・ソム バンテアイ・プレイ クオル・コー 象のテラス バンテアイ・チュマール
	インドラヴァルマン2世	c1218-1270	
ポスト・バイヨン	ジャヤヴァルマン8世	1270-1295	ライ王のテラス プリア・パリライ プリア・ピトゥ
	スリンドラヴァルマン	1295-1307	
	スリンドラジャヤヴァルマン	1307-1327	
	ジャヤヴァルマパラメシュヴァラ	1327-	

ヤヴァルマン4世は921年におよそ85km北東にあるコー・ケルの地に都を建造し，アンコールとコー・ケルの2つの都が共存することになった。しかし，イーシャナヴァルマン2世が928年に死去するとジャヤヴァルマン4世は単独の王となった。同王は，コー・ケルの地にプラサート・トムをはじめ，貯水池ラハルや多くの小～中規模寺院を建造した。941年のジャヤヴァルマン4世の死後，王位はその息子ハルシャヴァルマン2世に移ったが，この王は944年に死亡し，王位はその従兄弟であるラージェンドラヴァルマンに移った。

　ラージェンドラヴァルマンは，都を再びアンコールの地に遷し，東バライの中心に東メボンを造るとともにプレ・ループを建造した。ラージェンドラヴァルマンは版図を拡大し，隣国のチャンパと戦うとともに，版図を東北タイへも拡大した。

　ラージェンドラヴァルマンの死後（968年），王位はその息子であるジャヤヴァルマン5世に引き継がれ，都はプレ・ループから少し西のタ・ケオに遷された。この時期，ヤジュナヴァラーハによってバンテアイ・スレイが建造され，ラージェンドラヴァルマンに捧げられた。

　ジャヤヴァルマン5世の死後，王位はウダヤディティヤヴァルマン1世によって継がれたが，数ヶ月の短期間であった。その後，王位はジャヤヴィラヴァルマンとスールヤヴァルマン1世によって争われ，最終的にスールヤヴァルマン1世が1010年に王位を継承した。スールヤヴァルマン1世は，王宮，ピメアナカス，南クレアンを建てるとともに東西8km，南北2kmの大貯水池である西バライを建造した。また，郊外ではコンポン・スヴァイのプリア・カーン，プノン・チソール，ラオスのワット・プーの建造・拡張を行なった。

　1050年に王位は，スールヤヴァルマン1世の息子であるウダヤディティヤヴァルマン2世に継承され，バプーオンおよび西バライの中心にある西メボンを建造した。その後，王位はハルシャヴァルマン3世，ジャヤヴァルマン6世，ダラニンドラヴァルマン1世へと受け継がれ，1113年にはクメール史上最高傑作であるアンコール・ワットを建造したスールヤヴァルマン2世へと引き継がれた。

　スールヤヴァルマン2世は，アンコール・ワットの他に，トマノン，チャウ・

図1-9 ジャヤヴァルマン7世像
（プノン・ペン国立博物館所蔵）

サイ・テヴォダ，ベン・メリア，バンテアイ・サムレ，ワット・アトヴィアを建造した。1150年のスールヤヴァルマン2世の死後，王位はヤショーヴァルマン2世，トリブヴァナディティヤヴァルマンへと継がれたが，トリブヴァナディティヤヴァルマンは1177年に東側隣国のチャンパとの戦いにおいて殺害され，アンコールは落城した。その5年後，ジャヤヴァルマン7世がチャンパを追い払い，1182年に王位に就いた（図1-9）。ジャヤヴァルマン7世は今までの王とは異なり，熱心な仏教徒であった。ジャヤヴァルマン7世は，タ・プローム，プリア・カーン，バンテアイ・クデイ，アンコール・トムおよびその中心寺院であるバイヨンをはじめ，多くの建造物を建てるとともに，タイの大部分，ラオス南部およびヴェトナム南部をも版図とし，アンコール史上最も栄えた。また，ジャヤヴァルマン7世は道路網の整備を行ない，街道沿いに121箇所の宿駅を設けるとともに，102箇所に施療院を設置した。

1218年のジャヤヴァルマン7世の死後，王位はインドラヴァルマン2世，ジャヤヴァルマン8世へと引き継がれた。ジャヤヴァルマン8世はヒンドゥー教の信者であり，仏像の破壊を行なった。ジャヤヴァルマン8世の時代にはライ王のテラスが建造されるとともに，既存のジャヤヴァルマン7世の時代に建造された建物の増改築が行なわれている。

1295年のジャヤヴァルマン8世の死後，王位はスリンドラヴァルマン，スリンドラジャヤヴァルマン，ジャヤヴァルマパラメシュヴァラへと引き継がれるが，この時期には主要な石造建造物は建造されず，国力は衰退していった。1431年には，シャムのアユタヤ朝によってアンコールは制圧され，700年以上続いたアンコール時代は終焉を迎えることになる。

Column 1　前アンコール時代のクメール建築

　シェム・リアップの地にアンコール王朝が首都を構える9世紀より前の時代は，一般に「前アンコール時代」と呼ばれる。カンボジアの南部やメコン川沿いを中心に，多くの都市や寺院施設が築かれており，中でもタ・ケオ州のアンコール・ボレイ遺跡やコンポン・トム州のサンボール・プレイ・クック遺跡群，そしてラオスのワット・プー遺跡などが有名である。美術史や建築史の分野では，この時代の芸術は「原始芸術」（プリミティブ・アート）と呼ばれることもあるが，この時，既にクメールの造形芸術は極めて高い水準に達している。アンコール・ボレイ遺跡の近くにあるプノン・ダ寺院から発見されたヴィシュヌ神像は6世紀から7世紀の作品と考えられているが，クメールの彫刻全体を見渡しても傑作と呼べる作品の一つである。また，7世紀前半に複数の土侯国を従え集権的な国家を築いた真臘の王都「サンボール・プレイ・クック遺跡群」では，複数の祠堂が複合的な伽藍を形成している（図C1-1）。それらは，多重に周壁を巡らせ，寺院の中央を高くした堂山型（ピラミッド型）の形式をなしており，後世にクメール建築の最高峰となるアンコール・ワット寺院の配置形式の萌芽が認められる。高僧，建築家，彫刻師といった芸術家がインドから渡来人としてこの地に宗教や芸術を伝え，それらが既存の文化と習合してクメール独自の芸術文化を形作った時期，それが前アンコール時代である。

図C1-1　サンボール・プレイ・クック遺跡群プラサート・イェイ・ポアン寺院の主祠堂

2. アンコール遺跡の時代区分

　アンコール時代は，その美術様式に基づきクレン様式，プリア・コー様式，バケン様式，コー・ケル様式，プレ・ループ様式，バンテアイ・スレイ様式，クレアン様式，バプーオン様式，アンコール・ワット様式，バイヨン様式の10の時期に区分されている。本書では石材に焦点を置いて記述することから，後で述べるアンコール遺跡の主要石材である灰色〜黄褐色砂岩の帯磁率に基づいて時代区分を行なう。ただし，クレン様式およびバンテアイ・スレイ様式に対応する遺跡では灰色〜黄褐色砂岩が主要石材として使用されていないため，ここでの区分から外すこととする。また，コー・ケルでは，アンコール遺跡とは異なる独自の石切り場から供給された灰色〜黄褐色砂岩が使用されているため，これに対応する時期も除外する。本書で使用する時代区分とそれに対応する主要遺跡は次の通りである（口絵17）。

- プリア・コー期： プリア・コー，バコン，ロレイ
- バケン期： プノン・バケン，プノン・クロム，プノン・ボック
- 遷移期： プラサート・クラヴァン，バクセイ・チャムクロン，東メボン
- プレ・ループ〜クレアン〜バプーオン期： プレ・ループ，南北クレアン，タ・ケオ，ピメアナカス，バプーオン，西メボン
- アンコール・ワット期前期： チャウ・サイ・テヴォダ，トマノン，ワット・アトヴィア
- アンコール・ワット期主要期： プラサート・スープラ，アンコール・ワット，バンテアイ・サムレ
- バイヨン期前期： タ・プローム，プリア・カーン，ニアック・ポアン
- バイヨン期後期： バンテアイ・クデイ，バイヨン，タ・ソム
- バイヨン期末期： 象のテラス
- ポスト・バイヨン期： ライ王のテラス，プリア・パリライ，プリア・ピトゥ

第2章 建築と石材

1. アンコール遺跡の建築材

　アンコール遺跡は基本的に石造建造物であり，主要石材として砂岩とラテライトが使用されている。ただし，9世紀から10世紀にかけてのアンコール時代初期の建物ではレンガの使用も多く認められる。石材やレンガに加え，11世紀ごろまでの建物では屋根部に木材が使用されていることが多い（たとえば，南北クレアン）が，今では完全に朽ち果てている。また，開口部の楣材(まぐさ)，天井板および天井廻り縁としても木材が用いられていることがあり，これらは室内にあるため比較的保存状態が良く，その一部は今でも残存している。

　基壇内部は版築土よりなるが，地山そのものが利用されている場合もある。プノン・バケンはバケン山の頂上に建造されたピラミッド型寺院であるが，その基壇は階段ピラミッド型に削られた地山からなり，その表面に砂岩材が貼り付けられている。タイとの国境地帯にあるプリア・ヴィヘアの一部でも地山の利用が認められる。

1. 砂　　岩

　アンコール遺跡では3種類の砂岩が使われている。砂岩を色で表現した方がわかり易いので，ここでは色に基づいた分類を使用する。色で分類するとアンコール遺跡の砂岩は，灰色〜黄褐色砂岩，赤色砂岩，緑灰色硬砂岩の3種類に分けられる。この内，灰色〜黄褐色砂岩が最も一般的な砂岩であり，赤色砂岩および緑灰色硬砂岩の使用は局所的である。すなわち，緑灰色硬砂岩は，ピラミッド型寺院であるタ・ケオの最上段にある5つの祠堂本体にのみ使用され，他のアンコール遺跡では全くお目にかかることのない石材である。赤色砂岩は，大変美しい寺院として知られているバンテアイ・スレイにおいて全面的に使用されているとともに，南クレアンの一部やバイヨン期末期以降の遺跡に極少量であるが，灰色〜黄褐色砂岩中に混在している。

(1) 灰色～黄褐色砂岩

前述したように,アンコール遺跡で用いられている一般的な砂岩は灰色～黄褐色砂岩である。バイヨン期前期までの砂岩は比較的質が良く,また,色の変化も少なく,その多くは灰色を呈している（図2-1/口絵1：コラム2, p. 17）。しかしながら,バイヨン期後期になると色の変化が顕著になり,灰色の砂岩に加え,黄褐色や赤褐色を呈する砂岩が多く混在するようになる（図2-2/口絵2）。これは,バイヨン期後期になると質の良い砂岩の石切り場が枯渇したことによると考えられている。バイヨン期前期までの砂岩は質が良いとともに,石材の加工精度も高い。バイヨン期後期の砂岩では堆積時にできた層理や葉理が目立つが,バイヨン期前期までの砂岩ではそれほど顕著でない。このように時期により灰色～黄褐色砂岩の色や質に違いが見られるが,その構成鉱物や全岩化学組成においては全く違いが認められず,岩石学的には同じ砂岩に分類される。

図2-1（口絵1） タ・ケオの外周壁を構成する灰色～黄褐色砂岩。正方形の断面を示し,整層積みされている

図2-2（口絵2） バイヨン内周壁に使われている灰色～黄褐色砂岩。長方形の断面を示し,形・大きさ・色の変化が見られ,乱積みされている

主たる構成粒子は,石英,斜長石,カリ長石,黒雲母,白雲母および岩石片であり,ざくろ石,磁鉄鉱,方解石,緑れん石,ジルコン,電気石などが極少量伴われ,岩石学的には長石質アレナイトに分類される（図2-3/口絵3）。構成粒子の粒径は0.2 mm前後で,粒径は比較的揃っているが,やや角張った粒子よりなる。灰色～黄褐色砂岩中に多く含まれる黒雲母および白雲母は層理や葉理に沿って並

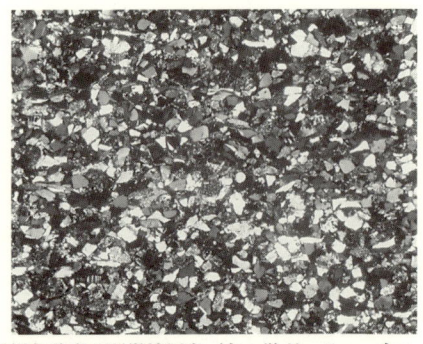

図2-3（口絵3）　アンコール・ワットの灰色〜黄褐色砂岩の顕微鏡写真（左：単ポーラー，右：直交ポーラー）。石英，斜長石，カリ長石，黒雲母，白雲母および岩石片より構成される。長辺の長さは約4 mm

ぶ傾向，すなわち，定向配列を示している。雲母類は層状珪酸塩であり，薄い層が重なった構造をもっており，この層に沿って剥がれ易い性質がある。そのため，灰色〜黄褐色砂岩は，層理や葉理に沿って割れ易い性質を示し，この性質が灰色〜黄褐色砂岩の劣化原因の一つとなっている。また，黒雲母は変質していることが多く，この変質によって生成された鉄の水酸化物である針鉄鉱（FeO(OH)）が黄褐色を呈する砂岩の色の原因となっている。

　微量成分を含め50元素の分析を行なった結果，灰色〜黄褐色砂岩の化学組成には建造時期による違いが全く認められず，化学組成的にも全く同じ砂岩である。これら砂岩の主要成分のおおよその組成範囲は，SiO_2 66〜73％，Al_2O_3 12〜14％，Fe_2O_3（全鉄）3〜6％，MgO 1.3〜2.6％，CaO 0.8〜3.3％，Na_2O 2.5〜3.5％，K_2O 1.5〜2.3％である。また，微量元素であるSrとRbの含有量は，それぞれ170〜250 ppmと45〜70 ppmである。このようにアンコール遺跡の主要構成石材である灰色〜黄褐色砂岩は，構成鉱物や化学組成において全く違いが認められず，砂岩そのものに関してはアンコール遺跡の研究においてそれ以上に注目を集めることはなかった。しかしながら，後で述べるように私たちの新たな研究により，この灰色〜黄褐色砂岩が時代とともに変化していることが明らかになり，アンコール時代における石切り場の変遷，建築順序の推定，遺跡間における建築時期の対比が可能となってきた。

Column 2　贅沢な石材利用

　アンコール時代も後期に入り、バイヨン寺院が造られるころになると、建設工事に使用される石材は小振りのものが目立つようになる。これは、バイヨン期に建設用の石材が枯渇したためであったといわれているが、それ以前には、潤沢に石材があった様子が様々な寺院で窺われる。たとえば、7世紀のサンボール・プレイ・クック遺跡群のプラサート・タオ寺院では、階段の側壁の上に咆哮(ほうこう)する獅子像が配されているが、よく見るとこの獅子像は階段の側壁と一続きの石材から削り出されている（図C2-1）。また、9世紀に建立されたロリュオス遺跡群のバコン寺院では、大きな砂岩の扉枠がレンガ積みの中に組み込まれているが、一つの大きな石材の真ん中に穴をあけて扉枠としている（図C2-2）。アンコール・ワット寺院の参道の縁をなす欄干隅では、二材を突き合わせるのではなく、L字型の部材を一材から削り出している。このように小さな部材を組み合わせて造った方が

図C2-1　サンボール・プレイ・クック遺跡群プラサート・タオ寺院の獅子像

図C2-2　ロリュオス遺跡群バコン寺院のレンガ造祠堂

よほど効率的だと思われるところに，大きな部材を加工して用いている例が散見される。古代クメールの石工たちは，大型の石材を切り出し，運搬するための高い技術を擁していたようだ。

(2) 緑灰色硬砂岩

　緑灰色硬砂岩は，その名の通り緑色を帯びた硬い砂岩であり，アンコール遺跡ではタ・ケオのピラミッド型基壇最上部にある5つの祠堂本体にのみ用いられている（図2-4）。ただし，彫像やシヴァ神の象徴であるリンガやヨーニとしてこの硬砂岩が使われていることがある。タ・ケオでも祠堂本体以外の砂岩には灰色〜黄褐色砂岩が使用されており，緑灰色硬砂岩が使用されている祠堂でもその基壇部分では灰色〜黄褐色砂岩が使われている。主要構成鉱物は，灰色〜黄褐色砂岩と同じであるが，構成粒子の大きさが不揃いで，かつ，粒子が角張っている点で異なっている（図2-5/口絵4）。緑灰色硬砂岩は岩石学的には長石質ワッケに分類される。全岩化学組成も灰色〜黄褐色砂岩と似ているが，SiO_2（65〜69%）がやや少なく，CaO（3〜4%），Sr（200〜600 ppm）とRb（60〜100 ppm）がやや多い点で異なる。帯磁率は$0.1〜0.3×10^{-3}$ SI単位の低い値を示す。この緑灰色硬砂岩に対しては1軸圧縮試験を行なっていないが，そのP波伝播速度や反発硬度（p.79およびp.80を参照）は，灰色〜黄褐色砂岩より大きく，灰色〜黄褐色砂岩と比べて硬いことを示している。このことがかえって仇となり，この砂岩が使用されているタ・ケオの祠堂では石材に多くの亀裂が認められる（図2-6）。硬いがゆえに変形が起きにくく，応力集中が生じやすいため，石材に多

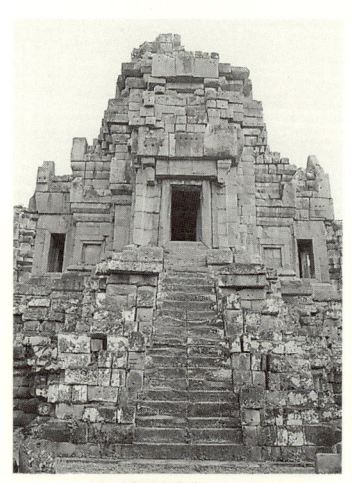

図2-4　緑灰色硬砂岩からなるタ・ケオの中央祠堂。基壇は灰色〜黄褐色砂岩よりなる

図 2-5（口絵 4） タ・ケオの緑灰色硬砂岩の顕微鏡写真（左：単ポーラー，右：直交ポーラー）。大きさの不揃いな角張った砕屑粒子より構成される。長辺の長さは約 4 mm

くの亀裂が生じている。特に中央祠堂内壁では応力集中による破壊が顕著になっている。

　プノン・ペンの南およそ 40 km のところにスールヤヴァルマン 1 世によって建立されたプノン・チソールと呼ばれる寺院が小高い山の上に存在するが，この山を構成する岩石は色がやや黒いが，この緑灰色硬砂岩と大変よく似た砂岩である。

図 2-6　タ・ケオの中央祠堂に見られる応力集中による緑灰色硬砂岩表面における割れ

（3）赤色砂岩

　赤色砂岩は，バンテアイ・スレイ寺院に全面的に使用されている。それに加え，南クレアンの一部に使用されているとともに，バイヨン期末期以降の遺跡において若干であるが灰色〜黄褐色砂岩中に混入していることがある（図 2-7/口絵 5；図 2-8）。ここでは赤色砂岩と呼んでいるが，実際の岩石の色は赤色ばかりでなく，黄褐色を呈するものも存在し，色のバリエーションが見られる。赤色砂岩は，基本的に石英粒子および珪質岩の破片から構成される石英質砂岩であり，岩石学的には石英質アレナイトに分類される（図 2-9/口絵 6）。その赤い色の原因は岩石中に含まれる赤鉄鉱（Fe_2O_3）にあり，黄褐色を呈するものでは針鉄鉱（$FeO(OH)$）がその色の原因となっている。構成粒子は 0.1〜0.2 mm 前後の大きさで，角が取

図2-7（口絵5） バンテアイ・スレイの中央祠堂および前室に使用されている赤色砂岩

図2-8 南クレアンの東側参道に見られる赤色砂岩の石柱

れて丸味を帯びている。その化学組成は SiO_2（82～92%）が主であり，次いで Al_2O_3（2～9%）が多くなっている。微量元素である Sr と Rb の含有量は，それぞれ 10～400 ppm（主として 10～100 ppm），5～30 ppm となっている。石英質であるため変質を受けにくく，バンテアイ・スレイで見られる彫りの深い繊細なレリーフの保存状態は大変に良い。この赤色砂岩の P 波伝播速度および反発硬度（p.79 および p.80 を参照）は，灰色～黄褐色砂岩より大きく，緑灰色硬砂岩より小さいことから，灰色～黄褐色砂岩より硬く，緑灰色硬砂岩よりやわらかいことが推測される。赤色砂岩の帯磁率は低く，0.1×10^{-3} SI 単位以下である。

　アンコール遺跡では，このような石英質砂岩の使用は限られているが，バッタンバンおよびコンポン・チャム周辺やプノン・ペンの南にある遺跡では，色は異なるが石英質砂岩が多く用いられ，灰色～黄褐色砂岩の使用はむしろ稀である。タイ東北部のコラート高原上には，クメール人によって建造されたアンコール時代の遺跡（クメール遺跡）が多く存在するが，多くの遺跡には石英質砂岩が使用されており，北に位置するプラサート・ナライ・ジェン・ウェンでは，バンテアイ・スレイと大変よく似た赤色の石英質砂岩が使われている。赤色砂岩は，有名なピマイにも見られるが，これは極細粒の石質砂岩であり，バンテアイ・スレイの赤色砂岩とは異なった砂岩である。

図 2-9（口絵 6）　バンテアイ・スレイの赤色砂岩の顕微鏡写真（左：単ポーラー，右：直交ポーラー）。丸味を帯びた石英粒子および石英質岩石片より構成される。長辺の長さは約 4 mm

2. ラテライト

　熱帯雨林地域やサバンナ地域の地表を覆う赤色の土壌はラテライトと呼ばれている。ラテライトは必ずしも土壌のように柔らかいわけではなく，ある程度の強度をもち，岩石状になったものも存在する。特に，赤色の土壌を指す場合には，ラトソルという言葉も使われている。ラテライトは，岩石中のアルカリ元素（Na, K），アルカリ土類元素（Ca, Mg）やシリカ（SiO_2）分が雨水によって溶脱され，反対に，水に溶けにくいアルミニウムや鉄分が残留・濃集して形成される。
　ラテライトは，見かけによって大きく2つに分けられる。1つはピソライト質ラテライトであり（図 2-10/口絵 7），もうひとつは多孔質ラテライトである（図 2-11/口絵 8）。ピソライトとは，鉄やアルミニウムが濃集した粒径 0.5～1 cm 程度の球粒であり，これらが集まったラテライトをピソライト質ラテライトと呼んでいる（図 2-12/口絵 9）。それに対して，多孔質ラテライトでは，鉄やアルミニウムの濃集度はピソライト質ラテライトほどではないが，アルミニウムや鉄分が網目状に濃集し，その間を白い粘土が充たしている。この粘土は切り出されると雨水によって洗い流され，表面が多孔質になることから，このようなラテライトを多孔質ラテライトと呼んでいる。ラテライトが産出する場所の典型的な断面を見てみると，ピソライト質ラテライトが地表近くに分布し，その下に多孔質ラテライトが分布している（図 2-13/口絵 10）。
　アンコール遺跡では，ラテライトは周壁，参道，基壇表面あるいは内部に使用

図2-10（口絵7） タ・ケオの基壇に見られる良質のピソライト質ラテライト

図2-11（口絵8） バクセイ・チャムクロンの基壇に見られる多孔質ラテライト

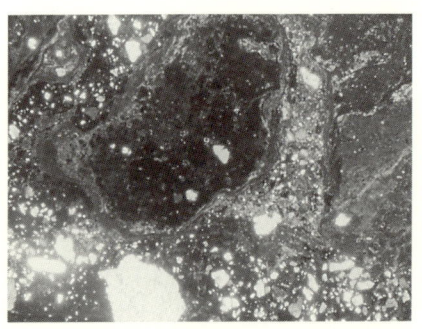

図2-12（口絵9） プラサート・スープラのピソライト質ラテライトの顕微鏡写真（直交ポーラー）。長辺の長さは約4mm

されている。アンコール遺跡以外のクメール遺跡ではラテライトが祠堂などの建造物の主要建築材として使用されている例は決して珍しくないが，アンコール遺跡ではそのような例としてはプラサート・スープラなど僅かしか存在しない。

　アンコール遺跡に使用されているラテライトにはピソライト質ラテライトも多孔質ラテライトも存在し，また，その中間的なラテライトも存在する。ピソライト質ラテライトの最も典型的なものはタ・ケオの基壇に見られる。タ・ケオのラテライトは大きさの揃ったピソライトからなり，均質で，アンコール遺跡では最も美しいラテライトである。それに対し，典型的な多孔質ラテライトはアンコール・ワットやアンコール・トムの周壁に見られ，表面ががさがさした質の悪いラテライトである。ピソライト質ラテライトにも見られるが，特に質の悪い多孔質ラテライトには，岩石の礫が認められることが多い（図2-14）。礫を含むラテライトは，その原岩が礫岩であったか，あるいは，一旦生成されたラテライトが再堆積して生成されたことを示しているように思われる。

アンコール遺跡で使用されているラテライトの主要構成鉱物は，赤鉄鉱，針鉄鉱，石英およびカオリナイト（粘土鉱物の1種）であり，ピソライト質ラテライトと多孔質ラテライトとにおいて違いは認められない。赤鉄鉱は赤色の，針鉄鉱は黄褐色の色の原因となっており，カオリナイトは白色を呈している。主要構成成分は，Fe_2O_3（20～50％），SiO_2（20～50％）およびAl_2O_3（10～20％）であり，ピソライト質ラテライトで鉄がやや多くなる傾向が見られる。主要成分ではピソライト質ラテライトと多孔質ラテライトとの間においてそれほど顕著な違いは見られないが，微量成分であるヒ素（As），アンチモン（Sb），ストロンチウム（Sr）およびバナジウム（V）の含有量には明らかな違いが認められる（図2-15）。多孔質ラテライトにはヒ素，アンチモンおよびストロンチウムが相対的に多く含有されるが，反対にバナジウムは少なくなっている。プノン・クロムでは1,000 ppmを超えるヒ素を含有した多孔質ラテライトが存在している。これらのヒ素はラテライト中の水酸化鉄（針鉄鉱）に吸着されていると思われる。これら微量元素の含有量に基づくとアンコール時代には主要なラテライトの石切り場が5箇所（図2-15の$\alpha \sim \varepsilon$）存在したことが推測される（プノン・クロムを除く）。これと同様な結果は，ラテライトの孔隙サイズからも得られる。

　ラテライトには強い磁性を示す磁鉄鉱は含まれていないが，その代わりに砂岩

図2-13（口絵10）　JSAが修復用に使用しているラテライト新材の石切り場。上部は未固結なピソライト質ラテライトで，下部は固結した多孔質ラテライトよりなる。

図2-14　大小さまざまな大きさの礫の入った多孔質ラテライト（東メボン）

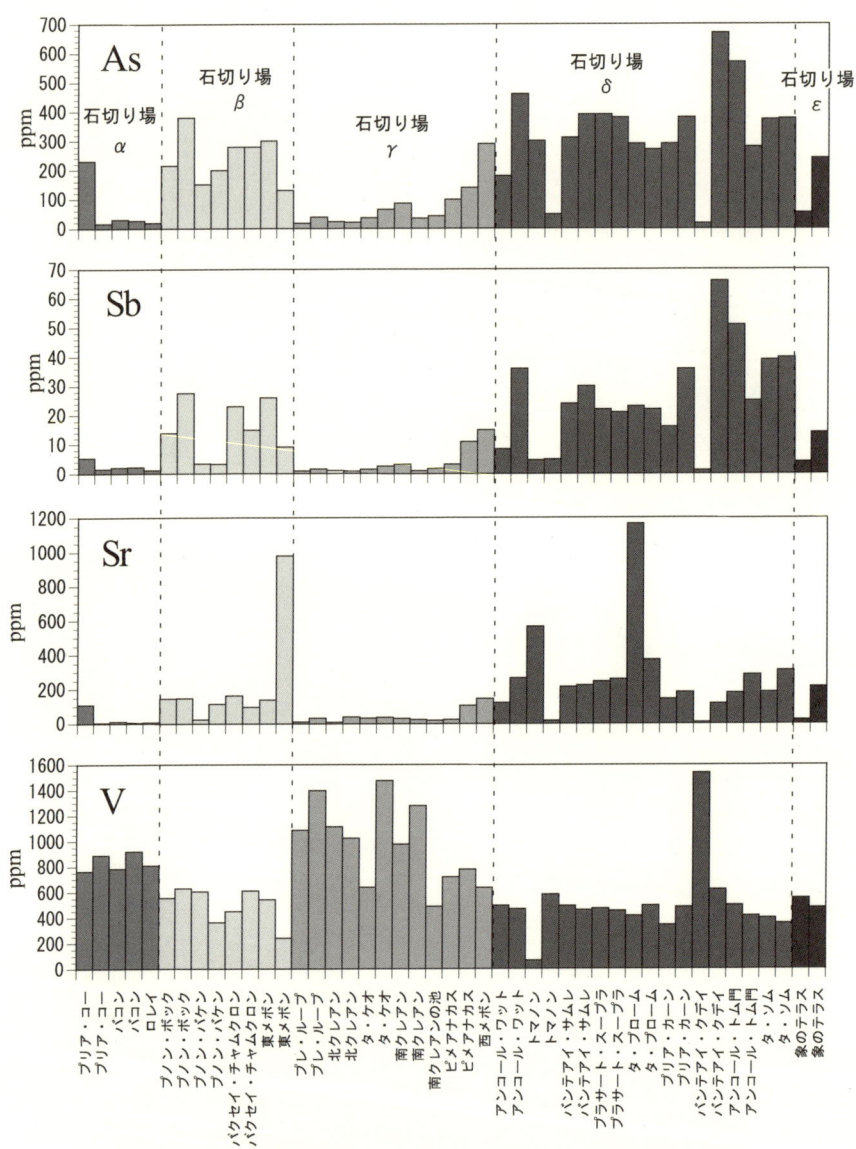

図2-15 アンコール遺跡に使用されているラテライト中の微量元素含有量の比較。微量元素の含有量からアンコール時代には5箇所のラテライトの石切り場が存在したことが推測される

中の磁鉄鉱の量と比べてかなり多くの赤鉄鉱および針鉄鉱が含まれている。赤鉄鉱および針鉄鉱の帯磁率は磁鉄鉱の数千分の1程度であるが，ラテライト中の赤鉄鉱および針鉄鉱の含有量は砂岩中の磁鉄鉱の数百〜数千倍であることから，ラテライトも比較的高い帯磁率を示す。一般的な傾向として，鉄含有量の高いピソライト質ラテライトで帯磁率が高く，鉄含有量の低い多孔質ラテライトで低くなっている。アンコール遺跡では前者で$0.7〜1.5×10^{-3}$ SI単位の帯磁率を示し，後者では$0.3〜0.6×10^{-3}$ SI単位の帯磁率を示している。

図2-16 バクセイ・チャムクロンのレンガ造祠堂

3. レンガ

9世紀〜10世紀の建造物では，祠堂の建築材料としてレンガが頻繁に使われ，11世紀になっても屋根材としてレンガの使用が認められる（図2-16；図2-17）。アンコール遺跡では石材の組積において接着剤が使用されず，空積みとなっているが，レンガの場合には，樹脂を主成分とした接着剤が用いられている。アンコール遺跡で使用されているレンガは焼成レンガであるが，焼いたレンガをそのまま積み上げているわけではなく，表面を削り落としてきれいに成形されるとともに，摺り合わせが行なわれている。レンガとレンガとの間には全く隙間が認められず，接着剤が使用されていることさえ感じさせないほどであり，大変な手間をかけてレンガ造の建物が造られている。

レンガは淡黄白色から赤褐色を呈しているが，レンガの中心部は酸化しておら

図2-17 プリア・コーのレンガ造中央祠堂

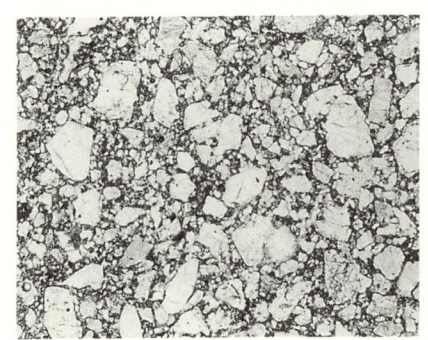

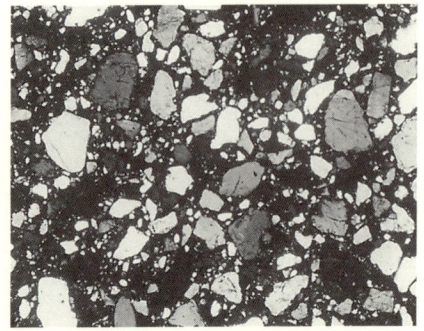

図 2-18（口絵 11） プリア・コーのレンガの顕微鏡写真（左：単ポーラー，右：直交ポーラー）。構成粒子のほとんどは石英からなる。長辺の長さは約 4 mm

ず，黒色を呈していることが多い。レンガは粒径 0.2～1 mm 程度の石英粒子とそれを取り囲む極細粒の基質よりなる（図 2-18/口絵 11）。主要成分は，SiO_2（73～96%）で，次いで Al_2O_3（3～16%）であり，その外に 5% 以下の Fe_2O_3 を伴う。鉄分の多いものほど赤味が強くなる傾向が認められる。レンガの原料となった土は基本的に石英質の砂質土であり，その基質は石英やカオリナイトより成る。原料の土がラテライト化を受けた程度の違いにより鉄の少ない淡黄白色のレンガになったり，鉄の多い赤褐色のレンガになったりする。ラテライト粒子の入り込んだレンガも見られる。

　アンコール時代においては，レンガの大きさは大局的には時代とともに大きくなる傾向が認められ，長さは 230～290 mm，幅は 120～160 mm であり，その比はおよそ 2：1 となっている。また，レンガの厚さも時代とともに厚くなる傾向が認められ，9 世紀末のバコンで最小値の 40 mm 弱の厚さを示し，プレ・ループの東側レンガ造祠堂では 80 mm に達する。

　レンガは，長さ・幅方向が水平になるように積まれているのが一般的であり，壁面に長さ方向が表れる長手積みと幅方向が表れる小口積みとに分けられる。65 mm 以下の厚さの相対的に薄いレンガの場合には，小口積みの割合が高く，その割合は 60～100% を示すが，それ以上の厚さをもつレンガの場合には，その割合は 60～80% で，小口積みの割合がやや小さくなっている。これは，厚いレンガの場合には，小口積みが多くなると縦目地が揃って開きやすくなり，構造的に不安定になるからである。

アンコール時代のレンガ造建造物においては，表面にスタッコ（仕上げ塗材）が若干残っていることが多いことから，レンガ表面は当初スタッコで覆われていたと考えられる（図2-19）。スタッコの食いつきを良くするためにレンガ表面に穴をあけたり，表面をでこぼこに仕上げたりしていることがあるが，それにも関わらず今ではスタッコのほとんどは剥落しており，その痕跡さえ認められない建物も存在する。

図2-19　ロレイのレンガ造祠堂表面の一部に残存するスタッコ

4．木　材

　アンコール遺跡は，基本的に石造ないしレンガ造建造物である。しかしながら，当時の住居は今と同様に木造であり，木造であったがゆえに完全に朽ち果て，当時の面影を窺い知ることができない。実は，石造ないしレンガ造建造物であるアンコール遺跡にも一部に木材が使用されていた（コラム3, p.29）。特に屋根部が木材で構築されていた建物は多い。アンコール時代では石材やレンガで屋根を構築する場合，迫り出し積みアーチ工法が用いられている。これは，真正アーチ工法とは異なり，石材やレンガを少しずつ水平方向にずらして頂部で互いに持たれ合わせる擬似アーチ工法である。石材の場合には，接着剤を使用しない空積み工法が使われていることもあり，このような迫り出し積みアーチは不安定な構造であるとともに，大きな空間を覆うには適していない。このことから，アンコール時代の初期では，屋根部の構築において木材が頻繁に使用されていた。たとえば，南北クレアンやすぐ傍のプラサート・スープラなどでは木材が使われていた痕跡が石材に残されている。

　このように，屋根部には木材が頻繁に使用されていたが，今では完全に朽ち果て当時の木材は残存していない。しかしながら，屋根部以外でも開口部の楣材，

図2-20　アンコール・ワットの中回廊隅楼に見られる木製扉軸受け材

図2-21　北クレアン中央塔下部の内壁開口部に見られる木製楣材

天井板，天井廻り縁などとして木材が使用されており，このような室内で用いられていた木材は雨風による影響を受けることが少なく，今でもその一部が残存している（図2-20；図2-21）。比較的多くの木材が観察されるのは，アンコール・ワットとバイヨンであり，アンコール・ワットでは回廊開口部の楣材，天井板や扉軸受け材として，バイヨンでは中央塔において開口部楣材などとして木材が使用されており，その一部が残っている。

放射性炭素年代測定は，アンコール・ワット内回廊北西隅楼の天井板と南西隅楼の扉軸受け材は後世のものであるが，その他の木材は当時のものがそのまま残っていることを示している。その他，ロレイの2祠堂の開口部，バコンの南側レンガ造祠堂1基の開口部，バクセイ・チャムクロン開口部，北クレアン中央部内壁開口部，アンコール・トム西門およびバンテアイ・クデイ中央塔天井廻り縁に木材の残存が確認されている。この内，バクセイ・チャムクロンの開口部の木材以外は当時のものである。

Column 3　失われた木造架構

　遺跡の石積みの表面には，よく見ると様々な形状の穴があいている。建物の至る所に見られる小さな丸穴は石材を運搬したり吊り上げたりするときに利用したものと考えられているが，その他にもう少し大きな穴が規則的に並んでいることがある。

　たとえば，長手の建物の妻壁の上に載っている三角破風の裏面の四角い穴は，屋根の小屋組みを支えるために木材の桁を入れていた穴である（図C3-1）。この穴の配置からどのような形状の木造の屋根が架かっていたのか，さらには木造の小屋組みの構造から，寺院の周囲で出土する瓦材がどのようにして葺かれていたのか復元することもできる。

　同じく三角破風でも彫刻のある表面に穿たれている穴は，後世に建物の入り口前方に木造の前室が造り付けられた痕跡である。おそらく，寺院の中で行なわれていた儀式の変更に伴い，新たな部屋を付設する必要に迫られ，木造の前室が簡易的に設置されたものだろう。

　また，通廊状の細長い部屋では，木造の仕切壁があった痕跡が壁面に残っていたり，石敷きの床面上には規則的な丸穴が残され，寺院の境内には既に朽ちてなくなってしまった様々な木造の施設が配されていた様子が窺われる。

図C3-1　三角破風に残る大入れの痕跡（バイヨン寺院）

5. 顔　　料

　アンコール遺跡では，顔料の使用は一般的でないが，赤色顔料に関しては比較的多く見られ，砂岩材の表面に直接塗られたり，あるいは，スタッコの上に塗られている。このような赤色顔料は，プリア・カーンの西側副回廊の西ゴープラ内壁，バンテアイ・クデイの内回廊および中央祠堂内壁，象のテラス，タ・ネイ内回廊内壁，プレ・ループの小祠堂の一部などに見られる。この赤色顔料は基本的に赤鉄鉱（Fe_2O_3）からなるが，SiO_2 や Al_2O_3 などの成分を多く含むことから，ラテライトを原料としていることが推測される。プリア・カーンの西側副回廊の西ゴープラ内壁では，ごくわずかであるが黄土色の顔料も見られる。これは鉄の水酸化物であり，これもラテライト起源である可能性が高い。

　このようにアンコール遺跡では，顔料の使用頻度はそれほど高くないが，アンコール・ワットの十字回廊では例外的に多種・多量の顔料が使われている（図 2-22／口絵 12；図 2-23／口絵 13）。アンコール・ワットの中心部に向かって西側参道を進んでいくと外回廊の西面中央部に辿り着くが，さらに東側の中心部に向かって階段を上っていくと柱が全体的に十字型に配された空間が現れる。これが十字回廊である。十字

図 2-22（口絵 12）　アンコール・ワット十字回廊の柱表面に見られる顔料

図 2-23（口絵 13）　アンコール・ワット十字回廊の柱や小壁などに残存している顔料

回廊の柱の根元は，後で述べるようにコウモリの排泄物に起因する塩類風化によって10 cm 近く細くなっている。このことに加えて，赤やピンク色の顔料が柱のかなりの面積

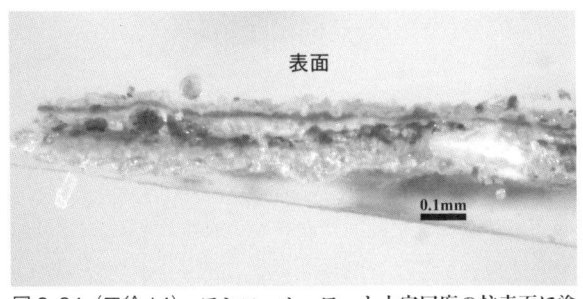

図 2-24（口絵 14） アンコール・ワット十字回廊の柱表面に塗られた顔料の断面。表面から白色層，赤色層，白色層，オレンジ色層，白色層の5層構造となっている

を占めて塗られているのが印象的である。柱ばかりでなく，柱の上の梁(りょう)材や小壁にも赤や白の顔料が塗られている。また，十字回廊の壁面，特に北側の壁面には肌色，黒色，オレンジ色の顔料が塗られている。多種の顔料がこれだけ広い面積に渡って塗られているのはアンコール遺跡の中でもこの場所だけであり，顔料の調査・研究には最適な場所である。十字回廊の柱には，顔料による着色ばかりでなく，後世の落書きも多く残されている。日本人にとって有名なのが森本右近太夫による墨書きであり，これは 1632 年のものである。父の菩提を弔うためにインドにある祇園精舎と思い違いをしていたアンコール・ワットを訪れ，十字回廊にこの墨書きを残している。

　柱や壁面の顔料は層を成しており，何回かに渡って顔料が塗られたことを示している。柱における最も典型的な彩色順序は，表層部から白色（下にある赤色顔料の影響でピンク色に見える），赤色，白色，オレンジ色，白色となっている（図 2-24/口絵 14）。表層の白色部からは，シュウ酸カルシウム類（ウェデライト：$CaC_2O_4 \cdot 2H_2O$，ウェウェルライト：$CaC_2O_4 \cdot H_2O$），塩化物系鉛化合物（塩化鉛：$PbCl_2$，水酸化塩化鉛：$PbClOH$，酸化塩化鉛：$Pb_2Cl(O, OH)_2$），リン酸カルシウム類，石こう（$CaSO_4 \cdot 2H_2O$），硫酸鉛（$PbSO_4$），その下の赤色層からはラテライト起源の赤鉄鉱に加え，上記白色顔料および炭酸カルシウム，鉛白（$2PbCO_3 \cdot Pb(OH)_2$）が検出されている。3層目の白色層は主として鉛白，塩化物系鉛化合物，シュウ酸カルシウム類，リン酸カルシウム類，炭酸カルシウム，硫酸鉛から構成され，4層目のオレンジ色の層は鉛の酸化物である鉛丹（Pb_3O_4）を主とした顔料からな

建築と石材

る。最下層の白色層は主として塩化物系鉛化合物，鉛白，シュウ酸カルシウム類，硫酸鉛，炭酸カルシウムから構成されている。

　北側壁面では全面的に顔料が塗布されており，壁面上部では表面から，赤鉄鉱を若干含有するリン酸カルシウム類，シュウ酸カルシウム類などからなる肌色顔料，二酸化鉛（PbO_2）にリン酸カルシウム類を含んだ黒色顔料，鉛白を主とし塩化物系鉛化合物などを含んだ白色顔料，鉛丹にリン酸カルシウム類，石こうおよび塩化物系鉛化合物などを含有したオレンジ色顔料，シュウ酸カルシウム類，石こう，炭酸カルシウム，リン酸カルシウム類を主とした白色顔料の順に塗られている。また，壁面や柱の上部にあるコーニス（蛇腹）では，赤色（赤鉄鉱）の他に，青緑色（銅の化合物），黒色（墨）の顔料が見られる。

　顔料の塗布時期に関する直接的な証拠は少ないが，鉛系のオレンジ色顔料が先で，鉄系の赤色顔料が後の時代に塗られたことは明らかである。塗布時期の可能性としてオレンジ色の顔料が創建当時であり，赤色顔料は，バイヨン期の寺院に多く見られることから，バイヨン期か，あるいは，16世紀のアン・チャン1世時代（1526-1566）にアンコール・ワットにおいて大改修が行なわれるとともに，未完成であった外回廊のレリーフが彫られていることから，この時期に塗布されたことが考えられる。

　十字回廊の柱には日本人による17世紀初期の墨書きが多く残されており，これらは赤色顔料の上に書かれ，白色顔料（ピンク色に見える）によって覆われていることから，赤色顔料の多くは17世紀初期までに塗られ，その上の白色顔料はその後に塗られたことは明らかである。

　小壁のアプサラのレリーフでは，主として白色顔料が使用されているが，その一部には鉛丹を含むオレンジ色の顔料が使用されていることから，この小壁も創建時に顔料が塗布されたことが推測される。ただし，小壁に見られる局所的な鉄系の赤色顔料は，バイヨン期か，あるいは，アン・チャン1世時代に塗られた可能性が考えられる。

　また，梁の下面やコーニスの鉄系赤色顔料に関しては，下地の白色顔料を欠き，直接石材表面に塗布されていることや，剥離部分にも赤色顔料が塗られているこ

とから，建造当初ではなく，アン・チャン1世時代，あるいは，それ以降のものであることが推測される。

6. 石材の採掘と運搬

アンコール時代の砂岩の石切り場跡はクレン山の南東山麓に多く残されており，フランス極東学院によって調査が行なわれ，その位置が地図に記録されている。しかしながら，この地域は現在地雷原となっており，危険であるため調査を行なうことは困難であるが，ベン・メリアのすぐそばで，道路沿いにあるオー・トモ・ダップは観光客でも気軽に訪れることのできるアンコール時代の石切り場である（図2-25）。これに加えて，私たちは，現地の村人による案内の下，今までにクレン山山麓のドン・エンとプノン・ベイの石切り場に行くことができた（図2-26）。クレン山の北東50kmのところにあるコー・ケルの北側5kmの川沿いにも砂岩材を切り出した跡があり，これはコー・ケル独自の石切り場であったと考えられる。さらに，アンコール地域ではなく，かつ，異なった種類の砂岩（石英質砂岩）であるが，タイとの国境近くにあるプリア・ヴィヘア周辺の石切り場，タイ東北部コラート高原上のバン・クルアートおよびシ・キューの石切り場やラオスのワット・プー付近にある灰色～黄褐色砂岩の石切り場を今までに訪れている（図2-27）。

アンコール時代の石材採掘法は，地域，石質が異なっても基本的には同じであ

図2-25 クレン山山麓にあるアンコール時代の砂岩石切り場（オー・トモ・ダップ）

図2-26 クレン山山麓にあるアンコール時代の砂岩石切り場（ドン・エン）

建築と石材　33

図2-27 タイのコラート高原にあるアンコール時代の石英質砂岩の石切り場（シ・キュー）

る。石切り場というと崖のような光景を思い浮かべてしまうが、アンコール時代の石切り場はそれとは全く異なり、地表付近の岩石を浅く採掘しており、深くてもせいぜい3～4m程度である。タイのバン・クルアートでは、砂岩層というよりもむしろ砂岩の巨礫から石材を採掘している。残された採掘跡を観察してみると、地表面から石材の大きさに幅10～20cm、深さ50～60cm程度の溝を入れ（図2-27）、その後、層理面に沿って楔を入れたり、先が平になった鉄製の棒でつついたりして石材を剝がし採っている。今までに訪れたいずれの石切り場もその規模は小さく、アンコール・ワットのような大規模寺院の建造に使われた石切り場がどのような状況であったのか謎が残るばかりである（コラム4, p.36）。

石材の採掘、加工や彫刻のためには鉄製の各種道具が必要であるが、今でも採掘されている鉄の鉱山がコンポン・スヴァイのプリア・カーンの東南東およそ35kmのところにあるデック山に存在している。現在は中国系の企業によって経営されており、鉱山内部を見ることはできなかったが、鉱石を入手することができた。鉱石は品位の高い磁鉄鉱（Fe_3O_4）からなり、花崗閃緑岩の貫入に伴って石灰岩が熱水交代作用を受けることによって生成されたものである。コンポン・スヴァイのプリア・カーンからは製鉄に伴って生成される廃棄物であるスラグの塊が多く発見されている。アンコール地域にあるプラサート・スープラのテラスやバイヨン南側での発掘調査時にもスラグの塊が発見されている。アンコール時代における製鉄は、クメール人によって行なわれていたのではなく、カンボジアの北東部から東北タイ南部、ラオス南部にかけて住む少数民族であり、クメール語とは異なった言語であるクーイ語を話すクーイ族によって独占的に行なわれていた。製鉄炉は村から離れた場所にあり、チャーイと呼ばれる「祭司」を中心として製鉄が行なわれていた。このような製鉄は1950年代まで続いていたようで

ある。

採掘された石材は，おそらく水運を使ったり，象や牛を使ったりして建築現場まで運ばれたと思われるが，このことに関する直接的な証拠は残されていない。当時における石材の取り扱いに関しては，バイヨン内回廊西面中央部の基壇が高くなったところにあるレリーフに記録されている。そこには，てこの原理を用いて石材をもち上げている様子が描かれている（図2-28）。石材を吊り上げるにあたって，石材表面にあけられた丸い穴に木の棒を差し込んでいる様子が見られる。アンコール遺跡の石材表面には，直径3〜4cm程度の大きさの丸い穴が多く見られるが，これは乾燥させた木の棒を差し込み，水をかけて木材を膨張させることにより木の棒を石材に食いつかせて石材を持ち上げたり，動かしたりするために使用された穴である（図2-29）。また，バイヨン外回廊南面の中央より少し東には石材を採掘・加工している様子が描かれている。

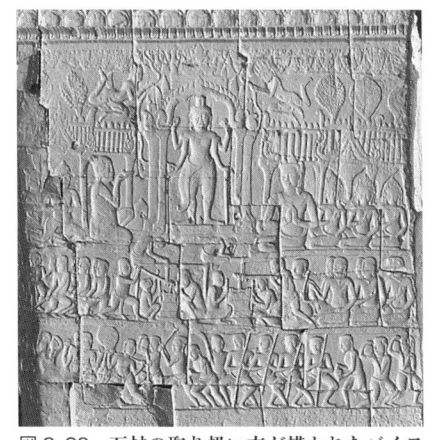

図2-28 石材の取り扱い方が描かれたバイヨン内回廊西面レリーフのデジタル画像（東京大学生産技術研究所池内研究室提供）

図2-29 アンコール時代における石材の持ち上げ方の再現（JSAシェム・リアップ事務所に展示）

アンコール遺跡の石材は，特にバイヨン期前期までは加工精度が高く，かみそりの刃一枚も入らないくらいに隙間なく積まれている。このようにするためには，石材を何回も上げ下ろししながらノミや砥石を用いて加工・調整を行なったり，石材同士で摺り合わせを行なったと思われ，実に手の込んだ仕事を行なっている。そして，積んだ石材表面を整えた後，最後に装飾を施している。

建築と石材　35

アンコール遺跡の建物をよく観察してみると石材をただ積んだだけで，まだ表面が荒削りのままである場所や，表面は整えられているがまだ彫刻が施されていなかったり，作業途中であったりする場所が頻繁に見られる。これはアンコール遺跡の一つの特徴であり，王が亡くなるとそこで建設作業が中断したことを示している。ただし，場所によっては，後の時代に手が加えられたり，改築が行なわれていることもある。

Column 4　石切り場の痕跡

　アンコール・ワットのような大きな石造寺院を造るためには，広大な石切り場が存在したはずである。しかも石切り場から運ばれてきた石材は，建設現場での積み上げ作業や彫刻作業によってずいぶんと小さく加工されたはずなので，建設現場へもち込まれた石材は今日見られる寺院に使用されている以上のボリュームがあったことは間違いない。大型寺院の建設工事に要する石材は膨大であるため，石切り場ではそれらを効率的に切り出すための組織的な仕事が行なわれていたことが想像される。これまでに発見されている石切り場は限られているが，そこでは石を切り出すための様々な痕跡が残されており，切り出し方法を推測することができる。最も一般的な方法は，石材の輪郭に沿って幅20cm程の溝を鑿によって削りこんで，最後に岩盤と繋がっている石材の下面を長い木材や鉄棒を利用してかち割って切り出す方法である。場所によっては，石材の輪郭や下面に沿って十数cmごとに等間隔に石穴を穿ち，そこに楔を打って，石材を割って切り出す方法も認められる。
　バイヨン寺院の内回廊の浮き彫りには，大岩に閉じこめられた孫悟空のごとく，岩山に監禁されていた女神を救済する一場面が彫刻されている（図C4-1）。そこでは，岩盤を破壊するために，岩を火で熱し，そこに水を注いで急速に収縮させる様子が描かれている。こうした方法が実際の石切り場で行なわれていたとは限らないが，大量の石材を切り出すために何らかの特別な方法があったことだろう。現在の修復工事に使用する石材は，クレン山の麓から切り出されているが，背丈ほどの長さの重い鉄棒を使っ

ての人力作業である（図C4-2）。寺院1つを造るのに必要となる石材すべてをこうした手作業で切り出したとなるとその仕事量は想像を絶するものである。

図C4-1　バイヨン寺院内回廊「女神の救済」

図C4-2　クレン山の砂岩石切り場における現在の切り出し風景

7. 組積法

　アンコール遺跡は基本的に石造あるいはレンガ造の建造物からなるが，これらの建造物の基礎部は砂地業(すなじぎょう)により地盤の改良が行なわれている．すなわち，建物が建てられる場所およびその周辺部の地表近くの土を取り除き，その代わりに砂質土を用いた版築が行なわれている．このようにすることによって建物の荷重による不同沈下が起こり難くしている．一般的に建物の基壇部では，表層に1層の砂岩が，そしてその内側に1層のラテライトが積まれ，さらにその内側は版築土となっている（図2-30/口絵15；コラム5, p.40）．版築土の各層は数cm～20cm程度の厚みを持ち，「象の足」と呼ばれる道具を使って突き固められている．そして版築土の中には少量の割栗石と呼ばれる直径数cm～20cm程度の大きさの石が故意に入れられており，このことによって土の流動が抑えられている．このような構造をもつ基壇の上に上部構造物が建てられている．石材の場合には，石材と石材との間にセメントのような接着剤は全く使用されておらず，空積みとなっているが，石材間の締結を良くするためにH型を呈した鉄製の千切りが用いられていることがある（図2-31）．バコンやタ・ケオなどでは基壇表面に横長の穴が多く見られるが，これは後の時代に，貴重な鉄から造られた千切りを盗掘するために，あけられた穴である（図2-32）．他方，レンガの場合には樹脂を基本とした接着剤が使われている．

　アンコール遺跡の石造ないしレンガ造の屋根部では，擬似アーチ工法である迫り出し積みアーチ工法が用いられている（図2-33/口絵16；図2-34）．これは石材あるいはレンガ材を少しずつ水平方向にずらしながら頂部で互いにもたれ合せる工法であり，この迫り出

図2-30（口絵15）　バイヨン南経蔵基壇の内部構造。外側から，砂岩，ラテライト，版築土となっている。版築土中には割栗石が見られる

図2-31 鉄製の各種千切り（タイのピマイ博物館所蔵）

図2-32 タ・ケオの基壇にみられる鉄製千切りの盗掘孔

図2-33（口絵16） 迫り出し積みアーチ（バイヨン）

し積みアーチは不安定な構造である。それゆえ，アンコール遺跡では屋根部の崩壊が著しくなっている。この迫り出し積みアーチ工法では大きな空間を造り出すことができないため，大きな空間を覆うためには木材を用いて屋根の構築が行なわれていたが，今では朽ち果て，すべて崩壊している。

図2-34 ラテライト造のスピアン・プラップトゥフの橋に見られる迫り出し積みアーチ

建築と石材　39

Column 5　今日の修復工事に復元された当時の工法

　アンコール遺跡の多くは高い基壇の上に祠堂が載せられた形式である。日本国政府の修復隊によるバイヨン寺院の修復工事では，基壇の内部構造が詳細に分析されたが，内部に突き固められた版築土は一様な材料ではなく，砂質層と粘土質層が交互に積み上げられていることが明らかとなった（図2-30）。粘土質の層はラテライトのチップを含み，特に堅く締め固められている。

　アンコール遺跡で行なわれている修復工事では，基壇内部の版築土をいかにして強化するか，ということが大きな課題となる。石積みの大きな荷重を支えるための「縁の下の力持ち」である基壇と基礎を強固に復元することが求められる。基壇の内部に雨水が侵入し，内部の版築土が流れ出し，基壇が変形してしまうことが遺跡の崩壊の大きな要因となっているからである。過去の修復工事では，基壇内部を鉄筋コンクリートによって打設し，その表面に石材を積み上げていく方法が一般的であったが，現在ではかつての建設工法と同じように，土を突き固めて基礎とする方法が主流となりつつある（図C5-1）。

　この方法は，オリジナルの工法を復元・継承してゆくことが修復・保存の重要な目的であるとする日本の文化財に対する考え方から生み出された。

図C5-1　基壇内部の版築工事　日本国政府アンコール遺跡救済チームによるバイヨン寺院南経蔵の修復工事

2. 石材の特徴の時代変化

アンコール遺跡の各寺院の建造年代に関しては，碑文研究に基づき多くのことが解明されている。しかしながら，すべての寺院の建造年代に関する碑文が残されているわけではなく，他の方法，たとえば，美術様式や建築様式に関する研究からも建造年代の推定が行なわれている。今まではあまり着目されてこなかったが，石材の特徴も時代とともに変化しており，建造時期を推定する上で重要な情報を提供している（表2-1）。ここでは，アンコール遺跡に用いられている石材の特徴の時代変化を見ていくことにする。

1. 砂岩の帯磁率

アンコール遺跡における最も一般的な石材は灰色〜黄褐色砂岩であるが，先に述べたようにこの砂岩は鉱物組成および化学組成において時代や寺院による違いが認められない。しかしながら，その帯磁率には違いが見られ，帯磁率に基づいて石切り場の変化や建造順序を明らかにすることが可能である。

磁石を鉄に近づけると鉄は磁石に強く引きつけられる。岩石を構成する鉱物の中にも磁石に引きつけられる磁性鉱物が存在する。一般的に鉄を含む鉱物には磁石に反応するものが多いが，鉱物によってその強さは異なり，一般的な鉱物の中で最も磁石に強く反応する鉱物は磁鉄鉱（Fe_3O_4）である。この磁鉄鉱は強く帯磁（または磁化）する性質をもっている。砂鉄は岩石の風化によって分離した磁鉄鉱の粒子であり，日本刀の原料として古くから利用されている。アンコール遺跡の灰色〜黄褐色砂岩には，この磁鉄鉱が微量に含まれており，それゆえ，強い磁石を紐に吊るして灰色〜黄褐色砂岩に近づけると僅かに磁石が砂岩に引き寄せられる様子を見ることができる。

磁鉄鉱は鉄の酸化物であり，砂岩を構成している主要鉱物である石英や長石などの珪酸塩鉱物よりも比重が大きく（磁鉄鉱 5.2，一般的な珪酸塩鉱物 2.6〜3.3 程度），そのため河川や海辺における堆積過程においてその濃集や分散が生じ，構成鉱物

表 2-1 アンコール遺跡に使われている石材の特徴の時代変化

様式	年代	遺跡	時期	ラテライト孔隙サイズ	砂岩層理・葉理	砂岩色	石材サイズ	石材サイズ均質性	水平目地	石材断面の形	加工精度	層理面方向
プリア・コー	9世紀後期.	プリア・コー バコン ロレイ	I	小さい			小さい			長方形		縦・横層理混在
バケン	9世紀末〜10世紀初期.	プノン・クロム プノン・ボック プノン・バケン	II	大きい			大きい					
遷移期	10世紀前期.	プラサート・クラヴァン バクセイ・チャムクロン 東メボン	III									
プレ・ループ＆クレアン＆バプーオン	10世紀後期〜11世紀後期	プレ・ループ タ・ケオ ピメアナカス 北クレアン 南クレアン バプーオン 西メボン	IVa	小さい	不明瞭	灰色		均質	整層積	正方形	良い	
アンコール・ワット	11世紀末期〜12世紀前期	チャウ・サイ・デヴォダ トマノン ワット・アトヴィア	IVb				特大			長方形（幅／高さ＝1.33）		
		プラサート・スープラ アンコール・ワット バンテアイ・サムレ	V				中間					
バイヨン	12世紀末〜13世紀前期	タ・プローム プリア・カーン ニアック・ポアン	VIa-c	大きい			中間	中間	中間	中間	中間	横層理
		タ・ネイ バンテアイ・プレイ バンテアイ・トム	VId							長方形（幅／高さ＝1.67〜2）		
		タ・ソム クオル・コー プラサート・プレイ プレイ・プラサート バンテアイ・クデイ バイヨン	VII		明瞭	灰色〜黄褐色	小さい	不均質	乱積み		悪い	
		スラ・スラン 象のテラス	VIIIa									
ポスト・バイヨン	13世紀後期〜	ライ王のテラス タ・プローム・ケル プリア・パリライ プライ・ピトゥ	VIIIb	小さい								

および化学組成が同じであるにもかかわらず堆積場所によりその濃集度に違いが生じる。すなわち，同じ砂岩であっても堆積場所によって帯磁率に違いが生じ得る。それ以外にも堆積物の供給地の変化や岩石の変質などによっても帯磁率に変化が生じ得る。この帯磁率は手の平に収まる程度の大きさの携帯型帯磁率計（図3-31，p.79）によって精度良く，迅速に測定することができる。その上，帯磁率測定は非破壊であり，対象物を傷つけることがないため石造文化財の調査には好都合である。この帯磁率測定が，アンコール遺跡において多量に用いられている灰色～黄褐色砂岩の細分に，驚異的な威力を発揮することとなった。なお，砂岩材の帯磁率は個々による変動が大きいため，一般的には50個の砂岩材に対する帯磁率の平均値をもって測定箇所における帯磁率とした。

　携帯型帯磁率計を用いて測定した結果，主要遺跡の灰色～黄褐色砂岩の平均帯磁率は時期とともに変化していることが明らかになった。大まかな測定の結果，アンコール遺跡において灰色～黄褐色砂岩の平均帯磁率は6回変化しており，このことは7箇所の石切り場が存在したことを示している。このように，帯磁率を用いることにより，今まで何の手がかりもなかった砂岩材に関して大変重要な情報を得ることができた。

　当初はこの結果に大変満足していたのであるが，この調査結果に興味をもったアンコール遺跡の研究家であるオリヴィエ・クニン（Olivier Cunin）と知り合うことになり，その後，オリヴィエを交えて，アンコール時代の末期であるバイヨン期の寺院を対象に詳細な帯磁率測定を行なった。その結果，バイヨン期の寺院では，増築・拡張が頻繁に行なわれているが，砂岩の帯磁率測定から客観的にその増築・拡張過程を明らかにすることに成功した。すなわち，各寺院における建築順序を帯磁率という数値を用いて明らかにすることができたのである。

　それに加え，同時代に建造された遺跡間における部位単位の建造時期の対比も可能となった。バイヨンとバンテアイ・クデイはほぼ同時期に建造されているが，たとえば，バイヨンの中央塔が建造されているときに，バンテアイ・クデイのどの部分が建造されていたかを知ることができるようになったのである。この詳細は，第4章の「アンコール遺跡各論」で述べることにする。

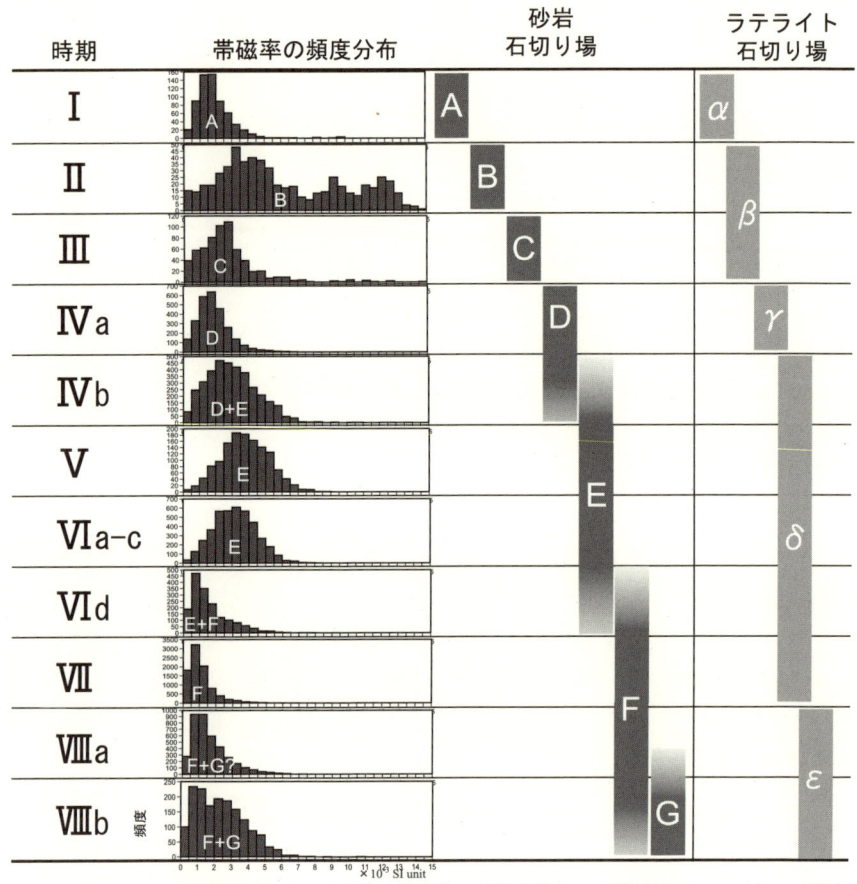

図 2-35 アンコール遺跡における砂岩材の帯磁率の時代変化および砂岩とラテライトの石切り場の変遷

バイヨン期に建造された遺跡に対する砂岩の帯磁率に関する詳細な研究に勢いづき，同様の測定をバイヨン期より前の時期に建造された主要遺跡に拡大した結果，アンコール時代における遺跡の建造順序と石材の供給に関する大変興味深い情報を得ることができた（口絵17；図2-35）。

上述したように，帯磁率測定結果からアンコール時代において7つの砂岩石切り場が存在したことが明らかになった。ここでは7つの石切り場を若い順に石切り場A，B，…，Gと名付けることにする（図2-35）。ただし，石切り場FとG

は別のものであるのか，あるいは，石切り場Fにおける連続的な変化を示しているのかに関しては今のところ明確ではない。2つの石切り場から石材が供給されたと思われる時期もあり，これらのことを加味して，主要なアンコール遺跡の建造は砂岩材の帯磁率に基づき11の時期に分けることができ（図2-35），増築・拡張の行なわれた寺院では複数の時期に渡って建造されていることを砂岩の帯磁率は物語っている（口絵17）。たとえば，バイヨンの場合，中央塔（一部を除く）と内回廊は第Ⅶ期に建造され，外回廊と東側テラス下部は第Ⅷa期に，そして，南北経蔵と東側テラス上部は第Ⅷb期に建造されたことを示している（口絵29/図4-120, p.181）。11の時期における砂岩の帯磁率分布と対応する主要遺跡は次の通りである（口絵17）。

第Ⅰ期　プリア・コー期　（帯磁率　1.1～2.3×10^{-3} SI 単位）：プリア・コー，バコン，ロレイ，プノン・クロム基壇，プノン・ボック北側基壇

第Ⅱ期　バケン期　（帯磁率　0.9～9.1×10^{-3} SI 単位，初期に高く，時期とともに帯磁率が低下）：プノン・バケン，プノン・クロム，プノン・ボック

第Ⅲ期　遷移期　（帯磁率　2.3～3.0×10^{-3} SI 単位）：プラサート・クラヴァン，バクセイ・チャムクロン，東メボン

第Ⅳa期　プレ・ループ～クレアン～バプーオン期　（帯磁率　1.1～2.4×10^{-3} SI 単位）：プレ・ループ，南北クレアン，タ・ケオ，ピメアナカス，バプーオン，西メボン

第Ⅳb期　アンコール・ワット期前期　（帯磁率は第Ⅳa期と第Ⅴ期の中間）：チャウ・サイ・テヴォダ，トマノン，ワット・アトヴィア

第Ⅴ期　アンコール・ワット期主要期　（帯磁率：2.8～4.3×10^{-3} SI 単位）：プラサート・スープラ，アンコール・ワット，バンテアイ・サムレ主要部

第Ⅵa-c期　バイヨン期前期　（帯磁率　2.5～4.1×10^{-3} SI 単位）：タ・プローム中央祠堂，内回廊および外回廊，プリア・カーン中央祠堂および内回廊，ニアック・ポアン中央祠堂

第Ⅵd期　バイヨン期前期　（帯磁率は第Ⅵa-c期と第Ⅶ期の中間）：プリア・カー

ン内周壁，タ・ネイ中央部，バンテアイ・プレイ中央祠堂

第Ⅶ期　バイヨン期後期　（帯磁率　0.7～1.4×10^{-3} SI 単位）：バイヨン中央塔および内回廊，バンテアイ・クデイ中央祠堂および内回廊，タ・ソム，クオル・コー

第Ⅷa期　バイヨン期末期　（帯磁率　1.2～2.1×10^{-3} SI 単位）：バイヨン外回廊，バンテアイ・クデイ外回廊ゴープラ，象のテラス中央部

第Ⅷb期　ポスト・バイヨン期　（帯磁率：1.9～3.1×10^{-3} SI 単位）：バイヨン南北経蔵，ライ王のテラス，プリア・パリライ，プリア・ピトゥ

　第Ⅰ期（プリア・コー期）に対応する遺跡の砂岩材は 1.1～2.3×10^{-3} SI 単位の帯磁率を示す（口絵 17）。第Ⅱ期（バケン期）の砂岩では時期とともに急激に帯磁率が小さくなる傾向があり，初期では 9×10^{-3} SI 単位程度の大きな値を示すが，末期では 1×10^{-3} SI 単位程度と小さくなる。第Ⅲ期（遷移期）の砂岩は 2.3～3.0×10^{-3} SI 単位のやや高い帯磁率を，第Ⅳa期（プレ・ループ～クレアン～バプーオン期）では 1.1～2.4×10^{-3} SI 単位の低い帯磁率を示す。第Ⅳb期はアンコール・ワット期前期に対応し，第Ⅳa期と第Ⅴ期（アンコール・ワット期主要期）における砂岩の帯磁率（2.8～4.3×10^{-3} SI 単位）の中間の値を示す。第Ⅵa-c期（バイヨン期前期）の砂岩は第Ⅴ期の砂岩より若干低い帯磁率（2.5～4.1×10^{-3} SI 単位）を示している。第Ⅵd期は第Ⅵa-c期と次の第Ⅶ期（バイヨン期後期）の帯磁率（0.7～1.4×10^{-3} SI 単位）との中間の帯磁率を示す。それ以降，砂岩の帯磁率は増加し，第Ⅷa期（バイヨン期末期）で 1.2～2.1×10^{-3} SI 単位，第Ⅷb期（ポスト・バイヨン期）で 1.9～3.1×10^{-3} SI 単位と徐々に増加する傾向が見られる。

　従来は灰色～黄褐色砂岩からアンコール遺跡の建造に関する情報をほとんど得ることができなかったが，その帯磁率は上述したように多くの情報を私たちにもたらした。

　図 2-35 には，砂岩の石切り場の変遷とともにラテライトの石切り場の変遷も示されている。アンコール時代には，砂岩に関しては 7 つの石切り場が，ラテライトに関しては 5 つの石切り場が存在したことが推定されているが，この図から

ラテライトの石切り場が変化した時には砂岩の石切り場も変化していることがわかる。

2. 石材の形・大きさ・色

　石材の形は，砂岩もラテライトも同様に，バプーオン期とアンコール・ワット期との間で大きく変化している。バプーオン期以前では，基本的に石材の断面は正方形に近い形を示しているが（図2-1/口絵1；図2-10/口絵7），アンコール・ワット期以降は長方形となり，時代とともに薄く，扁平になる傾向が認められる（図2-2）。ただし，アンコール時代初期のプリア・コー期，バケン期およびコー・ケル期では，正方形の断面を示す石材とともに長方形の断面を示すやや小さな石材も見られる。

　バプーオン期までの正方形の断面を示す石材の大きさは，バンテアイ・スレイを除くと，断面（幅および厚さ）において40〜50 cm程度で，長さはその倍の80〜100 cm程度となっており，厚さ：幅：長さの比はおよそ1：1：2となっている。それに対して，アンコール・ワット期以降になると石材の断面は長方形を示すようになり，石材の厚さが時代とともに薄くなる傾向が認められる。ただし，アンコール・ワット期では正方形の断面を示す石材も存在し，このような砂岩はアンコール・ワットの外回廊基壇や外周壁西ゴープラ基壇および上部構造の一部，ラテライトに関してはワット・アトヴィアの外周壁，バンテアイ・サムレの外回廊全体と内回廊基壇，およびプラサート・スープラに見られる。

　タイ東北部のアンコール・ワット期に建造されたピマイでも砂岩材は正方形の断面を示している。プラサート・スープラは，従来，バイヨン期後期以降の建造であると考えられていたが，その主要構成石材であるラテライトの形から，バイヨン期の建造でないことは一目瞭然である。アンコール・ワット期以降は，石材の断面が長方形になるが，アンコール・ワット期からバイヨン期前期では，その幅は基本的に40〜50 cm程度のものが多く，バプーオン期以前の石材の幅と変わらないが，厚さは時代とともに薄くなり，アンコール・ワット期では，幅：厚

さ比は4：3程度であり，バイヨン期では5：3程度のものが多くなる。バイヨン期後期以降は，石材の大きさ・形ともに変化に富むようになるとともに，全体的に石材が小さくなる傾向が見られる。また，不等辺四角形の断面を示す石材や角を切り込んだ石材が多く見られるようになり，石材の積み方が行き当たりばったりで，雑になる傾向が認められる。

　アンコール・ワット期では，上述した傾向とは異なる大きな石材が使用されている場合がある。その典型例がアンコール・ワットであり，アンコール・ワットの中心部では大きな石材が使われている。その他にワット・アトヴィアでも全体的に大きな石材が使われており，クレン山南東麓に建造されたベン・メリアの中回廊と外回廊との間にある南側の2棟の建物でも，他の場所とは異なった大きな石材が使われている。さらに，プリア・ヴィヘアの一部や時代は異なるがコー・ケルの一部にも大きな石材の使用が認められる。

　石材の色にも変化が見られる。バイヨン期前期までは，灰色〜黄褐色砂岩の色は基本的に灰色で比較的均質であるが，バイヨン期後期以降は，黄褐色や赤褐色を呈する砂岩の割合が多くなり，それと同時に砂岩の層理や葉理も顕著になる傾向が認められる。

3. 層理面方向

　層理とは堆積岩を構成する砕屑粒子が堆積する時につくり出す層状の堆積構造であり，層理から堆積方向を知ることができる（図3-4〜図3-6，p.60〜61）。アンコール遺跡において多用されている灰色〜黄褐色砂岩では，特にバイヨン期後期以降のものに層理が顕著に見られる。層理が顕著でなくても灰色〜黄褐色砂岩には雲母が多く含まれ，層理面に沿って定向配列していることから，石材表面をよく観察することにより砂岩材の層理面方向を容易に知ることができる。すなわち，雲母がきらきらと光っている面が層理面である。もう一つの主要石材であるラテライトにおいても層理面方向を確認することができる。ラテライト中には多かれ少なかれ大小の孔隙が存在するが，地層中においてこの孔隙は上からの荷重によ

り若干押しつぶされ扁平になっている。このような孔隙の形からラテライト材に対しても比較的容易に層理面方向を知ることができる（図2-11/口絵8；図2-14）。

砂岩材およびラテライト材に対する層理面方向の観察結果から，バプーオン期までの正方形の断面を示す石材では，層理面が縦になっている割合が30～50％以上と高いが，それ以降は石材の形が長方形になることと相まって，基本的に層理面が水平方向になっていることが明らかになった。た

図2-36 石材中に見られる楔石（丸印で表示）

だし，プリア・コー期，バケン期およびコー・ケル期の石材では正方形の断面を示す石材とともに，長方形の断面を示す石材も存在しているが，後者の場合，層理面方向が石材の長手方向になっている傾向が認められる。また，アンコール・ワット期では，正方形の断面を示す砂岩材およびラテライト材も存在するが，それ以前とは異なり，層理面方向は基本的に水平方向になっている。このことから，バプーオン期までは，基本的に石材の層理面方向を意識することなく石材を積んでいたが，アンコール・ワット期以降は層理面を意識し，層理面が水平になるように石材を積んだことがわかる。

そうしたことの背景には，石材強度が関係しているように思われる。すなわち，p.59で述べるように砂岩材やラテライト材の圧縮強度は方向によって異なり，層理面に水平な方向に対する圧縮強度は，層理面に垂直な方向に対する圧縮強度よりも小さい。バプーオン期まではこのことを意識せず建物が建てられていたが，アンコール・ワット期になると層理面方向と圧縮強度との関係を意識するようになり，その結果，層理面が水平になるように石材を積んだことが推測される。ただし，アンコール・ワット期以降においても，楔石と呼ばれる石材では層理面が縦になっている傾向が見られる。楔石とは，石材を積む時に最後にできる石材と石材との隙間を埋めるための石材であり，縦長で長方形ないし上下逆の台形を呈

している（図2-36）。おそらく，このような隙間を埋めるために石材のサイズ調整を行なう場合，石材の強度との関係から層理面方向に沿って加工する方が容易であることから，層理面が縦になっているのではないかと推測される。

4. 積み方と加工精度

　バイヨン期前期以前では，石材は水平目地が揃うように積まれ，いわゆる整層積みが行なわれているが（図2-1/口絵1；図2-10/口絵7；図2-11/口絵8），バイヨン期後期になると水平目地が揃わなくなる乱積みが行なわれるようになる（図2-2/口絵2；図2-37）。反対に，縦目地は，構造的安定性からバイヨン期前期以前ではできるだけ揃わないように石材が積まれているが，バイヨン期後期になると無計画に石材が積まれ，縦目地が揃っている場所が頻繁に見受けられる。縦目地の揃った場所では目地が開き易くなり，遺跡の崩壊を引き起こす可能性が高い。

　アンコール遺跡の石材の多くは幅40〜50 cm，長さが80〜100 cmで，厚さは時期とともに薄くなる傾向が認められる。初期では40〜50 cmの幅および厚さをもつ正方形に近い断面を示していることが多いが，アンコール・ワット期以降からは長方形の断面を示し，バイヨン期末期では25 cm程度まで薄くなる。多くの箇所において石材の断面が壁面に表れる小口積みが行なわれているが，初期の建造物の基壇（バコン，プノン・バケンなど）やバンテアイ・チュマール外周壁などでは長さ方向が壁面に表れる長手積みが行なわれている。

　一般的な用途の石材とは異なり，柱や開口部縦枠材では，バイヨン期前期までは一般的に一材が使われているが，バイヨン期末期以降になると切り石積

図2-37　大きさ・形・色において変化に富んだ砂岩材が乱積みされているライ王のテラス（ポスト・バイヨン期）

図2-38 ライ王のテラスに見られる石英質赤色砂岩（丸印で表示）

図2-39 象のテラスの北側部分に見られる転用材（丸印で表示）

みとなる傾向が認められる。一材では層理面方向が長さ方向になるように切り出されていることから層理面方向が縦になるように置かれ，このような石材では層理面に沿った亀裂や剥離が頻繁に生じている（図3-4～図3-6, p.60～61）。

　石材の加工精度は時代とともに悪くなる傾向が認められる。バイヨン期前期までの石材の加工精度は大変高く，角がしっかりと出ており，石材間の隙間もほとんど見られないが，バイヨン期後期以降は加工精度が悪くなり，目地が目立つようになっている。

5. その他の特徴

　象のテラス，ライ王のテラス，プリア・パリライ，プリア・ピトゥなどのバイヨン期末期以降の遺跡では，ごく僅かであるが，赤色や黄褐色を呈する石英質の砂岩が灰色～黄褐色砂岩中に混在している（図2-38）。アンコール遺跡から北西におよそ110km離れたバイヨン期後期の寺院であるバンテアイ・チュマールでも外周壁等において同様に若干の石英質砂岩の混入が認められ，若干の石英質砂岩の混入はバイヨン期末期以降の一つの特徴となっている。バンテアイ・チュマールの南およそ8kmのところにあり，石材の特徴からバイヨン期末期以降の寺院であると推測されるバンテアイ・トープでは，灰色～黄褐色砂岩とともに多くの石英質砂岩（赤色，白色，黄褐色）が使用されており，建物によっては石英質砂岩が半分程度を占めている。

建築と石材　　51

また，バイヨン期末期以降の遺跡では転用材の使用が頻繁に見られるようになる。象のテラスの北側部分，プリア・パリライ，プリア・ピトゥ，北クレアンの増築された中央塔などで転用材の使用が認められる（図2-39）。

3. 他のクメール遺跡の石材

アンコール遺跡では，石英質の赤色砂岩からなるバンテアイ・スレイを除いて灰色〜黄褐色砂岩が共通に用いられている。この灰色〜黄褐色砂岩は，カンボジア国内の北部に位置する地方拠点寺院であるベン・メリア，バンテアイ・チュマール，コー・ケルおよびコンポン・スヴァイのプリア・カーンでも使用されている。また，ラオスのワット・プーおよびヴェトナムのミソンでも同じ灰色〜黄褐色砂岩が使用されている。他方，カンボジア国内の他の主要遺跡であるバッタンバンのワット・エク（図2-40），ワット・バナン，プラサート・バサット，コンポン・チャムのワット・ノコールおよび，プノン・ペンの南にあるプノン・チソール，トンレ・バティのタ・プロームでは灰色〜黄褐色砂岩ではなく，主として石英質砂岩が用いられている。タイ東北部のコラート高原上には数多くのクメール遺跡が存在するが，ここでも灰色〜黄褐色砂岩ではなく石英質砂岩あるいは石質砂岩が使用されている（図2-41〜図2-44）。

図2-40　バッタンバン近郊にあるワット・エク

遺跡に使用されている砂岩材は基本的に周辺地質によって支配されている。タイのコラート高原の地質を考えると理解し易いので，ここではコラート高原を構成する地層について説明を加える。

コラート高原は主として中生代三畳紀〜白亜紀の堆積岩より構成されている（口絵18）。クメール遺跡と関係する地層に限定して述べると，下位から

上位にかけて，フアイ・ヒン・ラート層，プー・クラドゥン層，プラ・ヴィハーン層，サオ・クワ層，プ・パーン層，コー・クルワット層，マハー・サラカーム層の順に重なっている。フアイ・ヒン・ラート層は硬砂岩を胚胎し，この砂岩はアンコール遺跡のタ・ケオの祠堂本体に用いられている。プノン・ペンの南にあり，山頂にプノン・チソール寺院が建造されているチソール山は，色は異なるが同様の硬砂岩から構成されている。フアイ・ヒン・ラート層の上にはプー・クラドゥン層が乗り，この地層はカンボジアではTerrain Rouge層と呼ばれ，アンコール遺跡で多用されている灰色〜黄褐色砂岩を産する。プー・クラドゥン層はコラート高原の下部層を構成していることから，コラート高原上のクメール遺跡にはこの灰色〜黄褐色砂岩は使われていない。プー・クラドゥン層は，コラート高原の周辺部からカンボジア北東部，ラオス，ヴェトナム中・南部にかけての低地に広く分布している。

図2-41 タイのコラート高原にあるパノム・ルンの遠景

図2-42 タイのコラート高原上にあるパノム・ルンの中央祠堂と前室

アンコール遺跡の北東40 kmのところに位置するクレン山の下部には，灰色〜黄褐色砂岩を産出するプー・クラドゥン層が水平に横たわっている。クレン山の南東部裾野でその露頭が確認でき，アンコール時代の石切り場が多く残されている。各国の修復チームが遺跡の修復に用いている砂岩の新材はこのクレン山南東

建築と石材 53

図 2-43（口絵 19） タイのコラート高原上にあるピマイ

図 2-44 タイとカンボジアとの国境地帯にあるプリア・ヴィヘア

麓から採掘されているものであり，アンコール時代と同じ砂岩が用いられている。

このプー・クラドゥン層の上には，石英質砂岩からなるプラ・ヴィハーン層，サオ・クワ層およびプ・パーン層が乗っている。カンボジアではこれらの石英質砂岩層は，Grès Supérieurs 層と一括して呼ばれている。クレン山を構成する地層のほとんどは，これらの石英質砂岩層からなる。プラ・ヴィハーン層の石英質砂岩は黄褐色を，サオ・クワ層の石英質砂岩は赤色を，そしてプ・パーン層の石英質砂岩は白色を呈することが多い。クレン山の西側およそ 9 km のところに位置するバンテアイ・スレイに用いられている赤色砂岩は，サオ・クワ層起源であると推測される。コラート高原の縁辺部はこれらの石英質砂岩層から構成されており，コラート高原の中央部には，石英質砂岩とは異なり，岩石片を多く含む細粒の石質砂岩からなるコー・クルワット層およびマハー・サラカーム層が分布している。最も内側を占めるマハー・サラカーム層はそのほとんどが沖積層によって覆われており，その露頭はきわめて稀である。コラート高原上のクメール遺跡は，これらの石英質砂岩あるいは石質砂岩を用いて建造されている。石英質砂岩が用いられている遺跡として，ムアン・タム，パノム・ルン，スドック・コーク・トム，タ・ムアン・トム，ナライ・ジェン・ウェン，プリア・ヴィヘアなどが，また，後者の石質砂岩が用いられている遺跡として，ピマイ，パノム・ワン，ムアン・ケーク，カンペン・ヤイなどが挙げられる（図 2-43/口絵 19；図 2-44）。前者の遺

跡はコラート高原の縁辺部に，後者の遺跡はコラート高原の中央寄りにあり，使用されている砂岩が周辺地質によって支配されていることを示している。

　カンボジアのバッタンバンおよびコンポン・チャム周辺やプノン・ペンの南にある遺跡では主として石英質砂岩が使用されていることを先に述べたが，これらの地域の周辺には灰色〜黄褐色砂岩が分布していない。バッタンバンの南側で，かつ，プノン・ペンの西側，すなわち，カンボジアの南西部には，コラート高原やクレン山と同じ石英質砂岩からなるカルダモン山脈が存在しており，これらの遺跡の石英質砂岩はこのカルダモン山脈から供給されたことが推測される。

第3章 遺跡の崩壊と石材の非破壊調査

1. 遺跡の崩壊と石材劣化

　ここでは遺跡の崩壊とともに遺跡に使用されている石材の劣化要因に関して項目別に解説する。遺跡の崩壊や石材劣化に着目して遺跡を巡るのも遺跡を楽しむ1つの方法であろう。

1. 地盤の不同沈下

　アンコール遺跡は石造建造物であり，木造建造物と比べて重量があることから，建造物の構築に伴う地盤の圧密・沈下が生じやすい。この圧密・沈下が均等に起これば建造物に対して影響を与えないが，建造物の荷重が地盤に対して均等にかからないこと，地盤の不均質性や地下水面の上下動に伴う地盤の流動などが原因となって地盤の不同沈下が生じる（図3-1；図3-2）。そこで，アンコール遺跡では建造物の構築にあたり，地盤の改良工事である砂地業が行なわれている。すなわち，建築予定である場所より一回り大きな領域において表層の土を取り除き，その代わりに砂質土をつき固めながら，また，割栗石を適度に入れながら強固な地盤をつくることにより不同沈下の抑制が図られている。

　アンコール地域は熱帯モンスーン気候帯に属し，5月から10月にかけての雨季と11月から4月にかけての乾季とに分けられる。地下水面は，雨季と乾季とで異なり，年間数mに達する上下動が観測されている。このような地下水面の上下動に伴う地盤の乾湿の繰り返しに伴って土の流動が生じ，その結果，地盤の不同沈下を引き起こしている。

　アンコール遺跡では，上部構造物は基壇の上に建てられている。基壇表面には砂岩やラテライトが貼り付けられているが，その内部は版築土で占められており，この版築土の圧密や流出によっても上部構造は多大な影響を被る。版築土の流出には雨水が関与しているが（図3-3），蟻の巣の形成によって基壇中の土砂が部分的に失われている例もある。

　このような地盤の不同沈下，基壇内部の版築土の圧密や流出などによって上部

構造は多大な影響を被り，建物の崩壊や応力集中による石材の破壊が生じている。アンコール遺跡では，石材と石材との間に接着剤が使われていないとともに，屋根部が迫り出し積みアーチ工法によって構築されているため，建物は不同沈下による影響を受け易く，崩壊し易い状況に置かれている。また，接着剤が使われていないことから，風が原因となる振動により石材が移動し，崩壊に至る可能性が日本国政府アンコール遺跡救済チームの地盤班の調査により指摘されている。アンコール地域では雨季のスコールに伴って風速20 m/sを超える強い風が発生することがあり，これが遺跡崩壊の引き金となっている可能性がある。

図3-1　地盤の不同沈下により池側に傾いたプラサート・スープラ S1 塔

2. 石材強度

アンコール遺跡において多用されている灰色〜黄褐色砂岩に対する1軸圧縮強度試験が遺跡に使用されていた石材を用いて行なわれている。砂岩は堆

図3-2　地盤の不同沈下により上下に波打つタ・プロームの外周壁

積岩であることから異方性を示し，堆積面である層理面に沿った方向とそれに垂直な方向とでは圧縮強度が異なる。1軸圧縮強度試験の結果，層理面に沿った方向に対する圧縮強度は 300〜350 kgf/cm^2，層理面に垂直な方向に対する圧縮強度は 350〜550 kgf/cm^2 であり，層理面に平行な方向では層理面に垂直な方向と比べて圧縮強度が2〜3割程度小さくなっている。それでも層理面方向の圧縮強度はコンクリート並みの強度を示しており，灰色〜黄褐色砂岩の圧縮強度は決し

図3-3 土砂流出により崩壊したアンコール・ワット環濠の護岸（現在はすでに修復済み）

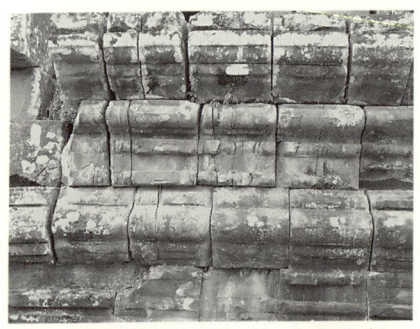

図3-4 砂岩材の層理面に沿った亀裂（タ・ケオ基壇）

て小さなものではない。しかしながら，剥がれ易い性質をもった雲母（黒雲母，白雲母）が層理面に沿って定向配列していることから，灰色〜黄褐色砂岩は層理面に沿って割れ易い性質をもっている。一般的に1軸圧縮強度試験は短い時間で行なわれるが，長時間に渡って荷重がかかるとともに，雨水による乾湿の繰り返しや太陽光による膨張・収縮が繰り返されると層理面に沿って割れ易くなる。また，堆積岩は不均質であり，層理面での結合強度は場所によって異なるため，その一番弱いところから亀裂が生じる。このようなことが原因となって，層理が縦になるように置かれた砂岩材では層理面に沿った亀裂が頻繁に認められる（図3-4)。一材からなる開口部の縦枠材や柱では層理が縦になるように置かれており，層理面に沿った亀裂や剥離が生じ易くなっている（図3-5；図3-6)。

　ラテライトの圧縮強度は，灰色〜黄褐色砂岩と比べてかなり小さく，およそ $10\sim100\ \mathrm{kgf/cm^2}$ の値を示している。ピソライト質ラテライトは比較的均質であることから強度におけるバラつきは小さいが，多孔質ラテライトはピソライト質ラテライトと比べて不均質であり，強度のバラつきも大きい。ラテライト造のプラサート・スープラ塔では，地盤の不同沈下に伴う塔の傾きが原因となって応力集中が生じており，ラテライトの圧縮強度が小さいことから塔の下部においてラテライトの圧縮破壊が生じている。表面が砂岩材で覆われている基壇であっても，少なくともその内側1層にはラテライト材が使用されており，このラテライト材

の圧縮破壊に伴って上部構造の崩壊が生じていることも少なくないと推測される。

3. 塩類風化

　塩類風化は石造文化財の多くに共通して見られる石材劣化現象であり，石造文化財の劣化要因の内，最も重要な要因の一つとなっている。アンコール遺跡ではコウモリの排泄物に起因する塩類風化，方解石析出に伴う塩類風化，および，必ずしも原因は明らかでないが，蜂の巣状の穴の形成を典型とするタフォニが見られる。

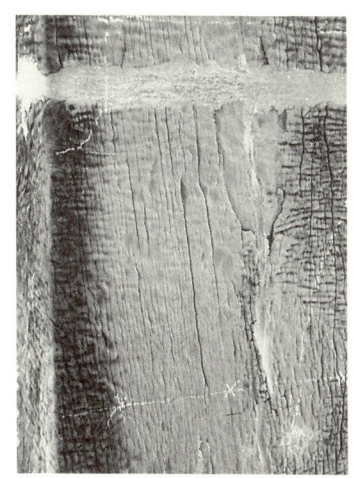

図3-5　柱の層理面に沿った亀裂（アンコール・ワット外周壁内北経蔵の外柱）

（1）コウモリの排泄物による石材劣化

　アンコール遺跡ではコウモリの排泄物に起因する石材の塩類風化が顕著に認められる。アンコール・ワットの外回廊，内回廊および十字回廊にその典型が見られ，これらの場所では柱の根元部分が細くなっている（図3-7）。これは遺跡に棲みついているコウモリの排泄物に起因する塩類風化によるものである。回廊の壁面下部も柱ほど顕著ではないが，石材が劣化し，表面剥離を生じている。また，開口部の縦枠材下部にも同様の劣化が認められる。アンコール遺跡には多くのコウモリが棲息しており，日中は姿をほとんど見せないが，夕方になるとアンコール・ワットから多数のコウモリが餌を求めて飛び立って行く姿が見られる。アンコール・ワットの中で

図3-6　女神像のレリーフに見られる層理面に沿った亀裂（バイヨン内回廊）

図3-7 柱材の下部に見られるコウモリの排泄物による塩類風化（アンコール・ワット十字回廊）

図3-8 アンコール・ワット中回廊北東隅楼に見られるコウモリの排泄物による石材劣化

も多くのコウモリが棲みついているのは中回廊の隅楼であり，そのせいで隅楼の石材は著しい劣化を示している。隅楼を外から見てみると石材がぼろぼろになり，黄褐色に変色しているとともに（図3-8），外壁に彫刻された女神のレリーフが著しく傷んでいる（図3-9）。最近は清掃が比較的良く行き届いているせいか，あまり見られなくなったが，以前はコウモリの排泄物が床の上にたくさん落ちており，回廊を歩いているとその異臭で嫌気がさすほどであった。

このコウモリの排泄物にはイオウやリンが含有されている。床の上に転がったコウモリの排泄物からこれらの成分を溶かし込んだ雨水が毛細管現象により柱や壁を上昇し，途中で蒸発すると溶け込んでいたイオウやリンが石こうや各種リン酸塩鉱物として石材表面近くで析出する。これらの塩類の析出に伴う結晶圧が作用して石材表面を膨張させ破壊していく。コウモリの排泄物中ではイオウは有機物の形で存在しているが，イオウ酸化細菌が作用することにより硫酸となり，これが岩石と反応して石材を傷めるとともに，この反応によって生成された石こうが雨水に溶けて再移動し，塩類風化を引き起こす。析出した石こうとコウモリの排泄物に含まれるイオウの安定同位体比は同様な値を示しており，石こうを構成しているイオウの起源がコウモリの排泄物にあることを示している。コウモリの排泄物にはアンモニアも含まれており，これが異臭の原因となっている。アンモニアは，亜硝化細菌および硝化細菌の働きに

よって硝酸となり,これも岩石の劣化に寄与する。硝酸塩は溶解度が高く,雨水によって流されやすいため,今まで硝酸塩を析出塩類中に見出すことができなかったが,近年,アンコール・ワット内回廊において硝酸ナトリウムの析出が報告されている。

図3-9 アンコール・ワットの中回廊隅楼の外壁に見られるコウモリの排泄物に起因する女神像の劣化

アンコール・ワットと並んでコウモリの排泄物による石材劣化が顕著に見られるのは,トンレサップ湖近くのクロム山山頂にあるプノン・クロムである。ここでは,砂岩が全体的に黄褐色に変色しているとともに石材の剥離が進行し,場所によっては大きな穴があいている(図3-10)。また,建物の外壁および内壁に石こうやリン酸塩鉱物が塊状になって析出している様子が見られる(図3-11)。トンレサップ湖の湖畔にあり,コウモリの餌が豊富にあることがプノン・クロムにおける激しい石材劣化と関係しているのではないかと推測される。

図3-10 プノム・クロムの祠堂外壁に見られるコウモリの排泄物に起因する塩類風化により形成された穴

クロム山の北東およそ25kmのところにボック山があり,その頂部にはプノン・クロムと同時期に同じ石切り場の砂岩材を使用して建造され,同様の伽藍配置をなすプノン・ボックが存在する。しかしながら,プノン・ボッ

図3-11 プノン・クロムの祠堂外壁に析出した塩類

クではコウモリの排泄物による石材劣化はほとんど見られず，対照的な存在である。アンコール・ワットやプノン・クロムほど顕著ではないが，他の遺跡でも多かれ少なかれコウモリの排泄物による石材劣化が認められる。

(2) 方解石析出による石材劣化

アンコール遺跡の灰色～黄褐色砂岩では，基壇表面，横架材下面や屋根裏において白い析出物を伴った剥離現象が頻繁に観察される。この白い析出物は方解石（炭酸カルシウム）である。このような方解石の析出による塩類風化は雨がかかりにくいところで生じやすい傾向が見られる。基壇表面での方解石析出に伴う剥離現象の典型は，タ・ケオやプノン・バケンで見られ，このような石材劣化は多かれ少なかれすべての遺跡に共通して認められる。

タ・ケオでは，基壇表面に施された水平モールディングの突出部が根元から剥がれ落ちている様子が見られる（図3-12）。突出部の側面をよく見てみると表面から深さおよそ5mmより内側に白い方解石が析出し，場所によってはこの方解石の濃集に伴って石材が膨張し，石材表面に向かって放射状の亀裂が生じている。タ・ケオでは基壇上部が迫り出し，基壇表面に雨水が直接かかりにくい構造となっており，このことが典型的な方解石の析出に伴う石材劣化をもたらしていると考えられる。

このような基壇表面での方解石析出に伴う劣化は，基壇内部に浸み込んだ雨水に起因すると考えられる。基壇上部に降り注いだ雨水の一部は基壇内部に浸透し，このような水の多くはさらに下方へ伝わり，最終的には地盤へと流出するが，その一部は基壇表面の石材を通じて大気中に蒸発する。この過程において砂岩中のカルシウム分が雨水に溶かされ，この雨水が蒸発する際にカルシウム分が方解石として石材表

図3-12 タ・ケオの基壇に見られる方解石析出による石材劣化。方解石析出による膨張圧のため石材表面に亀裂が生じている

面近くで析出し，これに伴って石材表面の剝離を引き起こしている。

プノン・バケンの基壇表面の砂岩材では，ほぼ全面に渡って表面が 5 mm 程度の厚さで剝離しており，剝離面に沿って方解石の析出が見られる（図3-13）。プノン・バケンの基壇は他の遺跡の基壇とは異なり，版築土ではなく，地山の岩盤を階段ピラミッド状に削り，その表面に砂岩材が貼り付けられている。この基壇構造の違いがプノン・バケンの基壇における顕著な表面剝離を引き起こしていると推測される。基壇内部の地山は硬固で，雨水が浸透しにくく，基壇上に降り注いだ雨水の多くは，地山表面とその表面に張り付けられた砂岩材との間を通ることから，基壇表面の砂岩材の裏側から水が供給され易い構造になっており，このことがプノン・バケンの基壇での方解石析出による顕著な表面剝離をもたらしていると考えられる。

図3-13 プノン・バケンの基壇に見られる方解石析出による剝離現象

図3-14 バイヨン内回廊のレリーフに見られる石材表面劣化

バイヨンの外回廊および内回廊にはレリーフが施されているが，内回廊中央部の基壇が高くなった場所においてレリーフの劣化が顕著になっている（図3-14）。この劣化したレリーフの彫られた内回廊のすぐ内側にも回廊が存在し，外側の回廊に対して内側の回廊の床は1.5 mほど高くなっている。それゆえ，外側の回廊の床から1.5 mの高さまでの壁面は基壇を構成しており，この基壇内部からの水の浸透がレリーフの劣化をもたらしていると考えられる。バイヨン内回廊においておよそ2年間に渡って石材の含水率測定を行なった結果，中央部の基壇が高くなった箇所の壁面下部では，壁面上部とは異なり，含水率は降水量にほとんど影

図3-15 アンコール・ワットの北経蔵の開口部上枠材下面に見られる方解石析出による剥離現象

図3-16 方解石析出に伴う塩類風化によって入り隅部分に形成された穴（プノン・バケン）

響を受けることなく年間を通じてほぼ一定で，かつ，相対的に高い含水率に保たれていることが明らかにされた。このことは，壁面背後からの水の浸透が石材劣化の原因であることを裏付けている。

このような方解石析出に伴う砂岩材の表面剥離は屋根裏にも共通して認められる。屋根裏は雨が直接かからない典型的な場所である。屋根の外側表面に降った雨水は，その大半は屋根表面を伝わって流れ落ち，地面へと吸収されていく。しかしながら，雨水の一部は石材表面から吸収され，石材内部へと浸透し，その一部は石材の裏側である屋根裏へと達し，その表面から蒸発するが，その際に石材から溶出したカルシウム分が方解石として析出する。屋根裏には雨水が直接かからないことから析出した方解石は溶解することなく，時間とともに蓄積し，石材の表面剥離を引き起こすと考えられる。

開口部上枠材などの横架材の下面でも同様な劣化現象が見られる（図3-15）。開口部上枠材の下面には直接雨水がかからないが，上部から浸み込むか，あるいは，石材表面を伝わってきた雨水に石材中のカルシウム分が溶け出し，その雨水が上枠材の下面で蒸発する際に方解石として析出し，石材の表面剥離をもたらしている。一般的に開口部上枠材や梁材などの水平材では，層理面が水平になるように設置されているため，水平材下面では剥離が進行しやすくなっている。その他の方解石析出に起因する砂岩材の劣化現象の面白い例として，建物がL字型にへこん

だ入り隅に見られる丸い穴の形成が挙げられる（図3-16）。

ストロンチウム同位体比測定を行なった結果，析出した方解石のストロンチウム同位体比は，灰色〜黄褐色砂岩中に微量に含まれる方解石のストロンチウム同位体比とほぼ一致することが明らかになっている。ストロンチウムはカルシウムと化学的挙動が似ているため，カルシウムの起源を探るためにストロンチウムの同位体が用いられるが，上記の同位体分析結果は，析出した方解石を構成するカルシウムの起源が，灰色〜黄褐色砂岩にあることを示している。

図3-17 バイヨン外回廊（東面）の内柱に見られるタフォニによって形成された蜂の巣状の穴

このように，カルシウム分のやや高い灰色〜黄褐色砂岩がアンコール遺跡の建造に用いられていること自体が石材劣化の原因となっている。この砂岩には雲母が多く含まれ，もともと剥離しやすい性質をもっていることと相まって，方解石析出による石材劣化が進行しており，このような劣化はアンコール遺跡の宿命といわざるをえない。タイのクメール遺跡の多くでは，灰色〜黄褐色砂岩と比べてカルシウム含有量が少なく，また，雲母もほとんど含まれない石英質砂岩が使われているため，上述したような方解石の析出に伴う石材劣化はほとんど見られない。

(3) タフォニによる石材劣化

バイヨン外回廊では2重に柱が並んでおり，その内側の柱に蜂の巣状の穴があいたり（図3-17），表面が侵食されたような劣化現象が見られる。同様の現象は外回廊南東の隅楼の柱にも見られ，柱に施されたアプサラ像が骸骨のようにやせ細ったり（図3-18），表面が侵食されて層理が強調されている様子が見られる。このような現象はタフォニと呼ばれ，その生成機構は必ずしも明らかになってないが，塩類風化や微気象の影響によるといわれている。しかしながら，タフォニ

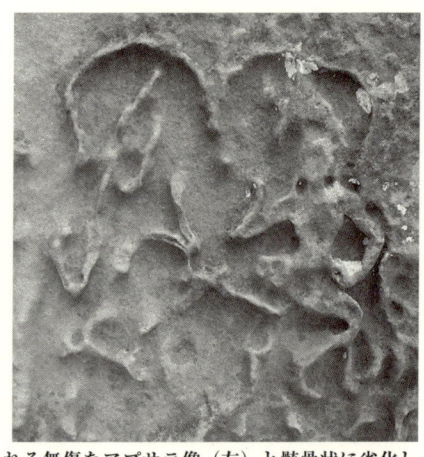

図3-18　バイヨン外回廊の南東隅楼の柱に見られる無傷なアプサラ像（左）と骸骨状に劣化したアプサラ像（右）

の見られる柱の表面には塩類の析出が確認されておらず，剥離現象も見られない。
　このような石材劣化現象は，外柱には見られず，内柱と隅楼の柱にのみ見られ，アンコール遺跡の他の遺跡でもあまり見られない。バイヨン外回廊の内柱の中でもこのような劣化現象が顕著であるのは外側を向いた面であり，内側の面での劣化は軽微となっている。劣化程度は場所により異なるが，全体的には東面南側～南面～西面南側で劣化が頻繁に見られ，北側では頻度が少ないとともに劣化程度も弱くなっている。このようにバイヨン外回廊におけるタフォニ現象は，南側で多く見られ，かつ，柱の外側を向いた面で顕著であることから，太陽光がタフォニの生成に関係していることが推測されるが，明確な原因は今のところ不明である。

4. 太陽光による膨張・収縮に起因する石材劣化

　アンコール遺跡は熱帯モンスーン気候帯に位置しており，年間を通じて気温は高く，最も暑い時期である4～5月ごろでは35℃を超えることも多く，最も過ごしやすい1月ごろでさえ最高気温が30℃を超える日が多い。1日の内で気温が最も低くなるのは日の出直前の午前6時ごろであり，最も高くなるのは午後2時ごろである。1日の気温較差は10～15℃程度となる。それに対して岩石表面温

度の日較差はそれより大きくなっている。石材表面温度は，日中では 60℃ 近くに達し，朝方には 20℃ 近くまで冷却され，その温度差は 40℃ 近くに達する。アンコール遺跡の砂岩には多くの石英粒子が含まれているが，この石英粒子は熱膨張・収縮における異方性が大きいため温度の変化により粒子間の結合が緩み，石英を多く含む岩石は劣化し易い傾向がある。それゆえ，このような 1 日における岩石表面温度の上昇・下降を長年繰り返すことにより石材の表面剥離が生じる（図 3-19）。特に，屋根部は太陽光をさえぎるものが少なく，かつ，表面が天空を向いているため強い日射しを受け，膨張・収縮による影響を受けやすい。それに加えて，雨季では日中に熱帯地方特有のスコールが降り，冷たい雨水が太陽光によって熱せられた石材表面を急冷することにより劣化が促進される。

図 3-19　太陽光による石材の膨張・収縮による屋根材の劣化（アンコール・ワット）

図 3-20（口絵 iv）　遺跡の上に成長した巨大な樹木（タ・プローム）

5. 生物活動

　熱帯モンスーン気候帯にあるアンコール地域では，1 年を通して気温・湿度が高く保たれているとともに，雨季には多量の雨がもたらされる。それゆえ，アンコール地域は植物の成育にとって適した場所であり，生物活動による影響を受け易い環境にある。

図 3-21 タ・ソムの外周壁東ゴープラ上に成育した樹木

図 3-22 石材表面に見られる地衣類（白）と藍藻類（黒）（バイヨン内回廊）

(1) 樹　　木

　アンコール地域では植物の成長が速く，人の手が入らなくなると遺跡はたちまち植物によって覆いつくされてしまう。アンコール遺跡は1431年にアユタヤ朝によって陥落されて以来，一部の遺跡を除いて放棄され，植物の成長によって蝕まれ続けてきた。植物は土中ばかりでなく，石材の間にも根を下ろし，その成長とともに石材の目地を押し広げ，遺跡を蝕んでいく（図3-20；図3-21）。タ・プロームやアンコール地域から東に40kmほど離れたベン・メリアでは，樹木が遺跡を侵略しつつある様子を見ることができる。タ・プロームでは，むしろ，遺跡と自然との共存をめざし，できるだけ自然の状態を保つことが意図されている。

　樹木の成長はこのように遺跡の崩壊と直接関係しているが，樹木が直接遺跡の石材上に成長しなくても樹木が倒れることによって遺跡の崩壊を引き起こすことがある。アンコール地域ではスコール時に風速20m/sを超える強い風が発生することがある。このような風によって樹木が倒れたり，重い枝が折れて落下したりすることによって遺跡の崩壊をもたらしていることから，遺跡周辺の樹木の伐採は遺跡保存活動の重要な作業の一つとなっている。

(2) 藻類・地衣類・細菌

　石材表面を覆う藻類・地衣類やさらに目には見えないが各種細菌が石材の劣化に関与している。

　アンコール遺跡では石材表面が概して黒ずんでいる。たとえば，バイヨンでは

全体的に黒ずんだ印象を与えているが，これは石材表面に着生した藍藻類によるものである（図3-22）。藍藻類以外にも紅藻類や緑藻類などの各種藻類や苔類の着生が見られる。また，近づいてみると黒ずんだ中に白い斑点が見られる。この白い斑点は地衣類によるものである。これらの藻類や地衣類は石材に対して急激に大きな損傷を与えることはないが，その根や根から分泌される酸によって石材表面が侵食され，起伏の小さなレリーフでは1,000年の歳月の経過においてその表面が徐々に丸みを帯び，平滑化されていく。

　目には見えないが，細菌の作用によっても石材劣化が生じている。コウモリの排泄物に含まれているイオウやアンモニアはイオウ酸化細菌，亜硝化細菌，硝化細菌の作用によって硫酸や硝酸となり，これらの酸は岩石を構成する鉱物と反応し，石材劣化をもたらす。最終的に生成される硫酸塩や硝酸塩は雨水に溶解して塩類風化の原因にもなる。また，石材劣化をもたらすことはないが，マンガン酸化細菌の活動によってマンガン酸化物が石材表面に沈着し，石材表面が黒くなる現象がしばしば見られる（図3-23；図3-24）。

図3-23　マンガン酸化細菌の活動によって生成されたラテライト材表面の黒いマンガン酸化物（コー・ケルのプラサート・ネアン・クマウ）

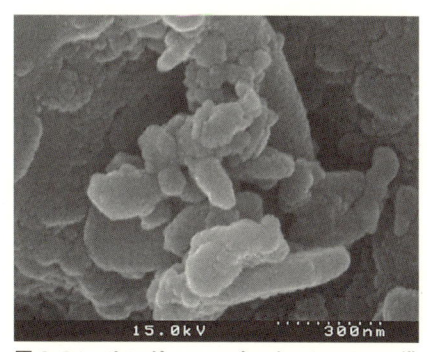

図3-24　サンボール・プレイ・クックC1塔（レンガ造）の壁面に見られるマンガン酸化細菌の走査電子顕微鏡写真

遺跡の崩壊と石材の非破壊調査　　71

6. 人為的破壊

　1970年から1992年まで続いた内戦の影響もあり，カンボジアは経済的には未発展な国であり，2010年の1人当たりのGDPは795ドル（予想値）に過ぎない。このような経済的背景からアンコール遺跡を彩るレリーフは格好の盗掘対象となり被害が生じている。特に，管理の行き届いていない地方の遺跡では今でも盗掘の被害が相次いでいる（図3-25）。アンコール遺跡の東およそ95kmのところにあるコンポン・スヴァイのプリア・カーンではレリーフを盗掘するために石材が

図3-25　ニアック・ポアンの中央祠堂に見られる盗掘跡

図3-26　大プリア・カーンの内周壁西ゴープラに見られる盗掘跡

図3-27　プノン・バケンの中央祠堂に残る弾痕

大きくえぐり取られ，倒壊寸前の状況に置かれた建物も存在する（図3-26）。また，内戦時の銃撃戦による弾痕もしばしば見られる（図3-27）。

　カンボジアの国旗にはアンコール・ワットが描かれている。アンコール遺跡はカンボジア国民の象徴であり，クメール民族の誇りである。また，アンコール遺跡はカンボジア国民ばかりでなく，人類にとっても掛け替えのないものであり，1992年にはユネスコの世界遺産リストに登録され，各国がその修復・保存に協力している。しかしながら，修復を急ぐあまり，必ずしも適切でない修復・保存作業が行なわれ，かえって遺跡を傷つけてしまった例も存在する。このようなことから，修復・保存活動を行なうにあたり，各国のチームが互いに協力し合うとともに監視を行い，不適切な修復が行なわれないよう，毎年，各国の修復チームが集まって国際調整会議を開催し，情報の公開が行なわれている（コラム6, p.74）。

Column 6　国際的な修復活動

　アンコール遺跡では 20 世紀初頭より，旧宗主国フランスによって大規模な修復や整備が行なわれてきた。しかしながら，1970 年代からのカンボジア国内の混乱により，修復・保存活動は中断され，1990 年代に入るまで再び遺跡群は放置されることとなる。その後，1992 年にユネスコの世界遺産に登録され，翌年 93 年に東京で開催された国際会議において，「アンコール遺跡を国際的な協調の下に保全するための基本方針」が定められ，アンコール遺跡を管轄するアプサラ機構の設立，遺跡群保護法の策定，そして定期的な国際会議の開催などが保全のための取り組みとして決定された。それ以降，これまで 15 年以上にわたり，『アンコール遺跡群の保全と開発のための国際調整会議（International Coordinating Committee for the Safeguarding and Development of the Historic Site of Angkor)』が日仏の共同議長国のもとで年 2 回開催されている（図 C6-1）。文化的に異なる背景をもつ様々な国が，一つの遺跡群を協力して保存するためには，各国の思想や技術の違いを互いに理解し，また時に修正し合う必要がある。遺跡の修復や保存方法は，必ずしも一つの正しい解答があるような課題ではない。保存事業の実施にあたっては，文化的，技術的そして時に政治的に非常に繊細な問題をはらむ場合も少なくない。そうした一つひとつの遺跡にまつわる多様な問題を協議する上で，アンコール遺跡は世界でも重要なテーブルとなっている。

図 C6-1　各国の専門家が集う現場視察

2. 石材の非破壊調査

　人類にとって掛け替えのない石造文化遺産の調査・研究を行なうにあたっては非破壊調査が原則となる。もちろん破損が激しく，修復が不可能な落下石材片であるならば許可を得た上で研究室にもち帰り各種分析・測定を行なうことも可能である。しかしながら，それでも現地において非破壊で迅速に測定・分析を行なうことができれば調査の効率化のためにも望ましいことである。ここでは，今までにアンコール遺跡の調査において用いてきた石材ならびに石材劣化に対する非破壊調査法について解説する。科学技術の進歩は日進月歩であり，アンコール遺跡の調査を始めるときには考えもつかなかった装置が出現している例もあり，新しい機器の開発に対して常にアンテナを張っている必要がある。

1. 顕微鏡観察

　対象物を目で観察することは，あらゆる調査において基本中の基本であり，まさに「百聞は一見にしかず」である。しかしながら，私たちの目には限界があり，遠くのものを見るときには望遠鏡や双眼鏡を使い，小さなものを見るときにはルーペや顕微鏡を使って対象物を拡大することにより，より多くの情報を得る必要がある。ただ，場合によっては遠くから観察することによって情報が得られる場合もある。その典型が衛星写真や航空写真である。これらの写真を用いることによって地上からは見えない情報を得ることができる。アンコール遺跡でも環濠跡や旧道などを見つけるためにこの手法が用いられている。最近ではGoogle Earthが普及し，気軽に地球表面を空から眺めることができるようになった。アンコール地域に関しては高精度な画像情報が貼り付けられているとともに観光スポットの写真も貼り付けられているので，Google Earthを使うことによってアンコール遺跡へ行ってきたような気分を味わうことさえ可能である。

　遺跡の石材やその表面に着生している生物などを観察するためには，持ち運びが簡単な小さなルーペが有効である。ただし，一般的なルーペでは倍率に限界が

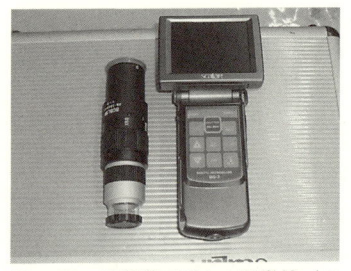

図3-28 携帯型デジタル顕微鏡（スカラ社DG-3）

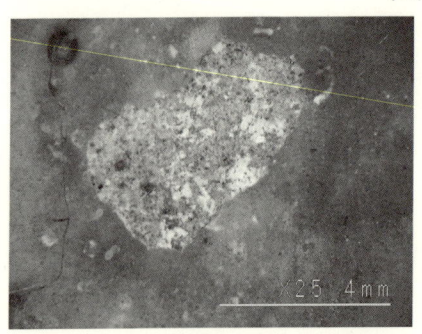

図3-29 デジタル顕微鏡で観察した顔料の表面（アンコール・ワット十字回廊の柱）

あるとともに手がぶれてしまい，じっくり観察するには必ずしも適さない。このような欠点を解消するものとして，若干サイズは大きくなるが，東海産業製のPEAKシリーズのスタンドマイクロスコープのような顕微鏡が挙げられる。LEDによる照明装置の付いたものもあり，暗いところでも観察が可能である。

現場で顕微鏡写真を撮影するためには携帯型デジタル顕微鏡が便利である。パソコンにUSB接続して使用するものと，独自の液晶画面を有し各種メモリに画像データを記録できるものがある。アンコール遺跡の調査においては，スカラ社の携帯型デジタル顕微鏡DG-3を用いて石材表面や顔料の観察を行なっている（図3-28；図3-29）。高価であり，かつ，やや大型で重量もあるが，より高精度な携帯型デジタル顕微鏡がハイロックス社などから発売されている。

2. 携帯型蛍光X線分析装置

　石材の調査を行なうにあたり，化学組成は石材を同定したり，石材供給地を推定したりする上で重要な情報となる。また，析出塩類や顔料の構成物質を同定する上でも化学組成に関する情報は不可欠である。岩石の化学組成を調べるために一般的によく使われる装置は蛍光X線分析装置である。これは試料にX線を照射し，試料から発生する元素特有の波長あるいはエネルギーをもつ特性X線の強度から試料中の元素の種類と濃度を求める装置である。

蛍光X線分析装置には，波長分散型の検出器をもつものとエネルギー分散型の検出器をもつものとが存在する。前者では高い精度の分析が可能であるが，検出器部分が大きいため装置全体は大きくなる。それに対して後者では検出器が小型であり，装置全体の大きさは一般的には大型の電子レンジ並である。

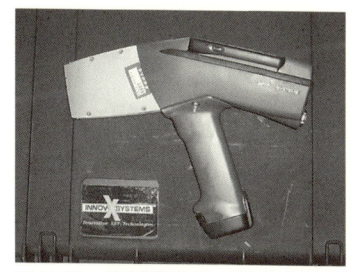

図3-30 携帯型蛍光X線分析装置（Innov-X Systems 社 α-4000）

最近では，エネルギー分散型の蛍光X線分析装置で，大型のヘア・ドライヤーのような形・大きさをもち，重量も2kgを下回るような装置が出現しており，非破壊，かつ，その場で容易に岩石などの無機物の化学組成分析を行なうことが可能になってきた。ただし，測定は真空中ではなく，大気中で行なうため軽元素の分析は難しいが，マグネシウムまでの軽元素を定量的に分析できる装置も出現している。このような携帯型蛍光X線分析装置はNiton社やInnov-X Systems社などよって開発されている（図3-30）。装置はリチウムイオンバッテリーによって駆動され，1本のバッテリーで5時間程度の連続測定が可能である。予備のバッテリーを1本もつことにより，ほぼ1日中測定作業を行なうことができる。

　Innov-X Systems社の携帯型蛍光X線分析装置α-4000を使用して測定を行なった結果，マンガンより重い元素であれば，一般的な室内設置型のエネルギー分散型蛍光X線分析装置と比較してもそれほど遜色のない分析結果を得ることができ，また，主要元素として存在している場合にはリンやイオウの定量分析も可能である。最新型のDELTA Premiumではシリコン・ドリフト検出器（SDD）を搭載しており，マグネシウムまでの軽元素を定量分析することが可能になっている。アンコール遺跡のラテライトではヒ素，アンチモン，ストロンチウムおよびバナジウムの含有量において違いが見られるが，携帯型蛍光X線分析装置でも数十～数百ppm程度含まれているラテライト中のヒ素とストロンチウムの定量分析をその場・非破壊，かつ，1分程度の迅速さで行なうことが可能である。

3. 携帯型レーザラマン分光装置

　岩石を構成する鉱物や石材劣化に関与した析出塩類を同定するためには，化学組成に関する情報だけでは必ずしも十分ではない。一般的に物質同定を行なう場合，化学組成分析に加え，X線回折分析によって結晶構造に関する情報を得る必要がある。最近では，可搬型のX線回折分析装置が開発されているが，まだ，装置全体が大きくて重く，手軽に持ち運べる段階にはない。それに代わる装置として，携帯型レーザラマン分光装置が開発されている。レーザラマン分光法は，物質にレーザ光をあてることによって生じる散乱光を用いて物質の同定を行なう分析法である。DeltaNu社によりRockHoundと称される重量2.3kgの携帯型レーザラマン分光装置が開発されており，鉱物（無機物）および有機物の非破壊・その場における同定が可能である。バッテリー駆動であり，5時間程度の連続測定を行なうことができる。

4. 帯磁率測定

　帯磁率（磁化率）とは，磁場をかけたときに物質がどの程度磁性を帯びるかを表した数値である。鉱物にも磁性を帯びやすいものがあり，その代表的なものが磁鉄鉱である。磁鉄鉱は比較的還元的な条件下で生成された岩石中に微量に含有されていることが多い。岩石を構成している一般的な鉱物の中で磁鉄鉱は突出して高い帯磁率をもっており，磁鉄鉱を含有する岩石の帯磁率はほぼ磁鉄鉱の含有量に比例すると考えてよい。
　磁鉄鉱は，一般的な鉱物と比べて比重が大きいことから，堆積岩では堆積場所により磁鉄鉱の濃集が生じ，同じ堆積岩であっても堆積場所により帯磁率が異なることがある。まさにアンコール遺跡の灰色～黄褐色砂岩はこの典型例であり，同じ砂岩であり，構成鉱物・化学組成において違いがないにもかかわらず，堆積場所の違いにより磁鉄鉱の濃集度に違いが生じており，その帯磁率は建造順序や石切り場の変遷を探る上で大変重要な情報を与えている。また，変質を受けると

磁鉄鉱は酸化され，帯磁率の小さな鉄の水酸化物（針鉄鉱）となるため岩石の帯磁率は低下する。それゆえ，もともと高い帯磁率をもつ岩石に対しては，帯磁率測定によりその変質度を数値として表すことも可能である。

図3-31 携帯型帯磁率計（ZH Instruments 社 SM-30）

他方，ラテライトは酸化的な条件下で生成されるため，磁鉄鉱を含有していない。しかしながら，ラテライトは鉄の酸化物である赤鉄鉱および鉄の水酸化物である針鉄鉱を多量に含有しているため，全体として比較的高い帯磁率を示し，帯磁率に基づくラテライトの区分も可能である。

帯磁率は携帯型帯磁率計によって迅速，かつ，精度良く測定することができる。最も普及している携帯型帯磁率計はチェコの ZH Instruments 社のものである（図3-31）。タイプ SM-30 はポケットに入る大きさであり，測定時間は数秒程度で，その測定精度も 1×10^{-5} SI 単位以下である。ただし，堆積岩の場合，帯磁率は場所によってかなり異なるため，少なくとも50個の石材に対して測定を行ない，その平均値をもって測定箇所における帯磁率とする必要がある。

5. 超音波伝播速度測定

弾性波の伝播速度は石材強度にほぼ比例することから，石材強度を非破壊で推定する一つの方法として超音波伝播速度測定が行なわれる。弾性波にはP波（縦波）とS波（横波）が存在するが，効率良くS波を発生させ，岩石中に伝えることが容易でないため，一般的にはP波を用いて伝播速度測定が行なわれている（図3-32）。ただし，P波伝播速度は，S波伝播速度とは異なり，岩石中の水分による影響を受けるため測定値の解釈においてこの点に留意する必要がある。

弾性波伝播速度は発信子と受信子との距離を弾性波の伝播時間で割ることにより求められる。石材は一般的に変質・劣化を受けると柔らかくなり，変質・劣化の進行に伴い弾性波伝播速度が小さくなるため，石材劣化度を推定する目的にも弾性波伝播速度測定が行なわれる。なお，岩石の弾性波伝播速度を測定するにあ

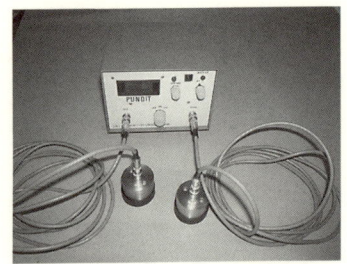

図 3-32　超音波伝播速度測定装置
　　　　（C. N. S. Electronics 社のパンジット）

たり，岩石の異方性を考慮に入れる必要がある。特に，堆積岩や変成岩では異方性が大きく，堆積岩では層理面に沿った方向とそれに垂直な方向とで，変成岩では片理や縞状構造に沿った方向とそれに垂直な方向とで弾性波伝播速度が異なるので，このことを考慮に入れて弾性波伝播速度の解釈を行なう必要がある。また，一般的に石材強度と弾性波伝播速度は比例関係にあるが，その関係は岩石によって異なるため，同種の岩石を用いて1軸圧縮強度試験を行ない，弾性波伝播速度と1軸圧縮強度との関係をあらかじめ求めておくことにより弾性波伝播速度から精度良く1軸圧縮強度を推定することができる。

6. 反発硬度測定

　非破壊法で岩石の強度を推定するもう一つの方法として，反発硬度測定が挙げられる。反発硬度測定装置の内，最も良く知られている装置がシュミットハンマーである。バネの力で錘を物体表面に叩きつけ，その反発度を測定する装置である。コンクリートの非破壊検査のために開発された装置であるが，岩盤の強度や劣化度を推定するためにも用いられている。岩石の1軸圧縮強度と反発値は比例関係にあることが知られており，反発値測定より岩石の1軸圧縮強度を推定することができる。ただし，錘の衝撃エネルギーが大きく，表面に傷が残ることからレリーフの彫られているような石材には利用することができない。また，柔らかい石材では表面が破損する可能性もあるのでこの点に注意する必要がある。
　レリーフが彫られている石材や柔らかい石材に対しては，衝撃エネルギーの小さい反発硬度計を使用する必要がある。その代表なものとして，PROCEQ 社のエコーチップやミツトヨ社の反発式ポータブル硬度計 HH-411 が挙げられる（図3-33）。バネの力で飛翔体を測定対象物の表面に衝突させ，飛翔体が対象物にあたる直前の速度に対する飛翔体があたった直後の速度との比を千倍した値が反発

値として定義されている。シュミットハンマーと比べてエコーチップの衝撃エネルギーは，200分の1程度と小さくなっている。しかしながら，エコーチップなどを用いた場合でも飛翔体の衝突により小さな傷がつくので，その使用には十分な注意が必要である。また，

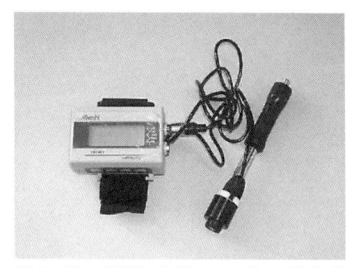

図3-33　反発式ポータブル硬度計
（ミツトヨ社 HH-411）

飛翔体の衝突面積が小さいため石材表面の鉱物粒子の種類・大きさや凹凸の影響を受け易く，そのため測定は少しずつ場所をずらしながら複数の箇所で行なうことが望ましい。さらに，剥離や亀裂が生じている石材ではその影響により正しい測定が行なえないことがあるのでこの点にも注意する必要がある。

7. 赤外線サーモグラフィによる温度測定

　石材表面における温度変化の繰り返しは石材を構成している鉱物粒子の膨張・収縮を引き起こし，それが原因となって石材の表面剥離をもたらす。表面剥離が生じると剥離が石材表面温度に影響を与えるようになることから，石材表面温度測定は石材の表面剥離に関する情報をもたらす。石材表面温度は接触型あるいは非接触型の温度計を用いて容易に測定することができるが，点における情報よりは面における2次元的な温度情報の方がより多くの情報を与えてくれる。

　このような面における温度情報を取得する方法として，赤外線サーモグラフィによる温度測定が挙げられる（図3-34）。赤外線サーモグラフィを定点に置いて一定時間ごとに測定を行なえば，測定面の各点における温度の時間変化を把握することができると同時に測定面における温度分布を知ることができる。太陽光による石材表面の膨張・収縮は石材劣化の一つの重要な原因であるが，実際にどの程度の温度変化が石材表面で生じているかは赤外線サーモグラフィを用いて容易に平面的に把握することができる。

　石材表面が平らで均質であり，同じ量の太陽光が当たれば石材表面温度はどこでも同じになるはずである。しかしながら，石材が劣化し，表面剥離が生じた場

図 3-34　赤外線サーモグラフィ
（日本アビオニクス社 TVS-700）

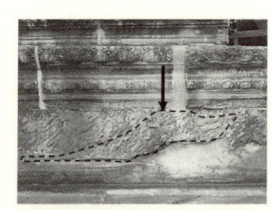

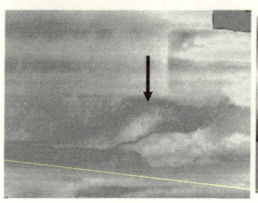

図 3-35（口絵 20）赤外線サーモグラフィによる砂岩材表面剥離の調査例（アンコール・ワット外周壁内北経蔵）。剥離した部分は他の部分と比べて高温になっている（ピンク色）

合，熱の伝導に変化が生じる。すなわち，剥離した石材表面を熱した場合，亀裂部分の空気層は断熱材としての役割を果たすため，剥離した部分の石材表面は，剥離していない部分の石材表面と比べて温度が高くなる。反対に，石材表面が冷える過程では，石材内部からの熱の供給が途絶えるため，剥離していない部分の石材表面と比べて剥離した部分の石材表面は冷却し易い。このように，剥離が生じた場合，石材表面は熱し易く，冷め易い傾向を示す。このことを利用して，石材の剥離している部分を赤外線サーモグラフィにより容易に平面的に把握することができる（図3-35/口絵20）。手の届くところでは，打診棒を用いてその打撃音の違いから剥離している部分を直接把握することもできるが，赤外線サーモグラフィは手の届きにくい場所における剥離部分を捉えることができるとともに画像として剥離部分の分布を表示・記録できる点で大変有効である。ビルなどの外壁タイルが剥離していないか定期的に検査する場合にもこの赤外線サーモグラフィが用いられている。

8．電磁波レーダ

電磁波レーダは，地中レーダとも呼ばれ，考古学の分野では発掘の前に地表面から非破壊で地下遺物・遺構を検出したり，地下構造を把握するためによく用い

られる。電磁波レーダ調査では，物質境界において反射される電磁波を捉えることにより，目に見えない内部構造に関する情報を得ることができる。電磁波の周波数によって電磁波の到達深度は異なり，周波数が低い場合には深い所の情報が，高い場合には浅いところの情報が精度良く得られる。

アンコール遺跡の場合，石材表面に達していない石材内部の亀裂を検出したり，コンクリートを用いた既往修復における配筋状態を把握するために電磁波レーダを用いている。調査には日本無線製のハンディサーチ NJJ-95A を使用しているが（図3-36），アンコール遺跡で多用されている灰色〜黄褐色砂岩の場合，深さ 30 cm 程度までの亀裂や鉄筋を検出することができる（図3-37）。

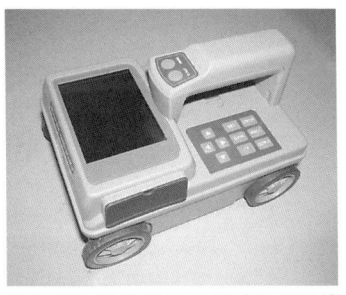

図3-36 電磁波レーダ（日本無線 NJJ-95A）

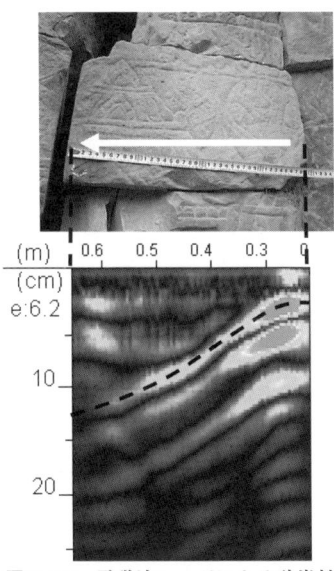

図3-37 電磁波レーダによる砂岩材内部の亀裂調査例（バイヨン内回廊）。石材表面から深さ 3〜12 cm のところに亀裂が走っている

9. 含水率測定

石材劣化は水の存在と密接な関係がある。石材劣化の中でも塩類風化は石造文化財の多くに共通して見られる劣化現象であり，この塩類風化は水なくしては起こりえない。また，植物の生育にも水の存在は不可欠であり，藻類，菌類，地衣類などの石材表面での生育には石材中の水分が関係している。このような観点から，石材中における水の分布とその季節変化を把握することは石材の保存を検討する上で重要となる。

石材の含水率を測定する方法として，赤外線の吸収を用いた方法，電気抵抗を

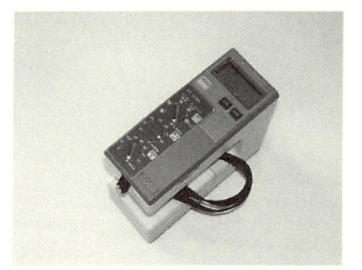

図 3-38 誘電率を利用した含水率計（ケット科学研究所 HI-500）

用いた方法および誘電率を用いた方法が挙げられる。赤外線を用いた方法は石材表面に存在する水による赤外線の吸収を利用した測定法であり、石材の極表面における含水率を測定することになり、大きな日変化を示す。それゆえ、季節変化のような長期的な含水率の変化を調べるためには不向きである。電気抵抗を用いた方法では石材内部の含水率を測定することが可能であるが、電極の接触抵抗による影響が大きいため非破壊で石材内部の含水率を測定することは容易ではない。誘電率を用いた方法では、石材内部の含水率を容易に測定することができるが、石材表面の平滑度が測定に影響を与える。このように上述した含水率測定法はそれぞれ長所と短所をもち合わせている。

アンコール遺跡では、平らな面で測定することを前提に誘電率を利用した含水率測定を実施している。この測定法は、水の比誘電率が常温・常圧下において 80 程度の高い値を示すのに対して、岩石を構成する鉱物の比誘電率が 4〜7 程度の低い値を示すことから、含水率の上昇に伴い岩石の誘電率が高くなることを利用した測定法である。測定にはケット科学研究所製のコンクリート・モルタル水分計 HI-500 を用いている（図 3-38）。測定に先立ち、アンコール遺跡の灰色〜黄褐色砂岩材から切り出された岩石片を用いて測定装置の較正を行なっている。

アンコール遺跡では、一般的な傾向として、室外より室内で石材の含水率が高く保たれ、直接雨がかかる場所でも、日当たりや風通しの良い場所では含水率がかなり低い状態に保たれていることが含水率測定から明らかになっている。また、乾季・雨季の違いによる含水率の季節変動が見られ、直接雨がかかる・かからないに係わらず、雨季に含水率が高く、乾季に低くなり、ほぼ降水量に連動して含水率が変化している。

バイヨン内回廊ではレリーフの劣化が重大な問題となっており、特に中央部の基壇が高くなった場所で劣化が激しくなっている。ここでは、レリーフの背後に床の高くなった回廊が存在しており、その基壇内部の雨水起源の水が徐々に浸み

出すことによりレリーフの塩類風化が生じていることが含水率測定から明らかになった。

10. 表面吸水試験

　アンコール遺跡において塩類析出は石材劣化の重要な要因の一つとなっている。アンコール・ワット外回廊やバイヨン外回廊のレリーフでは塩類析出による石材劣化はほとんど認められないが，バイヨン内回廊のレリーフでは塩類析出による劣化が顕著になっている。石材の劣化度を現位置において非破壊で評価する方法として上述した反発硬度測定，超音波伝播速度測定，帯磁率測定などが挙げられる。しかしながら，これらの測定法は必ずしも万能ではない。一般的に劣化の進行に伴い石材強度が低下することが多いが，石材表面が非晶質シリカなどの殻に覆われ，むしろ硬くなることがある。また，帯磁率の場合も帯磁率の低下が変質によるものであるのか，あるいは，石材の不均質性によるものであるのかを判断することは必ずしも容易ではない。そこで，塩類風化度を評価する一つの方法として，石材表面における吸水試験が挙げられる。アンコール遺跡で使用されている砂岩材は比較的孔隙率が高いが，塩類の析出によりその孔隙がつまり，その結果，表面吸水量が低下することが考えられる。

　表面吸水試験には各種の方法があるが，一定の時間において一定の面積から吸収される水の量を測定することが測定の基本となる。アンコール遺跡での表面吸収試験では，本体に円筒状のスチロール棒ビン（内径：3.3 cm，断面積：8.5 cm^2）を用い，その上に 5 cm^3 のメスピペットを取り付けた簡単な自作の装置

図 3-39　表面吸水試験装置（バイヨン内回廊にて）

を用いている (図3-39)。スチロール棒ビンの中心からメスピペットの0メモリまでの高さはおおよそ20 cmである。表面吸水試験では，できるだけ表面が平らな場所を選び，水が漏れないように練りゴムを用いて装置を石材表面に取り付ける。その後，水をほぼメスピペットの0目盛りのところまで満たし，水を入れ始めて5分後から測定を開始し，その後30分間での水の吸収量を測定している。

　このような簡単な装置ではあるが，塩類風化を受けた石材では表面吸水量が相対的に小さくなっていることが明らかにされており，表面吸水試験は塩類風化度を評価する上で有効な試験法の一つである。

第4章 アンコール遺跡各論

はじめに

　ここでは，石材に関する情報を中心にアンコール遺跡主要寺院の概要を述べる（図1-2, p.3）。これに加えて，2000年以降，徐々に道路が整備され，ようやく行くことができるようになった代表的な地方拠点寺院であるコー・ケル，コンポン・スヴァイのプリア・カーン，ベン・メリアおよびバンテアイ・チュマールについても言及する（口絵18）。これら地方拠点寺院に関しては調査・研究を開始したばかりであり，現段階において未確定な内容を多々含んでいることをあらかじめご承知いただきたい。

1．プリア・コー（879年）

　　　　　インドラヴァルマン1世（877-c889）　インドラタターカ・バライ建造開始
　　　　　ヤショーヴァルマン1世（889-c915）　インドラタターカ・バライ完成

　802年にジャヤヴァルマン2世がクレン山で即位したのがアンコール王朝の始まりとされ，その後，都はロリュオスの地（ハリハラーラヤ都城）に遷された。バコン，プリア・コーおよびロレイはロリュオス遺跡群と呼ばれ，シェム・リアップの東南東約12 kmの国道6号線近くに存在する。

　プリア・コーは東向きの寺院であり，東西0.5 km，南北0.6 kmの環濠の中の東寄りの場所に位置している。道路は東側に接しており，ラテライト造の東ゴープラから遺跡内に入ることになる。道路から西に向ってラテライトの参道が続き，ラテライト造の東西ゴープラを伴う外周壁に至る。その内側にはレンガ造の東西ゴープラを伴うレンガ造の内周壁がある（図4-1）。外周壁と内周壁との間には，ラテライト造のほとんど崩壊した8棟の建物と1棟のレンガ造の建物が存在している。内周壁内には，東側に3基，西側に3基の計6基のレンガ造祠堂を乗せた砂岩造の基壇が存在する（図4-2）。いずれの祠堂も東向きであり，開口部などには砂岩が使用されている（コラム7, p.90）。レンガ表面には一部に白いスタッコ

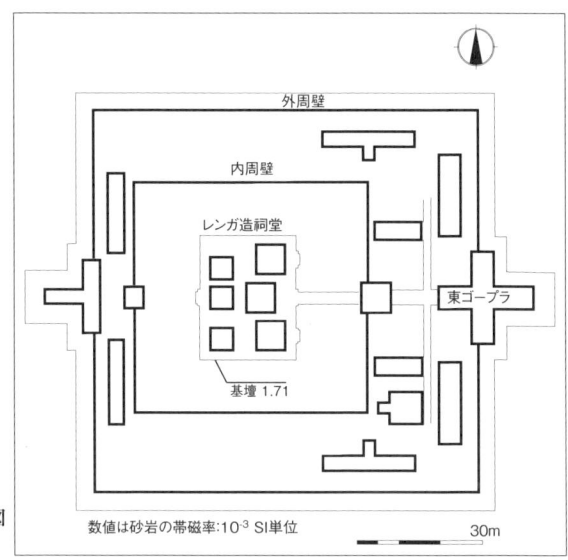

図 4-1 プリア・コーの平面図
(外周壁内)

図 4-2 プリア・コーの祠堂群

が残存しており，もともとはスタッコで完全に覆われていたと思われる。ドイツ隊によるこれらの祠堂の修復は 2009 年に終了している。基壇の東側前方にはシヴァ神の乗り物である聖牛ナンディンが 3 頭置かれている。基壇の砂岩材は長手積みとなっており，バコン，ロレイの砂岩材と同様な帯磁率 (1.7×10^{-3} SI 単位，第 I 期) を有し，同じ石切り場から採掘されたことを示している (口絵 17)。

　ラテライトはやや多孔質であり，バコンのピラミッド型基壇内部 (図 4-8) のラテライトと同じ大きさの長方形の断面を示すものが主であり，そのほかに正方形の断面を示すものも存在する。長方形の断面を示すものでは水平層理になるように石材が置かれているが，正方形の断面を示すものでは層理面方向は意識されていない。

レンガは摺り合わせが良くなされており，樹脂を主とした接着剤により接着されている。レンガの色は赤褐色であり，平均値で3.7〜4.4 cmの厚さを示している。

Column 7　寺院の看板装飾：リンテル

アンコール遺跡の各寺院の建造年代を推定するための手掛かりとして最も重要な装飾が，扉の上を飾るリンテル彫刻である。リンテル彫刻は時代とともに変化し，当時の流行を示す定型的な構図を示しているが，それに加えて芸術家の独創的な表現も織り込まれている。よくよく観察すると植物紋様の中には様々な動物や人物が隠れていることもある。

プリア・コーの中央基壇上に建つ6基の祠堂のリンテルは，嵌め込まれた砂岩に彫刻されているもの，レンガ積みの上に直接彫刻されているもの，そしてレンガの上に仕上げ材として塗り上げられたスタッコに彫刻されているものとが混在しており興味深い（図C7-1）。

図C7-1　プリア・コーのリンテル彫刻

2. バコン (881年)

インドラヴァルマン1世 (877-c889)

　バコンはピラミッド型寺院であり，聖山であるメール山（須弥山）を具現化したものである（図4-3）。車が到着する場所は外周壁の東ゴープラ付近であり，その外側には0.8 km四方の大きさの環濠が巡らされているが，今では完全に干上がっており，その存在を地表から把握することは困難である。車の到着する東側から入ると東西南北にゴープラをもつラテライト造の外周壁（ゴープラもラテライト造），内側環濠，東

図4-3　バコンの遠景

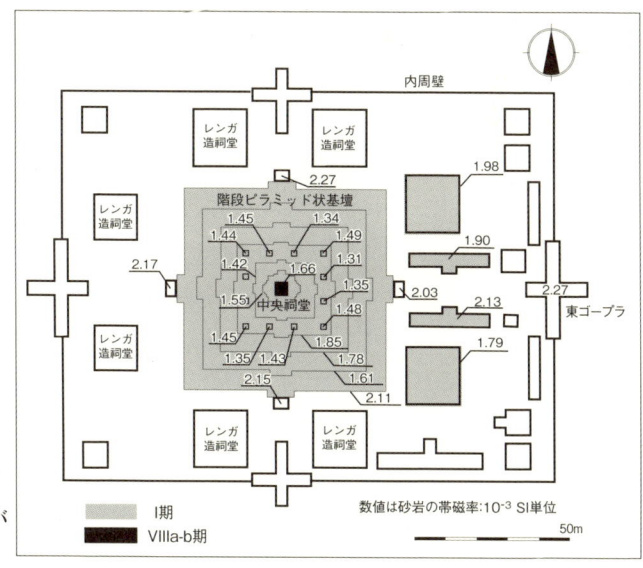

図4-4（口絵21）　バコン内周壁内の平面図

アンコール遺跡各論　　91

図4-5 バコンの最上段基壇から見た東側参道方向の様子

図4-6 バコンのレンガ造経蔵

西南北にゴープラをもつラテライト造の内周壁(ゴープラもラテライト造)を通り,中央部に達する(図4-4/口絵21;図4-5)。内周壁の中央には5段の砂岩造の基壇からなる階段ピラミッドが存在する。1段目から3段目の基壇の四隅には象の彫像が,4段目の基壇上には12基の小祠堂が配され,最上段の基壇表面にはレリーフが施されている。残念ながら,レリーフの施された面は層理面に平行な面であることから,そのほとんどは劣化し,剥落している。ピラミッド型基壇の周囲には8基の祠堂が配されている。東側の2基では基壇と開口部は砂岩造であり,壁体にレンガが使用されている。他の6基の祠堂の基壇はピラミッド型基壇内部と同じ大きさの扁平なラテライトからなり,本体はレンガ造で,開口部,階段部は砂岩造となっている。内周壁の東ゴープラとピラミッド型基壇との間の参道の両脇には砂岩造の長方形の建物とラテライト造の経蔵のような建物が存在し,内周壁内の隅には計6棟のレンガ造の建物が存在している(図4-6)。

ピラミッド型基壇の頂部には砂岩造の中央祠堂が乗っているが,現在の祠堂は後の時代に建造されたものであるといわれている(図4-7)。M.グレイズやJ.ボワスリエは建物の形状や装飾様式から判断してアンコール・ワット期にスールヤヴァルマン2世によって建造されたとし,M.フリーマンとC.ジャックはスールヤヴァルマン2世ではなく,次の王であるヤショーヴァルマン2世の時代に建造されたと推定している。しかしながら,石材の形,大きさ(厚さ約25cm),低い帯磁率(1.66×10^{-3} SI単位)および粗雑な組積法から判断してアンコール・ワット

期ではなく，バイヨン期末期以降（第Ⅷa-b期）の建造であると推定される。

　ピラミッド型基壇を構成している砂岩は長手積みされ，層理面は壁面に平行になっているものが多い。その帯磁率（$1.3 \sim 2.3 \times 10^{-3}$ SI 単位，第Ⅰ期）はプリア・コーおよびロレイと同じであることから，同じ石切り場から採掘された砂岩が用いられていると推測される（口絵17）。基壇の砂岩材には横長の穴が多く見られるが，これは石材同士を繋いで固定するために使用されていたH型の鉄製千切り（図2-31, p.39）を盗掘するために後の時代にあけられた穴である。南面東側の最下部基壇表面の砂岩材は2010年現在崩壊しており，その内側に積まれたラテライト材を見ることができる。M. フリーマンとC. ジャックは，ジャヤヴァルマン3世の時代にラテライト造のピラミッド型基壇が建造され，その後，インドラヴァルマン1世の時代にラテライト造基壇の表面に砂岩材が貼り付けられたと考えている（図4-8）。内部のラテライトは表面の砂岩と比べて大変小さく，厚さ16〜17 cm×幅40〜45 cmの大きさを示している。

　バコンには多くのレンガ造建造物が

図 4-7　バコンの中央祠堂

図 4-8　ピラミッド型基壇表面の砂岩材の崩壊により露出した基壇内部のラテライト材（バコン）

図 4-9　バコンのレンガ造周辺祠堂

アンコール遺跡各論

存在し，内周壁内に加えて（図4-9），外側環濠と外周壁との間にも多くのレンガ造建造物が存在する。レンガの色は赤褐色を呈し，色に関しては場所による違いが見られないが，その厚さには違いが認められる。バコンで使用されているレンガは，ピラミッド型基壇のすぐ東側に存在する2棟の祠堂を除いてアンコール遺跡では最も薄く，平均的な厚さは4cm弱である。それに対し，ピラミッド型基壇東側の2棟の祠堂のレンガは厚く，7cm程度となっており，大きな違いが認められる。一般的な傾向としてプリア・コー期以降のアンコール時代ではレンガの厚さは時代とともに厚くなる傾向が見られるが，このことから判断して，ピラミッド型基壇の東側の祠堂に使用されているレンガは後の時代のものである可能性がある。この2棟の祠堂は，ピラミッド型基壇周辺の他の6基の祠堂とは造りも全く異なっている。ピラミッド型基壇南面西側のレンガ造祠堂の開口部上枠には木材が残っており，放射性炭素年代測定より，これは建造当初のものであることが判明している。

　バコンに使用されているラテライトはやや多孔質である。周壁に使用されているラテライトの断面は正方形からやや長方形で，層理面は意識されておらず，層理面が縦になっているものと横になっているものとがほぼ同じ割合で存在している。それに対し，内側環濠の護岸に使用されているラテライトはピラミッド型基壇内部のラテライトと同じ大きさであり，扁平な長方形を呈し，その層理面方向は水平になっている。

3. ロレイ（893年）

ヤショーヴァルマン1世（889-c915）

　ロレイは，ヤショーヴァルマン1世によって造られた寺院であり，その父であるインドラヴァルマン1世によって造られた東西3.7km，南北0.7kmの大貯水池であるインドラタターカの中心よりやや北のところに位置しており，東バライの中心に位置する東メボンや西バライの中心に位置する西メボンと同様な存在である。このインドラタターカも東バライと同様に現在は完全に干上がっており，

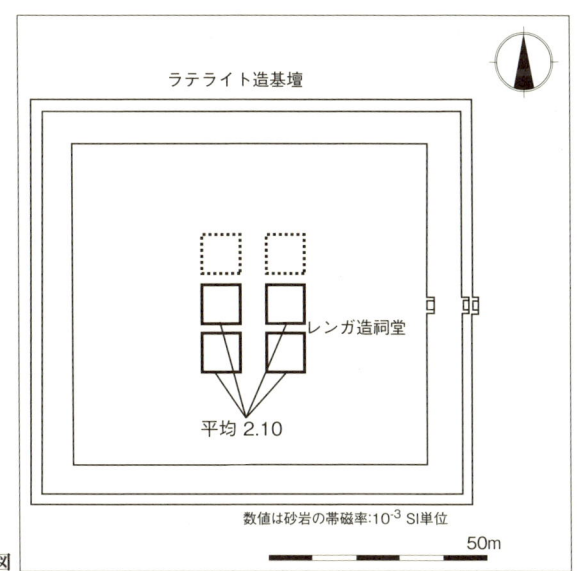

図4-10 ロレイの平面図

貯水池としての機能を果たしていない（コラム8, p.96）。

　ロレイは，やや多孔質なラテライトで造られたおよそ100m四方の基壇の上に乗っている（図4-10）。ラテライトは正方形の断面を示し，層理面方向は意識されずに組積され，長手積みと小口積みとが混在している。東面南側および南面東側の2段目の基壇表面にはスタッコが多く残存している。ロ

図4-11　ロレイのレンガ造祠堂群

レイはレンガ造の4基の祠堂より構成されているが（図4-11），現在の北側2基の祠堂が基壇の東西軸上に位置していることから，北側にさらに2基の祠堂が建造される予定であったことが推測される。

　4基の祠堂の中心にはリンガのような石柱が置かれており，そこから四方に聖水が流れ出る仕組みになっている（図4-12）。開口部や装飾部などには砂岩材が使用されているとともに，開口部の上枠には木材も使用されており，北東塔と南

図4-12 リンガ様石柱と排水溝（ロレイ）

西塔には当時の木材が残存している。開口部や装飾部などの砂岩材の帯磁率は 2.1×10^{-3} SI 単位であり（第Ⅰ期），バコンおよびプリア・コーの砂岩と同様な値を示していることから，これらと同じ石切り場から供給されたことが推測される（口絵17）。

ロレイのレンガは，赤褐色を呈し，厚みはプリア・コーおよびバコンのレンガと比べてやや厚く，その平均値は 4.5 cm である。建造当初，レンガ表面は全面的にスタッコで覆われていたと推測される。

Column 8　大貯水池「バライ」

　雨季と乾季に1年が二分される地域における重要な関心事は，どうやって乾季のために水を貯えるか，という点にある。アンコール遺跡群にはロレイを中心に配するインドラタターカをはじめとして，大きな貯水池が複数築造されたほか，地方の遺跡群にも大きな貯水池が造られていることが多い。しかしながら，これまでの研究ではこれらの貯水池の築造目的は十分に明らかになっていない。生活や農業用水としてこの貯水を利用したのか，あるいは宗教的な儀式のためにのみ用いられたのか，という議論に決着がついていないのだ。各貯水池の取水口や放水口の位置や構造が明瞭ではないことが，この議論の焦点となっている。最近では，水利学的調査や考古学的発掘調査に加えて地下探査の技術等の多様なアプローチから，貯水と排水システムの解明に取り組まれている。

4. プノン・バケン

ヤショーヴァルマン1世（889-c915）

　アンコール地域には，アンコール・ワットの北西すぐのところにあるバケン山，アンコール・ワットの南15kmでトンレサップ湖の北岸近くにあるクロム山，そして，アンコール・ワットから見て北東14kmのところにあるボック山の3つの小高い山が存在する。プノンという言葉はクメール語で山という意味である。バケン山の山頂にある遺跡がプノン・バケンである（コラム9，p.101）。ヤショーヴァルマン1世によりロリュオス地域（ハリハラーラヤ都城）からバケン山を中心とした地域（ヤショダラプラ都城）に都が遷され，両地域は盛土された道路によって結ばれていた。

　バケン山（標高67m）は，アンコール・ワットから西側環濠沿いの道を1.2km程北に行ったところの西側に位置し，道の反対側には土産物屋が並んでいる。頂上へ続く道は3つある。一つは山頂を目指して一直線に伸びるラテライト造の階段である。この階段はかなり崩れており，安全面から通行禁止となっている。あと2つは山の北側を通り西側へと至る道と南側へ向かう道である。南側へ向かう道は象専用の道となっており，一般の観光客は通行することができない。ただし，25ドル払えば，象の背中に乗って楽々と頂上に辿り着くことができる。この道の途中からは，森に埋もれたアンコール・ワットの雄姿を望むことができる（図4-13）。道はジグザグになっており，頂上まではそれほどの距離は感じられない。

それに対し，北側の道は一般観光客向けの道であり，歩くのであれば観光客にはこの道しか選択肢は残されていない。比較的緩やかな坂道であるが，遺跡の裏側である西側へと続く道であり，700-

図4-13　プノン・バケンから見たアンコール・ワット

アンコール遺跡各論

図4-14 砂岩材の崩落によって露出したプノン・バケン基壇内部の地山

図4-15 プノン・バケンの地山に見られるリーゼガング構造

図4-16 プノン・バケンの全景

800mほど歩かなければならない。

　バケン山は，主として砂岩および礫岩から構成されており，アンコール遺跡で使用されている石材とは異なった岩石からなる。プノン・バケンは，他の遺跡とは異なり，地山そのものを利用して造られている。頂上にある参道を見ると，地山そのものが露出していることに気づくであろう。プノン・バケンのピラミッド型基壇の内部は他の遺跡のように版築土で充たされているのではなく，地山を階段ピラミッド状に削り，その表面に横長の砂岩材が貼り付けられた造りとなっている（図4-14）。基壇の崩壊が各所で進んでいるが，崩壊したところを覗いてみると基壇内部に地山が利用され，削られた地山の表面に砂岩材が直に置かれている様子を見ることができる。西側の基壇裾野の地山表面には，亀裂に沿って同心円状に発達した褐色の縞を見ることができる。これはリーゼガング構造といい，鉄分を含んだ水が亀裂を通して岩石内部に浸み込むことによって形成された模様である（図4-15）。

　プノン・バケンは，5つの祠堂を乗せたピラミッド型基壇（図4-16）と，それを取り巻くレンガ造祠堂（レンガ

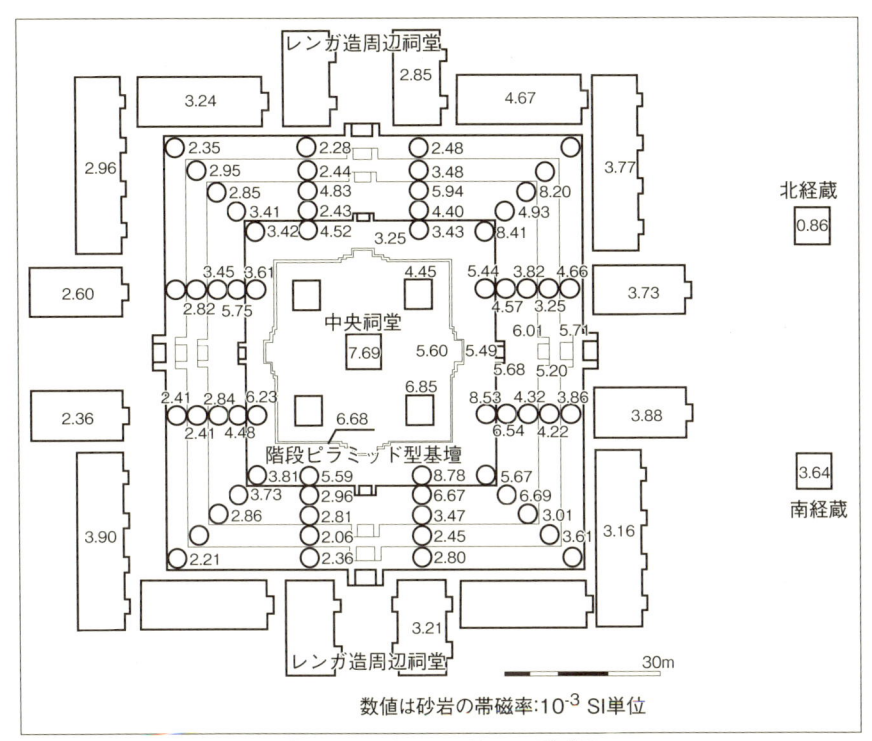

図4-17 プノン・バケンの平面図

の厚さ：46～51 mm)，東側参道の南北にある経蔵およびこれらを取り囲むラテライト造の周壁より構成される（図4-17；図4-18)。各基壇上にはそれぞれ12基の小祠堂が配されている。基壇最上部からは，アンコール地域を見渡すことができ，日の出・日の入りを目的に多くの観光客が押し寄せる場所でもある。基壇の階段は大変に狭く，滑り易いので昇り降りには細心の注意が必要である。頂部は絶景ポイントであり，西には人工的に造られた東西8km，南北2kmの大きさをもつ貯水池西バライ

図4-18 プノン・バケンの北経蔵

アンコール遺跡各論

図4-19 プノン・バケンから見た西バライ

があり（図4-19），その南側にはシェム・リアップ空港の全貌を見渡すことができる。また，遠くには西側から南側にかけてトンレサップ湖を，南側にはシェム・リアップのホテル群を見渡すことができる。南の方向には小高い山が見えるが，これはクロム山であり，その山頂にも遺跡が存在する。東側にも小高い山が見えるが，これはボック山であり，この山頂にも遺跡が存在する。プノン・クロム，プノン・ボックおよびプノン・バケンは同時期に建造された寺院であり，同じ石切り場から供給された砂岩材が用いられている。

　ボック山の奥には，頂部が平らになった山が見える。これはクレン山であり，アンコール時代の始まりである802年にジャヤヴァルマン2世が即位し，都とした地であり，多くのレンガ造祠堂が残されている。クレン山は侵食に強い石英質砂岩の水平な地層から構成され，頂部が平らな丘陵状の地形を成している。このような石英質砂岩は，カンボジアの南部や西部にある遺跡やタイのコラート高原上にある多くのクメール遺跡に使用されている。この石英質砂岩には赤色，黄褐色，白色のものがあり，赤色から黄褐色の砂岩はクレン山の西側近くに位置するバンテアイ・スレイの建造に使われている。クレン山を構成する石英質砂岩層の下にはアンコール遺跡で多用されている灰色〜黄褐色砂岩を含む地層が横たわっており，クレン山南東裾野に位置するベン・メリア寺院近くで露出している（図2-25；図2-26，p.33）。そこには，アンコール時代の石切り場が多く残されている。各国の修復チームが遺跡の修復に使用している砂岩材は，この地から採掘されたものである。

　プノン・バケンの基壇表面に使用されている砂岩材のほぼすべてに，表面剥離現象が見られる。剥離片の断面を見てみると，白い方解石の濃集部に沿って剥離している様子が観察される（図3-13，p.65）。これは，タ・ケオやアンコール・ワットなどの基壇に見られる剥離現象と同じであり（図3-12，p.64），プノン・バケ

ンはこのような剝離現象の見られる典型的な場所のひとつである (p.64 参照)。

階段ピラミッド頂部の中央祠堂に使われている砂岩の帯磁率は高く (7.7×10^{-3} SI 単位)，強い磁石を紐に吊るして石材に近づけると僅かであるが石材に引き寄せられるのが実感できる。プノン・バケンが建造された時期 (第Ⅱ期) では，供給された砂岩の帯磁率が時期とともに急激に低くなる傾向が見られ，この傾向からプノン・バケンは，基壇と頂部祠堂群が最初に造られ ($4.4 \sim 7.7 \times 10^{-3}$ SI 単位)，次に周辺のレンガ造祠堂群 ($2.3 \sim 4.7 \times 10^{-3}$ SI 単位) および南経蔵 (3.6×10^{-3} SI 単位)，そして北経蔵 (0.9×10^{-3} SI 単位) の順に建造されたことが推測される (図4-17)。

Column 9　重層する王都の痕跡

アンコール遺跡群は9世紀から15世紀までの600年以上に渡り，ヤショダラプラと呼ばれた歴史の大舞台となる王都であった。歴代の王はこの王都の中で居城を移動しながら，護国寺となる国家の中心寺院を建立した。中でも，プノン・バケンを中心とした王都は「第一次ヤショダラプラ」と呼ばれ，初めてこの地域がアンコール王朝の中心地として選地された重要な契機となった。その後も，この地域には力のある治世王が新たな王都を築造した。アンコール遺跡群の空中写真を眺めると，プノン・バケンを中心にその南と西側に水路が築かれており，過去にはこれが王都を周回する環壕の一部であったと指摘する研究者もいた。今ではこの説は否定されているが，プノン・バケンの周囲には，様々な水利施設が築かれ，王都中央の山上にそびえ立つこの寺院は，王位を象徴するランドマークとして望まれていたことだろう。

5. プノン・クロム

ヤショーヴァルマン 1 世 (889-c915)

　プノン・クロムはシェム・リアップの南 10 km, トンレサップ湖の湖岸近くにある標高 137 m のクロム山山頂に建てられた寺院である。雨季にはトンレサップ湖は増水し, クロム山周辺は湖水によって囲まれるが, 乾季には湖岸は遠のいてしまう (図 4-20)。周辺にある家屋はこのようなトンレサップ湖の水位の季節変化に対応できるよう高い柱の上に建てられているか, あるいは, 水の増減に伴って移動できるようボート型の家屋となっている。

　クロム山山頂までは, 状態は良くないが車の通れる道が続いている。しかし, この道を使うためには許可が必要であるため, 一般的にはクロム山のゲート横にある階段とそれに続く道を歩いて登ることになる。頂部近くには再度階段があり, 道に沿って登るより, この階段を使った方が遺跡に早く辿り着くことができる。麓から山頂までは距離にして約 1 km, 時間にして 20 分程度の道のりであるが, 途中休憩しながらトンレサップ湖などの周辺の景色を楽しみながら登ればそれほど苦にならない道程である。クロム山は, 流紋岩質岩石からなり, 道路の舗装などに使用される骨材の採石場となっている。頂部近くの階段を上りつめるとそこにはお寺があり, それを左側に迂回するとその先に遺跡が見えてくる。

　プノン・クロムへ続く階段を上ると, 東西南北のゴープラが完全に失われた 50 m 四方の大きさのラテライト造の周壁に辿り着く。周壁の中央には砂岩造の基壇上に 3 基の東向きの砂岩造の祠堂が南北に並んで建っている (図 4-21/口絵 22 ; 図 4-22)。東ゴープラと祠堂群との間には, 南北にそれぞれ参道側から砂岩造の経蔵とレンガ造の経蔵が配されている (図 4-23 ; コラム 10, p.106)。また, 周壁内側に沿ってラテ

図 4-20　クロム山周辺の景色

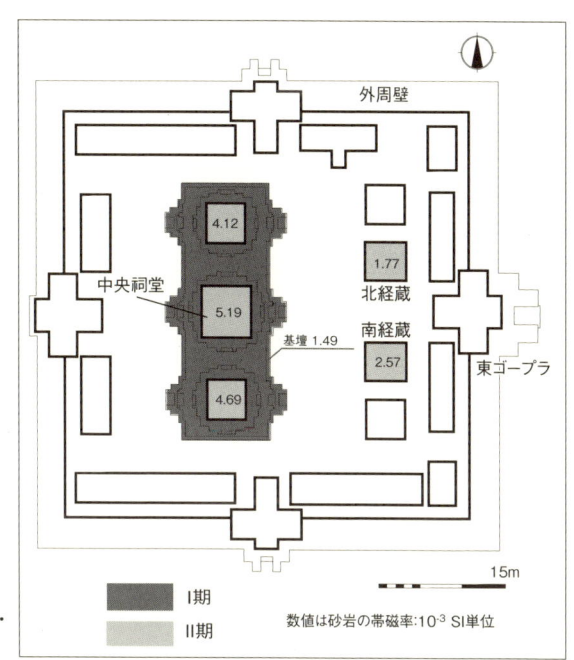

図4-21（口絵22） プノン・クロムの平面図

ライト造の長方形の建物が並んでいるが，そのほとんどは崩壊している。

　プノン・クロムの造りは，プノン・ボック（図4-26）の造りと大変良く似ているが，砂岩材の劣化状態に関しては全く異なっている。プノン・ボックの建物は崩壊がかなり進んでいるが，砂岩材そのものの傷みはほとんど認められない。それに対し，プノン・クロムの砂岩材の傷みは顕著であり，アンコール遺跡においても群を抜いている。砂岩材の色は，もともとは灰色であるが，全面的に黄褐色に変色し，表面もぼろぼろになっている。特に層理面に沿った多くの亀裂が見られ，今にも割れて崩壊しそうである。また，場所によっては石材表面に丸い大きな穴があき，内部の新鮮な砂岩が露出している（図3-10, p.63）。

図4-22　プノン・クロムの祠堂群

アンコール遺跡各論　　103

図 4-23 プノン・クロムの経蔵

図 4-24 プノン・クロムのラテライト造周壁

このような穴の生成には塩類析出が関与している。石材表面には黄褐色，白色，ピンク色を呈した析出物が見られるが，これらは石こうやリン酸塩鉱物からなる。このような激しい石材劣化をもたらした原因はコウモリの排泄物にある。プノン・クロムはトンレサップ湖の湖畔に位置しており，コウモリの餌が豊富であることから，コウモリにとって棲み易い場所となっており，このことが石材劣化におけるプノン・ボックとの違いをもたらしているのではないかと推測される。

プノン・クロムの砂岩材の激しい劣化をもたらしたもう一つの原因として，層理が縦になっている砂岩材の割合が高くなっていることが挙げられる。アンコール遺跡で用いられている灰色〜黄褐色砂岩は雲母を多く含む堆積岩であることから，層理を縦にして置くと層理面に沿って割れやすい性質がある（p.59参照）。このような砂岩材の激しい劣化現象は祠堂だけでなく，砂岩造の南北経蔵においても見られる。

プノン・クロムで使用されている砂岩材の帯磁率は，時期とともに変化している。基壇に使われている砂岩の帯磁率は 1.5×10^{-3} SI 単位の値を示し（第 I 期），他の場所と比べて低くなっている。次に述べるプノン・ボックでは，基壇の南北において砂岩材の帯磁率が異なっているのに対して，プノン・クロムでは基壇全体に渡って低い値を示している。その低い帯磁率から判断して，これらの遺跡より前の時代に建てられたロリュオス遺跡群の砂岩材と同じ石切り場から砂岩材が供給されたことが推測される。それに対し，基壇上の祠堂群は，$4.1 \sim 5.2 \times 10^{-3}$

SI 単位の高い帯磁率を示し（第Ⅱ期），砂岩材の供給地が突如変化したことを示している。そして，砂岩造南経蔵（2.6×10^{-3} SI 単位），砂岩造北経蔵（1.8×10^{-3} SI 単位）の順に砂岩材の帯磁率が低くなり，この順に建造されたことが推測される。このような状況はプノン・ボックと全く同じであり，偶然の一致ではありえないであろう。基壇上の祠堂群以降の帯磁率変化はプノン・バケンで見られる帯磁率変化と同様であり，同じ石切り場からの砂岩材が使用されていることを示している（口絵17）。

砂岩材の大きさは，祠堂と基壇とで異なり，祠堂では厚さ 30～35 cm × 幅 35～45 cm の大きさを示しているが，基壇では厚さ 20～25 cm × 幅 35～45 cm となっており，基壇では薄い砂岩材が使用されている。

プノン・クロムで使用されているラテライトは基本的にピソライト質であるが，やや多孔質のものも存在し，見た目にも違いがはっきりしている。化学組成にも違いがあり，携帯型蛍光 X 線分析装置を用いてその場分析を行なった結果，ピソライト質ラテライトではヒ素の含有量が低いが，多孔質ラテライトでは他の遺跡でも測定されたことがないくらいに高く，1,000 ppm（0.1%）を超える値を示している。このことから2つの異なった石切り場からラテライトが供給されたことが考えられるが，同じ石切り場でも地表近くにピソライト質ラテライトが存在し，その下に多孔質ラテライトが存在するのが一般的であることから，ヒ素の含有量の違いはこのことを反映している可能性もある。一般的にアンコール遺跡の多孔質ラテライトはピソライト質ラテライトと比べてヒ素，アンチモン，ストロンチウムに富む傾向が認められる（図2-15, p.24）。

プノン・クロムの周壁に使用されているラテライトは長方形の断面を示し，層理面方向は長辺方向に一致している（図4-24）。その大きさは，厚さ 25～30 cm × 幅 35～40 cm である。なお，ラテライトの表面には所々に青みがかった金属光沢を示す黒色の付着物が見られるが，これはマンガン酸化細菌の活動によって生成されたマンガン酸化物である（p.71 参照）。

Column 10　組積工法の簡易化

　プノン・クロム寺院が建立された9世紀末から10世紀初めのアンコール建築は，それ以降の寺院よりも慎重に石材が積み上げられている（図C10-1）。後期の寺院では，四角い石材をそのまま積み上げていくだけで，目立った工夫の跡は見られないが，大型の石造寺院を造り始めた初期には，上下あるいは左右の石材に凹凸の相決り(あいじゃく)を施すなどの工夫をし，できるだけ石積みが崩れないよう努めているのが看取される。たとえば，小さな石材を使用せざるをえなかった不利な条件を強いられたインドネシアの石造建築では，石積みに「ほぞ」を入れたり，多数の千切りを用いたりと，様々な造作が工夫されたが，大きな石材の供給が可能で，地震などの倒壊の心配も少ないアンコールでは，建設工事の経験を重ねるに従い，徐々に建設にかかる慎重さは失われていった。

図 C10-1　プノン・クロム寺院の壁体石積み

6. プノン・ボック

ヤショーヴァルマン1世（889-c915）

　プノン・ボックはボック山の山頂に建てられた寺院である（コラム11，p.110）。ボック山は，東メボンとプレ・ループとの間の道を東側に進み，プラダック村，バンテアイ・サムレを通り過ぎ，さらに3km程北東に行ったところに位置している。ボック山はシェム・リアップ周辺にある3つの山の中で最も高く，標高は235mである。ボック山の山麓では道路の舗装に使用される未固結のラテライトが採掘されており，南側山麓にはたくさんの無残な採掘跡が見られる。ボック山そのものはバケン山と似ており，主として，砂岩および礫岩から構成されている。

　山頂にある遺跡へは南側山麓から道沿いに歩いて登ることもできるが，少し道を登ったところから階段が延びており，この631段の階段を利用すれば比較的楽に山頂近くまで行くことができる（図4-25）。休みながら階段を上り，その途中で振り返って見るとアンコール地域を一望することができる。階段を上り切り，左側に進むとプノム・ボックのラテライト造の周壁が見えてくる。

　プノン・ボックは，プノン・クロムと伽藍配置ならびに規模が似ており，砂岩造の基壇上に砂岩造の東向きの祠堂が3基南北に並び，その東側の南北にそれぞれ砂岩造の経蔵とレンガ造の経蔵が配され，これらを50m四方のラテライト造の周壁が取り囲んでいる（図4-26/口絵23；図4-27；図4-28）。レンガ造北経蔵の崩壊はかなり激しくなっている。

　砂岩の帯磁率からは興味ある建造過程が推測される。基壇の帯磁率は北側と南側とで異なっており，北側半分ではプノン・クロムと同様に低い値（1.1×10^{-3} SI単位，第I期）を示しているが，南側半分の基壇は9.1×10^{-3}

図4-25　ボック山山頂へ至る階段

アンコール遺跡各論　　107

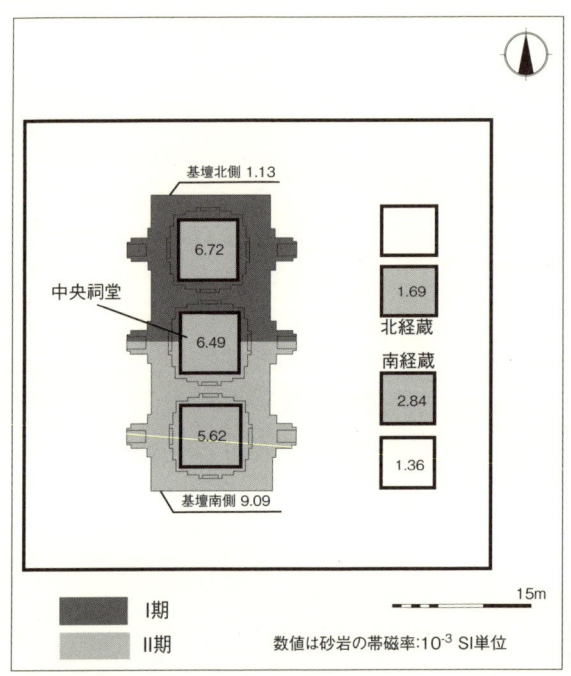

図4-26（口絵23） プノン・ボックの平面図

図4-27 プノン・ボックの祠堂群

SI単位の大変高い値を示している。この境はかなり明瞭である。このことから，北側半分の基壇を建造しているときにはプリア・コー期と同じ石切り場から砂岩材が供給され，南側半分の基壇の建造時には新たな石切り場から砂岩材が供給されたことが考えられる（第Ⅱ期）（口絵17）。そして，祠堂の帯磁率は$5.6〜6.8×10^{-3}$ SI単位とやや高い値を示し，砂岩造南経蔵（$2.8×10^{-3}$ SI単位），砂岩造北経蔵（$1.7×10^{-3}$ SI単位），そしてレンガ造南経蔵（開口部の砂岩に対して測定：$1.4×10^{-3}$ SI単位）の順に低くなり，この順に建造されたことが推測される。崩壊が激しいため開口部の砂岩材を見つけることができなかったが，レ

ンガ造北経蔵の帯磁率が最も低く，最後に建造されたことを示すことが予想される。このような傾向はプノン・クロムと全く同じであり，この2つの遺跡がほぼ同じ時期に，同じ2つの石切り場から供給された砂岩材を使用して建造されたことが推測され，大変興味深い結果である。ただし，なぜこのように砂岩の帯磁率が建造時期とともに急激に変化しているかについては謎のままである。

なお，プノン・ボックの西側およそ150 m のところに巨大なリンガが横たわっており，一見の価値がある（図4-29）。

図4-28　プノン・ボックの経蔵

図4-29　プノン・ボックの西側に安置された巨大リンガ

アンコール遺跡各論　109

Column 11　山上寺院

　アンコール遺跡の多くはヒンドゥー教か仏教寺院であるが，それらの立地を考えると，この地域の基層となる山岳信仰の影響が少なからずあるようである。特に初期のアンコール遺跡の立地は，山上や山の麓，洞窟の中などにあり，寺院はそこにある巨石や泉，鍾乳石などと密接な関係にある。それはヒンドゥー教のメール山や仏教の須弥山のイメージが既存の山岳信仰と緩やかに結びついたためとも考えられる。プノン・ボックは周壁に囲繞された寺院とその背後に巨大なリンガを安置するテラスがあり（図4-29），二つの異なる信仰対象が共存しているようにも見える。山あるいは巨石に対する精霊信仰が，シヴァ教と習合し，リンガという形式をもって表象され，それがより純度の高い外来のヒンドゥー寺院とともに併置されることで〈土着と外来〉の宗教の二重性を示した，と考えられないだろうか。

7. プラサート・クラヴァン (921年)

ハルシャヴァルマン1世 (c915-923)

プラサート・クラヴァンは，アンコール・ワットとバンテアイ・クデイを結ぶ道路からやや東側に入ったところに位置する。基壇を含めてレンガ造の建造物であり，一つの基壇上に5基の東向きの祠堂が南北に並べて建てられている（図4-30）。ただし，開口部には砂岩が使用されている。中央祠堂の保存状態が最も良く，他の祠堂は一番南側のものを除いて屋根部を全く残していない（図4-31）。祠堂群の東側には十字テラスが存在し，祠堂群と十字テラスの間の南側には2つの基壇が存在している。プラサート・クラヴァンは1960年代にフランス極東学院によって修復が行なわれ，その時に新しいレンガが多量に使われている。新しいレンガには創建時のレンガと区別できるように表面にCA（Conservation d'Angkor）のマークが刻印されている（コラム12, p.113）。レンガの平均的な厚さは64 mmである。この遺跡は外見上，特に面白みはないが，中央祠堂と最も北側の祠堂の内壁にはレリーフが施されており，中央祠堂にはヴィシュヌ神が，最も北側の祠堂にはヴィシュヌ神の妻であるラクシュミが浮き彫りにされている（図4-32）。

プラサート・クラヴァンの開口部に僅かに使われている砂岩材の帯磁率（3.0×10^{-3} SI単位，第Ⅲ期）は，同時代に建造されたバクセイ・チャムクロン（2.5×10^{-3} SI単位）および東メボン（$2.3 \sim 3.0 \times 10^{-3}$ SI単位）に使用されている砂岩材の帯磁率

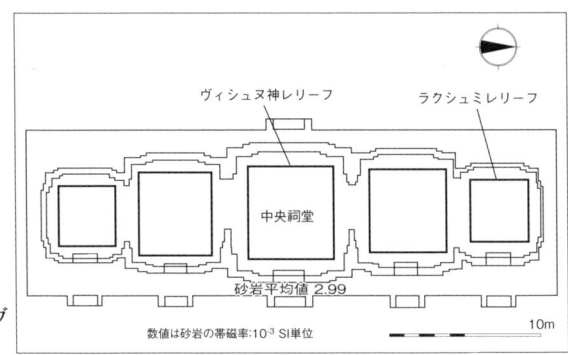

図4-30 プラサート・クラヴァンの平面図

図 4-31 プラサート・クラヴァンのレンガ造祠堂群

図 4-32 プラサート・クラヴァンの最北塔内壁に彫刻されたラクシュミのレリーフ

とほぼ同じであり，これらの砂岩が同一の石切り場から切り出されたことを示している（口絵17）。

プラサート・クラヴァンは，プノン・ペンの南およそ 35 km のところにあるプラサート・ネアン・クマウと同時期の建造物である。このプラサート・ネアン・クマウの開口部には灰色〜黄褐色砂岩が使用されており，その帯磁率は 2.9×10^{-3} SI 単位の値を示している。この値は，この時期のアンコール遺跡の建物に使用されている灰色〜黄褐色砂岩の帯磁率の範囲内（$2.3 \sim 3.0 \times 10^{-3}$ SI 単位）にある。プノン・ペンの南方には，灰色〜黄褐色砂岩を産出する場所がないこととその帯磁率から判断して，プラサート・ネアン・クマウの開口部に使われている灰色〜黄褐色砂岩は，アンコール地域から運ばれた可能性が高いように思われる。アンコール遺跡の砂岩の石切り場はクレン山の南東麓にあり，ここからプラサート・ネアン・クマウまではおよそ 260 km 離れているが，開口部に使用されている程度の少量の砂岩材ならば，水運を使って容易に運ぶことができたであろう。同様のことはシェム・リアップの西南西およそ 100 km で，バッタンバン近郊にあるワット・スナンの東側 200 m のところにある同時期のレンガ造建造物スナン・カシューの開口部や階段に使用されている灰色〜黄褐色砂岩（2.8×10^{-3} SI 単位）に対しても当てはまることである。

タイ東北部には多くのクメール遺跡が存在するが，これらの遺跡にはアンコール遺跡に使用されている灰色〜黄褐色砂岩は使われていない。タイ東北部は高原

となっており，コラート高原と呼ばれている。アンコール遺跡で多用されている灰色〜黄褐色砂岩はこのコラート高原上には全く産出せず，この砂岩を使用するためには高原の麓から運び上げる必要があるが，これは大変な作業であることから，これらの遺跡の建造にはコラート高原上に産出する石英質あるいは石質の砂岩材が使用されている（口絵18）。しかしながら，唯一の例外が存在する。それはムアン・タムの外周壁ゴープラに使用されている連子子である。ムアン・タム内回廊ゴープラの連子子には，赤色や黄褐色の石英質砂岩が使用されているが，外周壁ゴープラの連子子には灰色〜黄褐色砂岩が用いられている。この連子子に使われている灰色〜黄褐色砂岩の帯磁率（2.2×10^{-3} SI 単位）は，ムアン・タムの建造された時期（クレアン期〜バプーオン期）にアンコール遺跡で使用されている灰色〜黄褐色砂岩の帯磁率（$1.1 \sim 2.4 \times 10^{-3}$ SI 単位）と一致しており，灰色〜黄褐色砂岩で造られたムアン・タムの連子子はおよそ160 km離れ，かつ高低差があるにも関わらず，アンコールの地から運ばれた可能性が高いように思われる。

Column 12　レンガ造遺構の修復

　プラサート・クラヴァンのレンガをよく見ると「CA」の文字が刻まれている。これはConservation d'Angkor（アンコール保存事務所）の頭文字で，過去にフランス極東学院によって修復されたときに新しく加えられたレンガであることが区別できるように刻印されたものである。石造建築の修復では，倒壊して周囲に散乱している石材は原位置を特定し，再構築にできるだけ用いるのが一般的だが，レンガ造建築の修復では，崩れ落ちて散乱している部材の原位置を特定することが限りなく不可能に近いため，それらを再利用することはアンコール遺跡に限らず稀である。修復工事では新たに加えられた材料が区別できるように，なんらかの工夫が加えられる。石材であれば，表面の仕上げをオリジナルの石材と少し変えたり，見えないところに刻印された鉛を嵌め込むこともある。アンコール遺跡では様々な国や団体が修復工事を行なっているが，修復隊により表面仕上げが異なることもある。

8. バクセイ・チャムクロン (920年)

ハルシャヴァルマン1世 (c915-923)

ラージェンドラヴァルマン (944-968) (改築)

プノン・バケンのすぐ北側にあり，ラテライト造の階段ピラミッド型基壇上にレンガ造の祠堂を乗せた寺院である（図4-33；図4-34)。祠堂の開口部や基壇の一部には砂岩が使用されている。砂岩の帯磁率は 2.5×10^{-3} SI 単位であり（第Ⅲ期)，プラサート・クラヴァンおよび東メボンと同様な値を示しており，これらの遺跡では同じ石切り場から供給された砂岩材が使われていることが推測される（口絵17)。

ラテライトは多孔質であるが，加工精度が良く，整然と積まれている。断面は正方形であり，楕円形をしたラテライト表面の穴の向きが，水平になっているものと縦になっているものとの2通りが存在している。これは地中における向きを示しており，ラテライトの孔隙は地中で押しつぶされ，長径方向が地中における水平方向に対応している。

レンガは隙間なく積み重ねられ，目地材の存在を肉眼で確認することができないほどである。アンコール遺跡では，前アンコール時代の遺跡やヴェトナムのチャンパ遺跡でもそうであるが，焼成レンガの表面を削り，摺り合わせを行なった上で，樹脂を主体とした接着剤を薄く塗ってレンガを貼り合わせている。レンガの平均的な厚さは59 mm である。

レンガ造祠堂の開口部の上枠には木材が残っているが，放射性炭素年代測定は，この木材が13～15世紀のものであり，10世紀の建造時のものではないことを示している。

図4-33 バクセイ・チャムクロンの全景

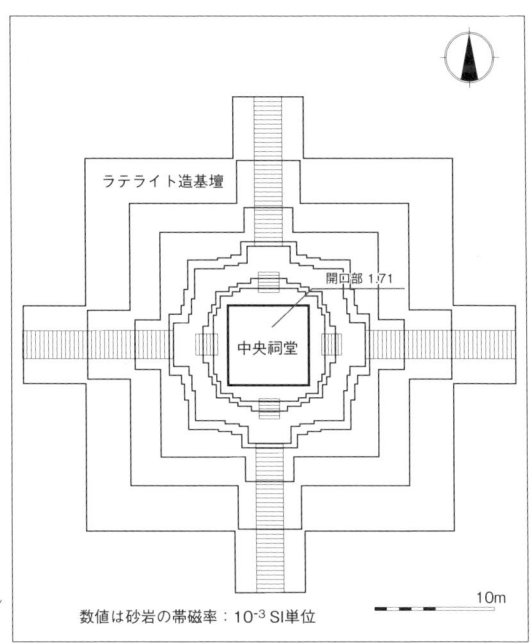

図 4-34　バクセイ・チャムクロンの平面図

9. 東メボン (952 年)

メボン　ラージェンドラヴァルマン (944-968)
バライ　ヤショーヴァルマン 1 世 (889-c915)

　東メボンは, ヤショーヴァルマン 1 世によって造られた東西 7.3 km, 南北 1.8 km の大きさをもつ大貯水池である東バライの中心に位置しているが, 東バライは今では完全に干上がっており貯水池として機能していない。東メボンは 3 段の基壇をもつピラミッド型寺院である (図 4-35；図 4-36)。最下部基壇の東西南北の中央には船着場が設けられ, その内側にゴープラを伴う外周壁が巡らされている。東西南北ゴープラはラテライトとレンガを用いて造られている。ラテライト造の細長い長方形の建物が, 外周壁内側に沿って東西南北のゴープラを繋ぐように建てられている。これが後の時代 (タ・ケオ以降) の回廊の原型であるといわれている。2 段目の基壇上には, 8 基のレンガ造祠堂および 5 棟のラテライト造の経蔵のような建物が存在している。1 段目と 2 段目の基壇の隅には大きな象の彫像

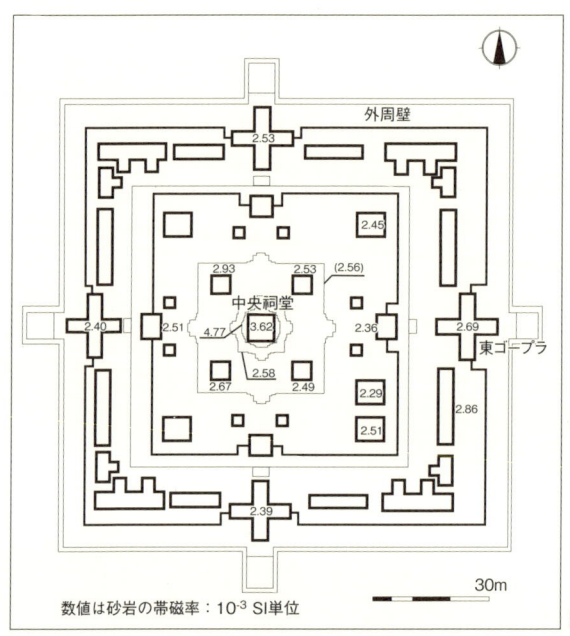

図 4-35　東メボンの平面図

（図中注記）数値は砂岩の帯磁率：10^{-3} SI単位

図 4-36　東メボンの全景

が置かれている。1段目と2段目の基壇，外周壁および1段目の基壇上にある長方形の建物は主として正方形の断面を示すラテライトからなる。東メボンのラテライトは質が悪く，所々に礫を有する多孔質ラテライトであり，すぐ南約 1.3 km のところにあり，建造年代もそれほど離れていないプレ・ループの質の良いラテライトとは対照的である。やや変形した穴の方向からラテライト材はその層理面が水平になるように置かれたり，垂直になるように置かれたりしており，層理面方向は意識されていない。

　3段目の基壇は砂岩造であり，基壇上には5つのレンガ造祠堂が乗っている。中央祠堂は他の祠堂に対して1段高い基壇上に存在している（図4-37）。レンガ

造であれ，ラテライト造であれ，建物の基壇部，開口部および偽扉には砂岩が使用されている。砂岩の帯磁率は時代的にも距離的にも近いプレ・ループとは異なり，やや高い 2.3～3.0×10^{-3} SI 単位の値を示しており（第Ⅲ期），この間にラテライトとともに砂岩の石切り場も変化したことを示している（図 2-15, p.24；口絵 17）。

レンガは全体的に淡黄褐色を示し（厚さ：中央祠堂 50 mm，周辺祠堂 71～78 mm），その表面には径 2～3 cm 程の穴が多数あけられている（図 4-38）。当初，レンガ表面には全面的にスタッコが塗られ，これらの穴はその食い付きを良くするためにあけられたものであると考えられるが，今ではスタッコは完全に剝がれ落ちている。

図 4-37　東メボンのレンガ造中央祠堂

図 4-38　レンガ造中央祠堂の壁面にあけられた丸い穴（東メボン）

10. プレ・ループ (961年)

ラージェンドラヴァルマン (944-968)

ジャヤヴァルマン5世 (968-c1000)（増築）

プレ・ループは東メボンの真南1.3 kmの所に位置し，東メボンとは距離的に近いとともに建造時期も近く，東メボンの約9年後に竣工している。東メボンと同様にピラミッド型の寺院である（コラム13, p.120）。

ラテライト造の外周壁をもつレンガおよび砂岩造の東ゴープラから入ると，南北に並んだレンガ造の塔が存在する（図4-39；図4-42）。当初は6基の塔が建てられる予定であったが，東ゴープラのすぐ北側の建物は基礎のみが存在し，塔が建てられることはなかった。塔の基壇下部はラテライト造で，基壇上部は砂岩造となっている。これらの塔はイタリア隊によって既に修復が行なわれている。外周

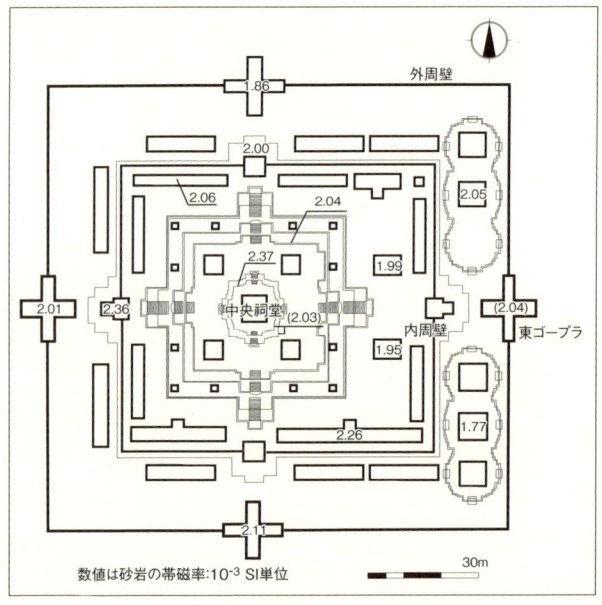

図4-39 プレ・ループの平面図

壁の南北西面の内側にはラテライト造の長方形の建物が配されている。C. ジャックによれば，これらの長方形の建物と東ゴープラ近くのレンガ造の塔はジャヤヴァルマン5世の時に増築されたものであると考えられている。これらの建物の内側には，内周壁をもつラテライト造の基壇が存在している。基壇上の東側にはレンガ造の南北経蔵があり，それに加えて，ラテライト造の長方形の建物が内周壁に沿って建てられている。これらの建物の内側には2段のラテライト造の基壇と1段の砂岩造の基壇からなる計3段のピラミッド型基壇があり，1段目の基壇上にはレンガ造の小祠堂が配されている（図4-40）。最上段の基壇上にはレンガ造の5基の祠堂が乗っており，中央祠堂はさらに2段の砂岩造の基壇上に建てられている（図4-41）。

図4-40　プレ・ループの全景

図4-41　プレ・ループのレンガ造中央祠堂

プレ・ループの砂岩の帯磁率は場所によらずほぼ同じであり，$1.7\sim2.4\times10^{-3}$ SI単位の値を示している（第Ⅳa期）。プレ・ループの直前に建造された東メボンの砂岩の帯磁率とは異なっており，この間に石切り場が変化したことを示している（口絵17）。このことから東メボンの建造期間が9年以下であったことが逆算される。

プレ・ループのラテライトはピソライト質で質が良く，東メボンのものとはかなり異なっており，この間に砂岩と同様にラテライトの石切り場も変化したことを示している。

プレ・ループのレンガは淡黄褐色で，アンコール遺跡の中で最も厚く，平均7.5 cmの厚さを示し，特に，外周壁東ゴープラ近くのレンガ塔のレンガが最も

図 4-42　プレ・ループの東側レンガ造祠堂群

厚く，平均で 8 cm あり，10 cm に達するものも存在する（図 4-42）。アンコール時代では，プリア・コー以降，レンガの厚さは時代とともに厚くなる傾向が見られることから，東ゴープラ近くのレンガ塔がプレ・ループの他の場所のレンガ造の建物よりも後に建造されたことが推測される。最上段の 5 つの祠堂のレンガ表面にはスタッコが塗られていたと思われるが，東メボンとは異なり，レンガ表面には穴があけられていない。

プレ・ループの基壇最上部からの眺めは良く，風通しも良いので，休憩には最適である。また，日の出・日の入りを見る場所としても適した場所である。東北東の方向には小高い半円形を呈したボック山が見られる。その奥に見える平らな頂部をもつ山はクレン山であり，アンコール王朝発祥の地であり，アンコール遺跡で多用されている灰色〜黄褐色砂岩はその南東側裾野から採掘されたものである。

Column 13　排水口を飾る彫刻

　ピラミッド型の寺院は一つの聖なる山である。神々が居する山を流れ下る川が，その麓の大地に水を満たし，人々の営みを保護してくれる。寺院における雨水の流水路はそうした世界を表象するとても重要なものであるため，単純に建物から速やかな排水が望めれば良い，というだけに留まらない聖的な意味が込められている。プレ・ループ寺院では，ガーゴイル（排出口）に獅子やガジャシンハと呼ばれる怪物の顔面が装飾されており，それらの生き物の口から雨水が吐き出されるような仕組みになっている。プレ・ループ以外の寺院では，マカラやカーラ，キンナラ，ガネーシャといった幻想の怪物や，象，馬，ワニなどの動物が排水口に彫刻されている。ぜひ注意して探してみたい。

11. バンテアイ・スレイ（967年）

　ラージェンドラヴァルマン（944-968）の時代にヤジュナヴァラーハが建設
　ジャヤヴァルマン5世（968-c1000）（継続）

　バンテアイ・スレイは，シェム・リアップの北北東約30 km のところにあり，車で1時間弱の道程である。プレ・ループと東メボンとの間にある道を東側に進み，プラダック村を過ぎたところで北へ曲がり，道なりにそのまま進めばバンテアイ・スレイに辿り着くことができる。プラダック村を過ぎ，北へ向うとすぐ右手に小高い山が見えるが，これはボック山である。さらに道なりに北へ進んでいくと，再度ボック山と似た小高い山が前方右側に見えてくるが，これはデイ山であり，この山が見えてくるとバンテアイ・スレイはすぐ近くである。バンテアイ・スレイの修復は，1930年代にフランスの極東学院によって行なわれている。

　バンテアイ・スレイは東向きの寺院であり，ラテライト造の東ゴープラから入ると灯篭のような石柱が両脇に並ぶ70 m 程のラテライトの参道が続いている（図4-43）。参道の北側には1棟，南側には3棟のラテライト造の長方形の建物が

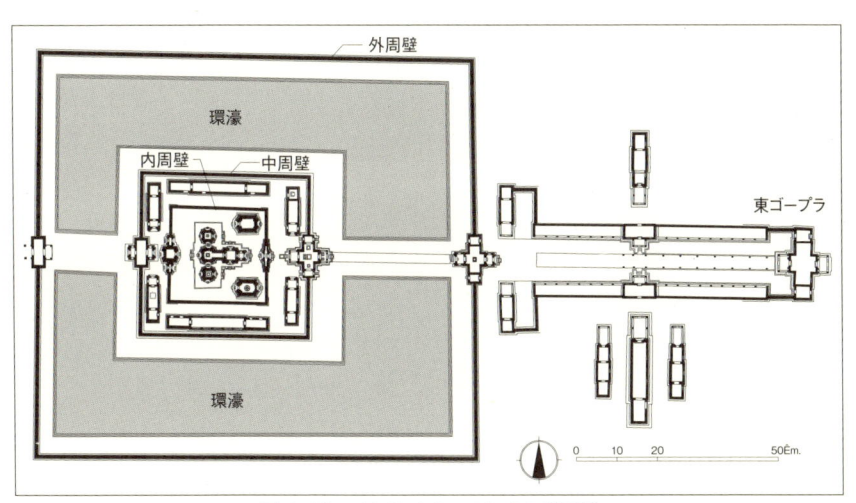

図4-43　バンテアイ・スレイの平面図

アンコール遺跡各論　　121

図4-44 バンテアイ・スレイの中央部遠景

図4-45 バンテアイ・スレイの内周壁東ゴープラ

図4-46 バンテアイ・スレイ中央部の祠堂群

建てられている。参道奥には東西にゴープラをもつラテライト造の外周壁，中周壁およびレンガ造の内周壁があり，外周壁と中周壁の間には環濠が存在する。外周壁と中周壁の東西ゴープラはラテライトおよび砂岩造である（図4-44）。内周壁の東ゴープラは砂岩造であるが（図4-45），西ゴープラはレンガ造である。外周壁西ゴープラおよび内周壁はほとんど崩壊している。中周壁と内周壁との間には，6棟のラテライト造の長方形の建物が1周するように取り囲んでいる。内周壁内には，前室を伴う中央祠堂とその南北に1基ずつ計3基の祠堂を乗せたT字型の基壇と南北経蔵が存在する（図4-46）。全体的に建物は他のアンコール遺跡の建物と比べて小さく，内周壁内の建物では使用されている石材も一回り小さくなっている。これらいずれの建物も基本的に砂岩造であるが，経蔵の一部にはラテライト（壁面）とレンガ（屋根）が，前室の屋根にはレンガが使用されている（図4-47）。

バンテアイ・スレイで使用されている砂岩は，他のアンコール遺跡で使用されている灰色〜黄褐色砂岩とは異なり，石英質の赤色砂岩であり，黄褐色

を呈するものも存在している。層理や葉理に沿って小さな円礫が入っていることがある。ただし、内周壁の外側にある建物の開口部および連子子の一部には灰色〜黄褐色砂岩が使用されており、その平均帯磁率は 1.21×10^{-3} SI 単位となっている。

図 4-47 バンテアイ・スレイの北経蔵

　赤色砂岩は、バンテアイ・スレイの東に存在するクレン山を構成する砂岩の一つであり、ここから採掘されたと考えられる。このような赤色砂岩が全面的に使用されている遺跡は、アンコール遺跡ではこのバンテアイ・スレイのみであるが、タイ東北部のサコン・ナコンにあるプラサート・ナライ・ジェン・ウェンでは、バンテアイ・スレイと大変良く似た赤色砂岩が使用されている。同じくタイ東北部のピマイにも赤色砂岩が使用されているが、これは石英質砂岩ではなく極細粒の石質砂岩（石質アレナイト）であり、バンテアイ・スレイやプラサート・ナライ・ジェン・ウェンの砂岩とは全く異なったものである。局所的な使用であれば、赤色の石英質砂岩は南北クレアンの一部やバイヨン期末期以降の遺跡にごく僅かに見られる。たとえば、ライ王のテラス（黄褐色の石英質砂岩も存在）、プリア・パリライ、プリア・ピトゥなどにごく少量の石英質赤色砂岩が灰色〜黄褐色砂岩中に混入しており、これはバイヨン期末期以降の建造物の特徴となっている。石切り場が同じであるとは信じがたいが、アンコール遺跡から直線距離で北西におよそ 110 km 離れたところにあるバイヨン期後期の建造であるバンテアイ・チュマールの外回廊などでも石英質赤色砂岩が若干混在しており、この偶然には驚かされ、むしろ、偶然であることを疑いたくなってしまう。

　赤色砂岩は、主として径 0.1〜0.2 mm 程度の石英粒子から構成され、それ以外の不純物は少なく、その色は砂岩中に少量含有されている赤鉄鉱に起因する。バンテアイ・スレイの赤色砂岩に施こされたレリーフは極めて精緻で、ほとんど劣化が認められないが、このことには石質が関係している（図 4-48；コラム 14，p. 124)。赤色砂岩には灰色〜黄褐色砂岩に多く含まれる雲母類が含まれておらず、

アンコール遺跡各論　　123

図 4-48 （口絵ⅲ）バンテアイ・スレイの破風

それゆえ，層理面に沿って割れることがない。また，雲母類に加え長石類もほとんど含まれないことから変質を受けにくく，このことから保存状態が良くなっていると考えられる。

ラテライトは比較的質が良く，やや多孔質からピソライト質である。砂岩材およびラテライト材ともに断面は正方形を呈している。赤色砂岩では層理はあまり顕著でないが，ラテライトと同様に基本的に層理面方向を意識することなく積まれている。

レンガは淡黄褐色を呈し，その厚さは 62 mm 程度となっている。

Column 14　二つの美しき寺院

　アンコール遺跡には 2 つのバンテアイ・スレイ寺院がある。一つはアンコールの北北東に位置する有名な方のバンテアイ・スレイ寺院。もう一つはシェム・リアップから国道 6 号線を東に向かい約 30 分，ダム・ダエック町の市場の北側にある寺院である。有名な方のバンテアイ・スレイは，1914 年にフランス人測量士が密林の中で発見し，その後，アンドレ・マルローが「東洋のモナリザ」と呼ばれるほどの美しきデヴァタ彫刻を盗掘したことで世に一躍有名となるが，それ以前にもう一方のバンテアイ・スレイ寺院は既に遺跡目録に記録されている。アンコールの寺院の呼称は，発見された当時に近隣の住人が呼んでいた名前に由来する場合が多く，往時の寺院名を示しているわけではない。バンテアイ・スレイは「女の砦」の意味で，双方の寺院に関係はないはずだが，いずれも極めて彫刻が美しいために，麗しき女性の寺院という意味でこの名前で呼ばれたのではないだろうか。王都の中心からどちらも少し離れた土地にあって，選りすぐりの彫刻家の一群が引き抜かれて寺院の彫刻にあたったのかもしれない。

12. タ・ケオ (975 年頃工事開始)

ジャヤヴァルマン 5 世 (968-c1000)

ジャヤヴィラヴァルマン (1002-1010)

　タ・ケオは，階段ピラミッド型の寺院であり（図4-49；図4-50），今では完全に干上がっている東バライ西端の中央近くに位置している。多くの人は道沿いのみやげ物屋が並んだ側からタ・ケオの登頂を目指すが，そこは南側である。東側の階段の方が幅が広くなっており，南側から上るより安全である。砂岩造の周壁をもつ第1基壇とその上の砂岩造の回廊をもつ第2基壇はラテライト造である。第1基壇上の東側には南北に細長い砂岩造の建物が，第2基壇上の東側には南北にそれぞれ砂岩造の経蔵（図4-51）と細長い建物が存在する。第2基壇上の回廊の

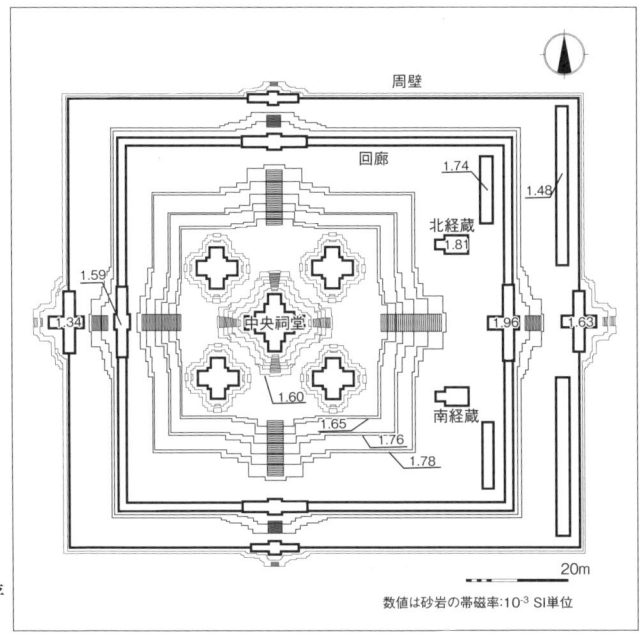

図 4-49　タ・ケオの平面図

数値は砂岩の帯磁率:10^{-3} SI単位

図 4-50　タ・ケオの全景

図 4-51　タ・ケオの北経蔵

屋根部は完全に崩落している。ゴープラの両脇では屋根がレンガで覆われていた痕跡が見られるが，その他の場所はおそらく木材や瓦で覆われていたと推測される。第2基壇上の中央には階段ピラミッド状の3段の砂岩造基壇が存在する。東西南北の階段脇には人工的にあけられた横長の穴が多く見られるが，これは石材同士を繋ぐために使用されていた鉄製の千切りを盗掘するためにあけられたものであり（図2-32, p.39)，バコンにも同様の穴が見られる。最上段基壇上には砂岩造の5つの祠堂が存在し，中央祠堂の基壇は1段高くなっている。

　タ・ケオはアンコール遺跡の石材を知る上で大変に重要な場所である。基壇最上部にある5つの祠堂本体には，他のアンコール遺跡では使用されていない緑がかった硬質な砂岩が使われている。これは硬砂岩であり，化学組成・構成鉱物に関しては灰色〜黄褐色砂岩と似ているが，硬いことや構成粒子の大きさ・形が不揃いで角張っている点で異なっている。これらの祠堂は未完成であり，彫刻は施されていない。また，硬いことが仇となり，中央祠堂では応力集中による石材の割れが顕著になっており，内壁ではほとんどの砂岩材の表面が割れて，全体的に丸味を帯びている（図2-6, p.19)。この硬砂岩を使用した祠堂の外側表面には，他の遺跡ではあまり見られない黄色を呈した藻類の付着が見られる。これらの祠堂の基壇部分やそれ以外の場所で用いられている砂岩は灰色〜黄褐色砂岩である。この灰色〜黄褐色砂岩の帯磁率は 1.3〜2.0×10^{-3} SI 単位の範囲にあり（第Ⅳa期)，場所による違いは認められない（口絵17)。

タ・ケオで使用されているラテライトはアンコール遺跡の中では最も質が良く，ピソライトと呼ばれる径5～10mm程度の鉄やアルミニウムに富んだ球粒から構成され，均質で，見た目に大変に美しいラテライトである（口絵7/図2-10, p.22；図4-52）。砂岩もラテライトもいずれも正方形の断面を示している。

図4-52 タ・ケオのラテライト造基壇

　もうひとつ，このタ・ケオで見てもらいたいのは，基壇を構成する砂岩材の劣化現象である。基壇ではすべてではないが，水平モールディングが施されており，この装飾部の出っ張った部分の剥落現象が顕著に見られる。これは方解石の析出による劣化現象である（図3-12）。基壇上部から基壇内部に浸み込んだ雨水の一部が基壇側面の砂岩表面から蒸発し，その中に溶け込んでいた砂岩由来のカルシウム分が水の蒸発に伴い方解石（炭酸カルシウム）として析出し，その結晶圧によって石材表面が膨張・剥落する現象である。剥落しそうになっている水平モールディングの側面を観察すると，白い方解石が石材表面のやや内側に濃集し，その析出に伴う結晶圧によって石材表面に向かって放射状に亀裂が生じている様子を見ることができる。特に，タ・ケオでは基壇の上部が張り出しているため，基壇側面に雨水がかかりにくくなっており，それゆえ，塩類（方解石）が雨水によって流されることなく蓄積し，この様な典型的な剥離現象を生じるに至ったと考えられる。

13. ピメアナカスおよび王宮

スールヤヴァルマン1世（1002-1049）
ジャヤヴァルマン8世（1270-1295：改築）

　象のテラスの裏側に広がる部分が王宮と呼ばれている地域であり，東に1箇所，南北にそれぞれ2箇所の砂岩造のゴープラをもつ東西600m，南北260mの大き

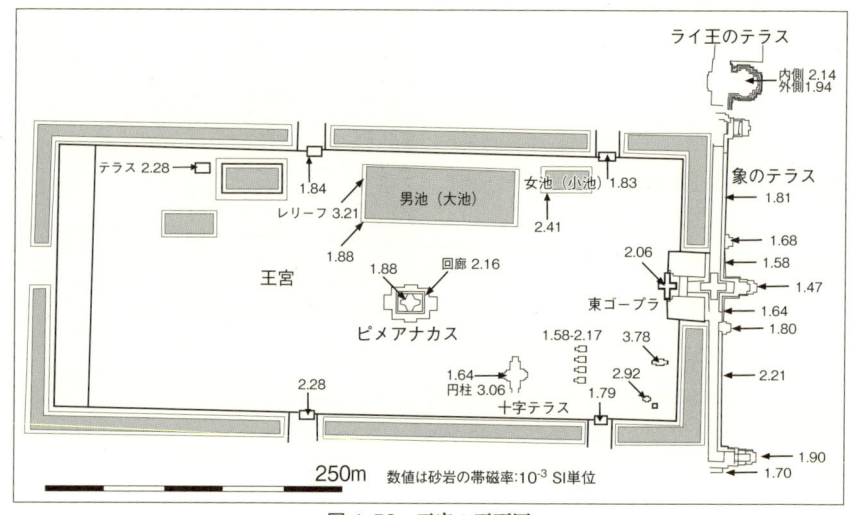

図 4-53　王宮の平面図

図 4-54　王宮の東ゴープラ

さのラテライト造周壁によって囲まれている（図 4-53；図 4-54）。中央にはピメアナカスと呼ばれる建物が存在する（図 4-55）。ピメアナカスでは 3 段のラテライト造基壇の上に砂岩造の回廊が巡らされ，その中心にラテライトと砂岩からなる背の高い基壇があり，頂部に砂岩造の祠堂が配されている（図 4-56；コラム 15, p.130）。階段は東西南北についているが，2010 年現在，西側に木製の階段が取り付けられているので西側から上るのが安全である。

ピメアナカスの北側には大小 4 つの池があり，南東側には幾つかの石造やレンガ造の建物が存在する。ピメアナカスと周壁ゴープラの砂岩は，質，形，帯磁率（$1.8 \sim 2.3 \times 10^{-3}$ SI 単位，第Ⅳa 期）ともに類似しており，同時期の建造であることを示している（口絵 17）。

王宮内では後の時代に盛土が行なわれており，ピメアナカスなどの古い建物は盛土前の低い位置に，新しい建物は盛土上の高い位置に存在している。低い位置

に存在していることと砂岩の帯磁率から判断して，北東側（女池，1.8×10^{-3} SI 単位）および北側（男池，2.4×10^{-3} SI 単位）の池は創建当時のものと思われるが，男池の南側および西側の護岸のレリーフは，その石材の質や帯磁率（3.2×10^{-3} SI 単位）から判断してバイヨン期末期以降（第Ⅷa-b 期）に増設されたものであると推測される（図4-57）。男池の西側にはラテライト造の池が，さらにその西側のやや高いところにはレリーフの施されたバイヨン期末期以降の建造と推定されるテラスがある。東ゴープラの南側には砂岩造の建物が盛土前の低い位置に存在するが，砂岩の特徴，すなわち，断面の形（正方形に近い長方形），整層積み，高い加工精度，高い帯磁率（3.8×10^{-3} SI 単位）から判断してアンコール・ワット期（第Ⅳb 期～第Ⅴ期）の建造と推定される。その西側にも基壇がラテライトおよび砂岩からなり，レンガ造の上部構造をもつ4棟の建物が並んでいる。これらの建物は，盛土前の低い位置にあることとレンガが使用されていることから，ピメアナカスとほぼ同時代の建物であると推測される。さらにその西側には盛土上に円柱の飾りをもつ砂岩造の十字テラスが存在している。このテラスには赤色および黄褐色を呈する石英質砂

図4-55　ピメアナカス全景

図4-56　ピメアナカスの中央祠堂

図4-57　レリーフの彫られた男池護岸（王宮内）

岩が若干混入していることからバイヨン期末期以降（第Ⅷa-b期）の建造であると推測される。

> **Column 15　基本構造の遵守と自由な空間構成への志向 ──**
>
> 　ピメアナカス寺院の高い基壇上の回廊には，石材二層の迫り出し式の屋根が架かっている。アンコール遺跡に特徴的な迫り出し式の石積みの中でも最も単純な構造だろう。アンコールの建築家は終始この石積み工法を遵守して，異なる屋根の構造を発明したり，真正アーチ構造を取り入れることがなかったために，大きな屋根の架かった広い室内空間を獲得しえなかった。しかしながら，この制限された構造をもって，より連続的な空間を造ろうと試みている。たとえば，アンコール・ワットの十字回廊やバイヨン期の各寺院に見られるダンシング・ホールのような細長い建物を組み合わせた空間や，身廊と側廊の2つの屋根を並べることによって室内を広げる工夫などがある。こうした単純な構造による，単純な建物のパターンを組み合わせて，多様な寺院施設を創り出したのが，アンコール遺跡の一つの特徴といえるだろう。
>
> 　アンコール遺跡はカンボジア国内だけでも数千にのぼるが，管見の及ぶ限り，バイヨン期に建造された「施療院」や「宿駅」と呼ばれる施設を除けば，おそらく2つとして同じ平面計画の寺院は認められない。その多様性を知るほどに建築家の底知れない機知と表現意欲には感服せざるをえない。歴史は私たちよりも独創的である。

14. 北クレアンおよび南クレアン

北クレアン　ジャヤヴィラヴァルマン（1002-1010）
ジャヤヴァルマン 8 世（1270-1295）（中央塔増築）
南クレアン　スールヤヴァルマン 1 世（1002-1049）

　北クレアンおよび南クレアンはバイヨンの北側に広がる王宮前広場の東端で，南北に並んだラテライト造の 12 基の塔からなるプラサート・スープラの裏側に位置する南北に細長い西向きの建物である（図 4-58/口絵 24；図 4-59）。北クレアンはプラサート・スープラの N4 および N5 塔の東側に，南クレアンは S4 および S5 塔の東側に位置している（図 4-85）。南クレアン本体はすべて砂岩造であるが（図 4-60；図 4-61），北クレアンでは本体内壁にはラテライトが使用され，砂岩材との二重構造になっている。ただし，南クレアンでも東側周壁（ほぼ崩壊）や参道にはラテライトが使用されている。なお，屋根部は木造であったと考えられ，その痕跡として三角破風の内側に桁を支えるための穴である大入れが認められる。

　北クレアンは南クレアンより先に建造されたと考えられているが，建物の規模・形状はほぼ同じである（コラム 16，p.133）。南北クレアンとも砂岩の帯磁率

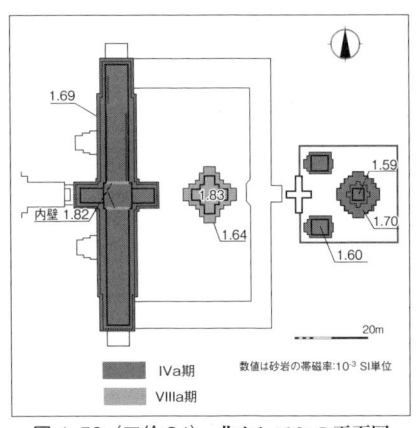

図 4-58（口絵 24）　北クレアンの平面図

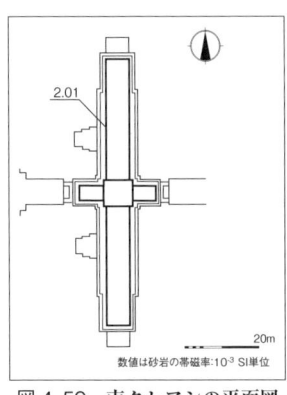

図 4-59　南クレアンの平面図

アンコール遺跡各論　**131**

図4-60　南クレアンの西面

図4-61　南クレアンの内部

図4-62　北クレアンの東面

は $1.7〜2.0×10^{-3}$ SI 単位の範囲にあり（第Ⅳa期），場所による違いは小さい（口絵17）。北クレアン本体の中央部には中央塔が増築されているが，その上部は崩壊している（図4-62）。南北クレアンを構成する砂岩材およびラテライト材の断面は正方形を呈しているが，北クレアンの中央塔部分では長方形の断面を示す砂岩材が使用されているとともに，質も悪く，転用材や石英質赤色砂岩が見られることから，バイヨン期末期以降の増築であると推定される（図4-63）。中央塔の下部には，南北両側に隔壁が設置されており，その開口部の楣材として木材が使用されている。この木材の放射性炭素年代測定は，この部分がバイヨン期末期以降の増築であることと矛盾しない結果を示している。

　北クレアン中央部の東側壁面には少量であるが，バンテアイ・スレイで使用されている赤色砂岩と同様の石英質赤色砂岩が見られる。南クレアンでも東側参道部の石柱として石英質赤色砂岩が使用されている。北クレアンでは東側にラテライト造の周壁があり，その中心に階段ピラミッド状の基壇をもつ小さな祠堂が建てられている。その石材は長方形で扁平な断面を示し，質も悪く，かつ，転用材が認められることからバ

イヨン期末期以降に増築されたものと思われる。周壁のさらに東側にも，階段ピラミッド状の基壇をもつ祠堂と南北経蔵および周壁からなる西向きの建造物が存在するが，石材は正方形の断面を示し，質が良いことおよびその帯磁率（$1.6\sim1.7\times10^{-3}$ SI 単位）に基づき北クレアンと同時期の建造物であると判断される。

図4-63　北クレアン中央塔内部に見られる転用材

Column 16　対称か非対称か

　王宮前広場の両翼を占めるように南北クレアンが配置されている。アンコール遺跡の各寺院は一見して主軸に対して線対称に造られているように見えるが，建物の各部をよく観察したり，測量してみると微妙に左右の長さや構成が異なるものが多い。南北クレアンは平面計画のみならず，壁体の構造や床面の石使いなども異なっている。これは２つの建物が異なる施工班によって造られているということだけでなく，もっと根本的な建物の使われ方の違いによるものと考えられる。たとえば，多くの寺院において，参道の両側，あるいは片側にのみ位置している「経蔵」と呼ばれる建物があるが，両側にある場合には，ほぼすべての寺院で左右の経蔵は異なる計画の下に造られている。参道の片方だけに配されている場合には寺院の中心に向かって左だけにある場合が多いが，両側に位置している場合でも，左側の建物の方が彫刻が丁寧であったり，窓がより大きく開いていたり，という共通性が認められ，明らかに左側の経蔵がより重要で，何らかの大事な儀式に使用されていたことが推察される。アンコール遺跡では，四方対称の小宇宙を現出させるために寺院全体をほぼ対称的に計画することが求められた一方，寺院の実際の使用方法に則った各部の施工の精度の差や細部の造作の違いも認められる。

15. バプーオン (1060年ごろ)

ウダヤディティヤヴァルマン2世 (1050-1066)

バイヨンから北に向かって200m程進んだ左手にバプーオンが位置している。道路沿いに東ゴープラがあり，そこから西に向かって空中参道が延び，中心部に繋がっている（図4-64〜図4-66）。空中参道の途中には十字型のゴープラがあり，これは初期の外周壁の東ゴープラであったとC.ジャックにより考えられている。中心部は階段ピラミッド状を呈しており（図4-67；図4-68），フランス極東学院による修復が1950年代から断続的に行なわれており，2010年現在，観光客は最下部基壇上までしか立ち入ることができない（コラム17，p.136）。

道路に面した東ゴープラは後の時代の増築物であるといわれているが，その砂岩の正方形の断面と帯磁率（2.1×10^{-3} SI単位）から中心部（$1.3 \sim 2.1 \times 10^{-3}$ SI単位）と同じバプーオン期（第IVa期）の建造であると考えられる（口絵17）。東ゴープ

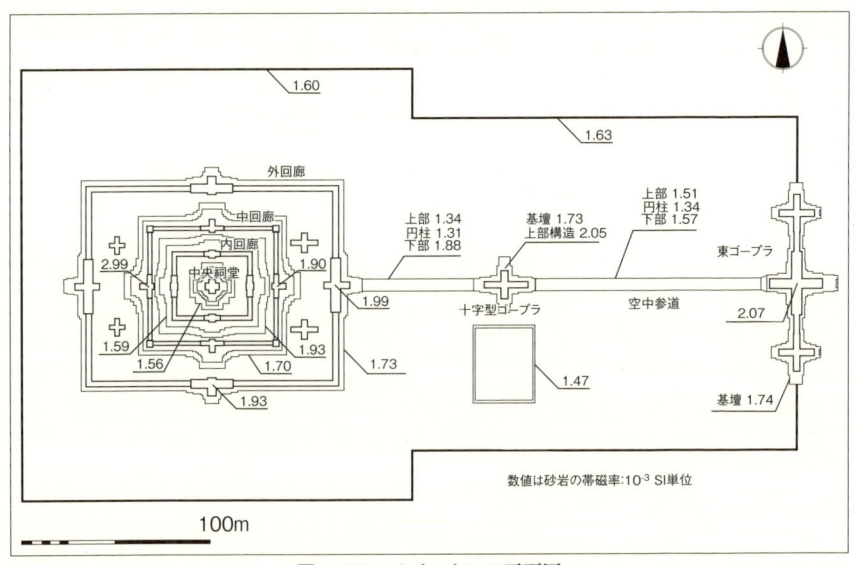

図4-64 バプーオンの平面図

図4-65　バプーオンの東ゴープラ 　　　　図4-66　バプーオンの空中参道

図4-67　バプーオン中心部の全景 　　　　図4-68　バプーオンの外回廊東ゴープラ

ラから中心部へ続く空中参道は，十字型ゴープラおよび東ゴープラの階段の上に乗った支柱が存在することから，十字型ゴープラおよび東ゴープラより後の建造であることは明らかであるが，砂岩の帯磁率（$1.3～1.9×10^{-3}$ SI 単位）はこの空中参道が同じバプーオン期の建造であることを示している。ピラミッド型基壇の石材はきれいに成形され，正方形の断面を示し，水平目地を揃えて整然と積まれている。このような特徴はバプーオン期までの建造物の石材の特徴であり，それ以降は石材の断面が長方形で，時代とともに扁平になり，バイヨ

図4-69　バプーオン西面に横たわる涅槃仏

ン期後期以降では形が不揃いになる。

　バプーオンの西側に回ると巨大な涅槃仏を見ることができる（図4-69）。これは16世紀に造られたものといわれており、他の場所の砂岩材とは明らかに異なり、色・形は変化に富み、積み方も雑になっており、転用材も認められる。

　なお、バプーオンの基壇でも、方解石の析出による砂岩材の表面剥離現象が顕著に見られる。

Column 17　フランス極東学院

　フランス保護国の中でも、アンコール遺跡はフランスにとって極めて重要な意義をもっていた。フランスの介入は、密林に埋もれていた過去の偉大なる文明の痕跡に再び光明をあてたということができる。事実、20世紀初頭よりアンコール遺跡はフランス政府の学術機関であるフランス極東学院によって、遺跡内の樹木の伐採、堆積土砂の除去、崩落石材の撤去、危険箇所へのサポートの設置などが進められた。1931年にバンテアイ・スレイ寺院において導入された「アナスティローシス」と呼ばれる、倒壊して周囲に散乱していた石材を利用して、再構築する修復手法がアンコール遺跡で一般化し、様々な寺院で本格的な修復工事が行なわれるようになった。工事は徐々に大規模化していったが、1950年代に入ると、バプーオン寺院全体を解体再構築するという大事業に着手する。この事業は、カンボジアの内乱によって中断するが、1990年代に入り再開され、現在でも工事は継続されている。

16. 西メボン

メボン　ウダヤディティヤヴァルマン2世（1050-1066）
バライ　スールヤヴァルマン1世（1002-1050）

　西メボンは東西8 km，南北2 kmの大きさをもつ西バライの中心に位置している。現在では，西バライの東側およそ3分の1が干上がっている。その全容はプノン・バケンの頂部から見渡すことができる。西メボンへは，西バライの南側護岸の中央付近にある船着場で船をチャーターし，10分ほどで西メボンのある島まで行くことができる。

　西メボンはほとんど崩壊し，周壁の東側部分の一部（ゴープラを含む）が残っているのみである（図4-70；図4-71）。周壁内の中央には西バライの水量を知

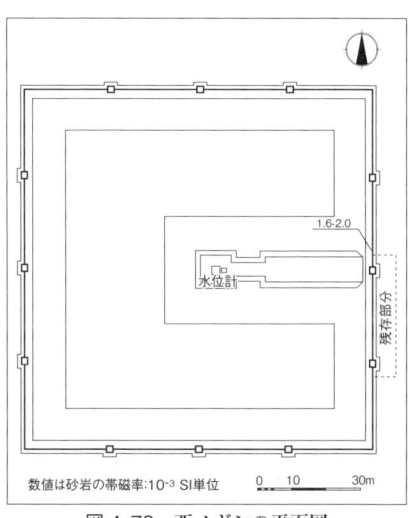

図4-70　西メボンの平面図

図4-71　西メボンの東側周壁

図4-72　西メボンに設置された水位計

アンコール遺跡各論　　137

るための水位計が設置されており，西バライとは地下で連結されている（図4-72；コラム18）。周壁およびゴープラは砂岩造であり，周壁では砂岩材は長手積みされている。砂岩材は正方形の断面を示し，その大きさは，幅・厚さ40〜45cm×長さ80〜90cmである。石材は層理面方向を意識することなく積まれ，その帯磁率は$1.6〜2.0×10^{-3}$ SI単位であり，バプーオン期（第IVa期）のものと一致している（口絵17）。

Column 18　宇宙が創造される小島

　ヒンドゥー教では，シヴァ，ヴィシュヌ，ブラフマーという三大神によって，宇宙は深遠なる時間のスケールで破壊—創造—維持とが繰り返されると考えられている。アンコール遺跡では，宇宙の創造と維持を象徴するモチーフとして，横たわるヴィシュヌ神のへそからブラフマー神が生み出される場面が好んで描かれている。西バライの中央に位置する小島上の西メボン寺院からは，この場面を立体的に表現した，青銅製の巨大なヴィシュヌ神が発見されている（図C18-1）。

　西メボンの中央には，地下のトンネルによって西バライと連結した水位計となる堅孔が設置されている（図C18-2）。この堅孔は，下から円形—八角形—四角形となって，リンガを上下反転させた形状をなしている。リンガの各断面形状は三神を代表しており，ヒンドゥー教の三神が一体化していることを表現したものだが，これら三神の間を行き来するように水位が年間変動し，それが永遠にも連続するような仕組みがここに造られた。青銅製のヴィシュヌ神像

図C18-1　西メボンで出土した青銅製のビシュヌ神
（プノン・ペン博物館所蔵）

のへそからは水が流れ出ていたとも中国史料には記されているが,この神像をあわせて設置することにより,まさにこの巨大な貯水池において宇宙の劈開(へきかい)する瞬間が毎年訪れ,永遠のアンコール王朝の繁栄が約束されたのである。

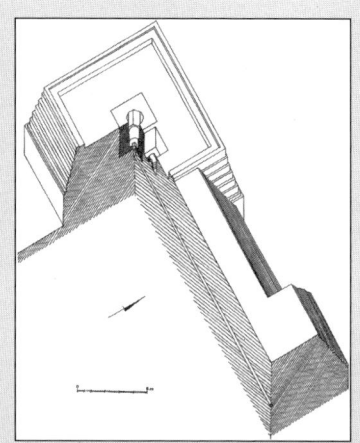

図 C18-2 西メボンの水位計と地下トンネル (Jessup and Zephir, 1997 より)

17. トマノン

スールヤヴァルマン2世（1113-c1150）

　トマノンは，アンコール・トムの勝利の門から東へ約400m進んだところにあり，道路の北側に位置する。トマノンの修復は1960年代にフランス極東学院によって行なわれている。単純な伽藍配置を示し，中央祠堂とその東側に隣接する前室，南経蔵および東西ゴープラをもつほとんど崩壊したラテライト造の周壁よりなり，東ゴープラの東側にはテラスが存在する（図4-73～図4-76）。東ゴープラと前室は同じレベルで繋がっているが，この部分は増築部である。

図4-73　トマノンの中央祠堂と前室

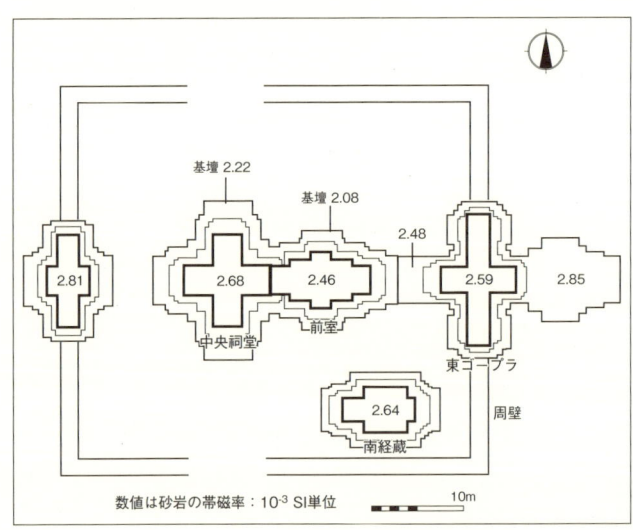

図4-74　トマノンの平面図

図 4-75　トマノンの西ゴープラ　　　　図 4-76　トマノンの南経蔵

　砂岩の帯磁率は時期とともに若干上昇する傾向が認められ，このことからアンコール・ワット建造より前の時期であるアンコール・ワット期前期（第Ⅳb期）に建造されたと推測される。中央祠堂（2.2×10^{-3} SI 単位）および前室の基壇部（2.1×10^{-3} SI 単位）の帯磁率は他の場所（$2.5 \sim 2.9 \times 10^{-3}$ SI 単位）と比べてやや小さくなっており，この部分から建造が開始されたと考えられる（口絵 17）。

18. チャウ・サイ・テヴォダ

スールヤヴァルマン 2 世（1113-c1150）

　チャウ・サイ・テヴォダはトマノンとは道路を挟んで反対の南側に位置している。中国隊による修復が行なわれ，2008 年に修復作業が完了している。中国隊による修復時に使用された砂岩の新材が，創建時の砂岩と比べて明るい灰色を呈しており印象的である。チャウ・サイ・テヴォダの建造時期はトマノンの建造時期とほぼ同じであると考えられているが，トマノンと比べて複雑な造りになっている（図 4-77）。

　東側には，灯籠のような形をした石柱が両側に並んだ参道があり，十字テラス，八角形および四角形の柱で支えられた空中参道（図 4-78），東西南北にゴープラをもつ周壁（下部のみ存在），そして，円柱で支えられた空中参道で繋がった前室および中央祠堂へと至る（図 4-79；コラム 19, p. 143）。中央祠堂の南東および北東には南経蔵および北経蔵が存在している。トマノンと比べて伽藍配置が複雑であるが，基本的には同じような造りになっている。

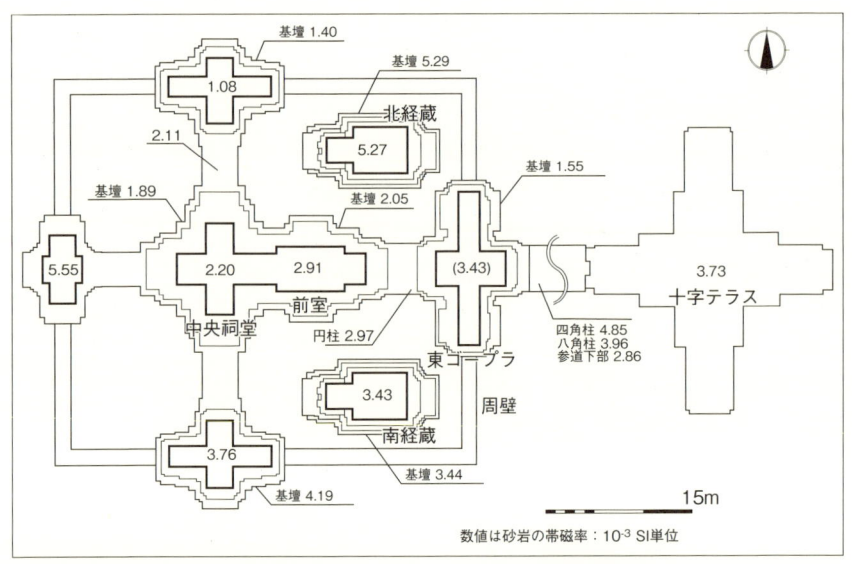

図 4-77　チャウ・サイ・テヴォダの平面図

図 4-78　チャウ・サイ・テヴォダの東ゴープラおよび空中参道

図 4-79　チャウ・サイ・テヴォダの前室および中央祠堂

　砂岩の帯磁率に基づくとトマノンよりも長い時間をかけて，すなわち，トマノンより早く建造が着手され，遅くに竣工したことが推測される。チャウ・サイ・テヴォダでもトマノンと同様に時期とともに砂岩の帯磁率が上昇する傾向が認められ（1.1〜5.6×10^{-3} SI 単位，第Ⅳb 期），中央祠堂，前室，北ゴープラ，および東ゴープラ基壇（1.1〜2.9×10^{-3} SI 単位）が最初に，次に，東ゴープラ上部構造，南ゴープラ，南経蔵，十字テラス，空中参道（3.4〜4.2×10^{-3} SI 単位）が，最後に北

経蔵と西ゴープラ（5.2〜5.6×10^{-3} SI単位）が建造されたことが推測される（口絵17）。空中参道と十字テラスはジャヤヴァルマン8世の時代の増築物であるという考えがあるが，砂岩の帯磁率（それぞれ3.9×10^{-3} SI単位，3.7×10^{-3} SI単位）からはこのことは否定され，他の箇所とほぼ同じ時期に建造されたことを示している。

Column 19　往時の宗教儀礼に思いを馳せて

　アンコール遺跡が公園化されたのは1920年代のことで，ジャングルに覆われていた寺院を連結するように大回りコースと小回りコースの2つの観光路が設けられた。

　これらの観光路は，かつての都市計画や道筋を再現したものではなく，当時すでに車で遺跡群内を巡ることができるようになっていた観光客が1日で無駄なく寺院を回って楽しめるように全く新しく敷設されたもので，各寺院には背面からアクセスしたり，側面からアクセスしたりと，本来の参詣路とは全く異なる順路を観光客に強いている場合も少なくない。

　チャウ・サイ・テヴォダ寺院もその一つで，本来は境内の東側を南流するシェム・リアップ川から延びる参道よりアクセスする寺院であった。アンコール遺跡の各寺院内でかつてどのような儀式が行なわれていたのか，といったことについてはほとんどわかっていないが，インドでは正面あるいは正門左の門から境内に入り，時計回りに右繞（うにょう）するプラダクシナという参拝方法が一般的であることから，これに類似した参拝儀礼がアンコールでも執り行なわれていた可能性が推察される。

　遺跡内を「観光」ではなく心静かに「参拝」して巡ってみると何か別の世界が見えてくるかもしれない。

19. ワット・アトヴィア

スールヤヴァルマン2世（1113-c1150）

　ワット・アトヴィアは，シェム・リアップの南に位置するクロム山へと続く道の途中にあるアンコール・ワット期の寺院である。この寺院は西向きであるとともに大きな石材が使用されている点でアンコール・ワットと類似している。

　西側から入ると砂岩造の十字型ゴープラ，砂岩造の西ゴープラと南・北・東に出入り口をもつラテライト造の周壁に至り，周壁内には，砂岩造の前室をもつ中央祠堂，その南西および北西には砂岩造の経蔵，南東および北東には砂岩およびラテライト造の経蔵が存在している（図4-80～図4-82）。

　砂岩材は，アンコール・ワットの中心部と同様に大きく，長方形の断面を示している。その大きさは，厚さ40～50 cm×幅50～70 cm程度である。砂岩の帯磁率は時期とともに大きくなる傾向が認められ（第Ⅳb期），帯磁率に基づくと，初

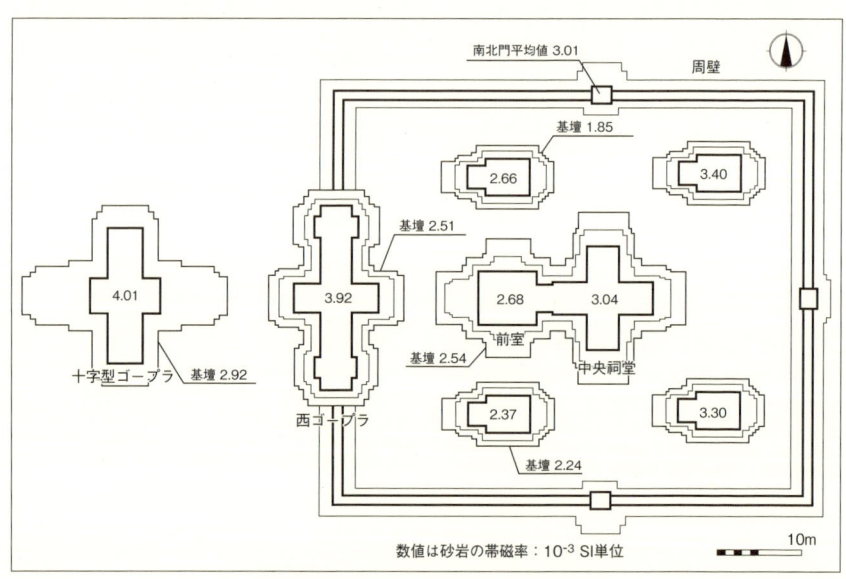

図4-80　ワット・アトヴィアの平面図

図 4-81 ワット・アトヴィアの中央祠堂

図 4-82 ワット・アトヴィアの北西側経蔵

めに中央祠堂，前室，南西経蔵，北西経蔵，十字型ゴープラ基壇および西ゴープラ基壇が建造され（$2.4 \sim 3.0 \times 10^{-3}$ SI 単位），次に，南東経蔵，北東経蔵，十字型ゴープラ上部構造および西ゴープラ上部構造が建造された（$3.3 \sim 4.0 \times 10^{-3}$ SI 単位）ことが推測される（口絵17）。十字型ゴープラおよび西ゴープラでは装飾が施されておらず，また，十字型ゴープラでは石材を単に積んだだけの状態であり，その壁面は整えられていない（コラム20, p.147）。また，何のためかわからないが，石材表面に瘤のような出っ張りがたくさん残されており，建築過程を考察する上で重要な建物である（図4-83）。

　ワット・アトヴィアの周壁のラテライトは多孔質であまり質が良くなく，幅・厚さ$40 \sim 50$ cm程度の大きさの正方形の断面を示している（図4-84）。しかしながら，その層理面方向は基本的に水平になっている。正方形の断面を示す石材は，バプーオン期以前の寺院では一般的であるが，この場合，層理面方向は意識されておらず，縦層理をもつ石材と横層理をもつ石材とが混在している（表2-1, p.42）。しかしながら，アンコール・ワット期の正方形の断面を示す石材は基本的に層理面が水平方向になるように積まれている点で，それ以前の石材とは異なっている。このことは，アンコール・ワット期以降，石材強度の異方性を意識するようになったことを示している。すなわち，層理が縦になった石材は，砂岩であ

アンコール遺跡各論　　145

図4-83 ワット・アトヴィアの西側十字型ゴープラ内壁に見られる石材表面の瘤

図4-84 ワット・アトヴィアのラテライト造周壁

れ，ラテライトであれ層理面に沿って割れやすく，層理を水平にして石材を積んだ方が強度・耐久性において有利であることが認識されたためである。

Column 20　建設方法を示す痕跡

　巨大な遺跡を目前にして一度は思うこと，それは，「この建物はどうやって造られたのだろうか？」という疑問。記録写真も映像も残っていないことなので，想像にゆだねるしかないが，想像をより具体化する痕跡が建物にはたくさん残されている。ここワット・アトヴィア寺院の十字型ゴープラは，建物が造りかけのままに放置されている。特に興味深いのは多くの石穴。よく見ると，とても規則的に穴が穿たれていることがわかる。階段状に積まれた各段では，上材の側面と下材の上面とに対応するように穴があいている。おそらく，これらの穴を利用して木の棒でテコの原理によって石材間を密接させるために位置合わせをしたのだろう。こうした穴はあとで石の表面を彫刻する際に削り取られてなくなってしまうが，未完成の建物では基準線となる線刻や積み上げの際に利用された石穴が残されることとなる。

　建物の彫刻の工程を体感することができる面白い建物をもう一つ紹介しよう。アンコール・ワットの長い参道の脇にある北経蔵は，主室の東西両脇に側室が配されているが，西側から東側の部屋へと3室を抜けるように観察すると，西室では石積みが終わったばかりの工程から，主室内では彫刻をする途中の状態，そして東室に至ると彫刻が完成した状態と，順に眺めることができる。実際のところ，石材を切り出し，運搬し，敷地の地業を行い，石積みし，彫刻する，という建設工事の各過程は，考えれば考えるほどに，想像に及ばない途方もない労力を要する作業の連続だったことだろう。

20. プラサート・スープラ

スールヤヴァルマン 2 世 （1113-c1150）

　王宮前広場の東側で，象のテラスの向かい側に位置しており，ラテライト造の 12 基の塔より構成される（コラム 21, p.151）。象のテラスから東側の勝利の門に向かって延びる道（勝利の道）を挟んで，南北にそれぞれ 6 基ずつ配置され，北側の 6 基は道路側から北に向かって順に N1 塔〜N6 塔と名付けられ，南側の 6 基は道路側から南側に向かって順に S1 塔〜S6 塔と名付けられている（図 4-85；図 4-86）。全体的に南北に並んでいるが，N1 塔と S1 塔は東側に後退しており，勝利の道の方向を向いている。その他の塔は西向きであり，王宮の方向を向いている。S6 塔では樹木が成長し，崩壊が著しくなっている。プラサート・スープラの各塔の完成度はまちまちで，石材が単に積まれたのみで，まだ壁面が整えられていないものも存在する。屋根部は木造であったと思われ，その痕跡が認められる。

　プラサート・スープラ塔の西側にはテラスが存在し，発掘調査から 4 期の建造過程が明らかにされている。現在ではその形はかなり崩れ，テラスの輪郭は不明瞭になっている。最終的なテラスの拡張は，石材の質などから判断してバイヨン期末期以降（第Ⅷa-b 期）と思われる。このテラスの設置・拡張に伴って各塔の前室部分の改築が行なわれており，使用されている砂岩材の質などからバイヨン期末期以降の改築であると推測される。

　N2 および N3 塔と S2 および S3 塔の東側にはそれぞれ池が存在するが，護岸に使用されているラテライトの質などから判断してこれらの池はプラサート・スープラに属するものではなく，池の北側および南側に存在する北クレアンおよび南クレアンの建造時に造られたものであると考えられる。これらの池の周辺にある塔（N2, N3, S1, S2, S3）は池側に向かって若干傾いている。N1 塔も以前はかなり傾いていたが，2005 年に日本国政府アンコール遺跡救済チームによる全解体・再構築工事が終了し，今では傾くことなく直立している（図 4-87）。N3 塔はフランス極東学院によって 1955 年に解体・修復工事が行なわれているが，すで

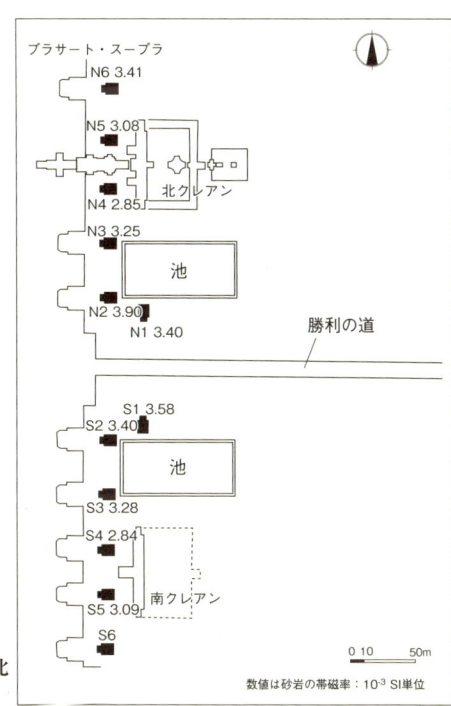

図 4-85 プラサート・スープラおよび南北クレアンの平面図

に池側に若干傾いているように思われる。

　プラサート・スープラの建造年代に関しては，従来バイヨン期後期以降（第Ⅶ期）であると考えられてきたが，岩石学的な研究からアンコール・ワット期の建造であることが明らかになった。使用されているラテライト材の断面は正方形で，水平目地が揃うように積まれている特徴は，バプーオン期以前の建造物，あるいは，一部のアンコール・ワット期の建造物に見られる特徴である。しかしながら，石材の層理面方向が基本的に水平になるように設置されていることと，前室開口部を除いて開口部や装飾に使用されている砂岩材は質が良

図 4-86　プラサート・スープラの北側の塔
　　　　（手前から N3, N4, N5 塔）

アンコール遺跡各論　　149

図 4-87　日本国政府アンコール遺跡救済チームによって完全解体・修復が行なわれたプラサート・スープラ N1 塔

く，その帯磁率はアンコール・ワット期主要期（第Ⅴ期）のものと一致している（2.8〜3.9×10^{-3} SI 単位）ことから，プラサート・スープラはアンコール・ワット期に建造されたものであると判断される（口絵17）。

塔の内壁には土のようなスタッコが塗られ，いくつかの塔で部分的に残存している。N2塔では極めて僅かであるが，スタッコ中に木炭の破片が入っている。また，N1塔全解体時，ラテライト材の水平目地に意図的に敷かれたと思われる土の中からも木炭の破片が見つかっている。これらの木炭片を放射性炭素年代測定に供したところ，アンコール・ワット期の年代が得られた。これらのことからプラサート・スープラは，従来の見解とは異なり，アンコール・ワット期の建造であると結論付けられる。

Column 21　中国史料にみるアンコール遺跡

　エジプトや中国などの悠久の歴史と比べれば，アンコールの歴史はごく最近のこととなる。しかしながら，この文明を今に伝える文字史料はほとんど残されていない。石造の寺院の中に刻まれている約1,400を数える碑文は，〈勝てば官軍〉の王の歴史や，寺院の奉献記録が記されているものの，往時の風俗や社会についてはほとんど知ることができない。そんな中で貴重な記録となっているのが中国史料である。中でも1295年に中国を出国し，翌96年から97年にかけてカンボジアの首都ヤショダラプラに滞在した使節団の一員であった周達観による『真臘風土記』は，当時のアンコールを伝える貴重な史料となっている。当時の中国は，元の隆盛期でアジアに大版図を広げていた時代である。日本も鎌倉幕府が鎮西探題をおき，元寇に備えていた時のこと。アンコール王朝は幸いにも元の侵略の被害を受けずいまだ栄華を維持していた。

　この史料の中で，プラサート・スープラについては「争訟」の章に記されているが，ここでは興味深い当時の試罪法が示されている。12基並ぶ各祠堂の中に，疑わしき複数の罪人を閉じこめ，12日あるいは34日間，塔内に閉じ込める。その内，閉じ込められた人物の中で発病したものが罪人であると判罪されたという。天に裁きがゆだねられていたのだ。

　真臘風土記にはその他にもいくつかの寺院について記されているが，バイヨンとピメアナカスは「金塔」，バプーオンは「銅塔」，そしてアンコール・ワットは「魯般の墓」と呼ばれている。

21. アンコール・ワット

スールヤヴァルマン2世（1113-c1150）

ジャヤヴァルマン8世（1270-1295）（一部改築）

　アンコール・ワットは東西1.5 km，南北1.3 kmの美しい環濠に囲まれたアンコール時代における最高傑作寺院である（図4-88）。アンコール・ワットは，他の多くのアンコール遺跡の寺院とは異なり西向きに建てられている。一般的には道路に面した西側の参道から入ることになるが，午前中は太陽が東側にあり，逆光になることから，午前中の訪問を避ける方が得策である。ただ，アンコール・ワットからの日の出を拝むため，朝6時ごろに訪れる観光客も決して少なくない。

　西側の環濠を横切る参道は，南側半分は平らであるが，北側半分の西側はでこぼこになっている（図4-89）。参道の南側半分はフランス極東学院によって1960年代に修復されているが，北側半分は上智大学アンコール遺跡国際調査団によって修復されている最中である。創建当初の環濠は砂岩によって護岸されていたが，雨水による護岸内側の土砂の流出によりそのほとんどは崩壊し，環濠の岸辺には

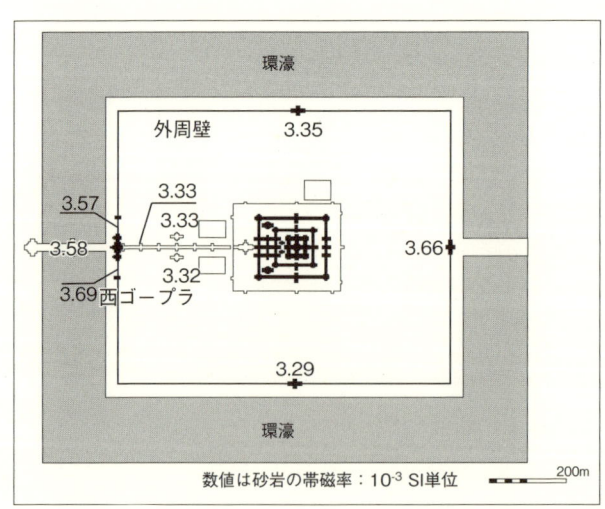

図4-88　アンコール・ワットの平面図（全域）

崩れたたくさんの砂岩材が転がっている。外周壁西ゴープラ近くの環濠の護岸も 1997 年に一晩にして崩壊し（図 3-3），このことは日本の新聞でも報道されたが，今では完全に修復されている。

参道を渡ると南北に細長い外周壁西ゴープラがあり，西ゴープラを通り抜けると遠くに雄大なアンコール・ワットの中央部が見えてくる（図 4-90）。中央部へ続く参道途中の南北には経蔵が配されている。北経蔵は日本国政府アンコール遺跡救済チームによって既に修復済みである（図 4-91）。所々に白っぽい石材が見られるが，これは修復に用いられた新材である。時とともに石材表面に藻類などが付着し，他の石材と同化していくことであろう。この新材は，アンコール遺跡で多用されている灰色〜黄褐色砂岩と同じ砂岩であり，アンコール遺跡の砂岩材と同様にクレン山の麓から採掘されたものである。アンコール・ワットの砂岩材は，大きくて質が良く，その規模にもかかわらず場所による違いがほとんど見られない。クレン山の南東麓にアンコール時代の砂岩材の石切り場が多数存在しているが，一体どこにアンコール・

図 4-89　アンコール・ワットの外周壁西ゴープラおよび参道

図 4-90　アンコール・ワット中央部の遠景

図 4-91　アンコール・ワット外周壁内の北経蔵。日本国政府アンコール遺跡修復チームにより修復済み

アンコール遺跡各論　　153

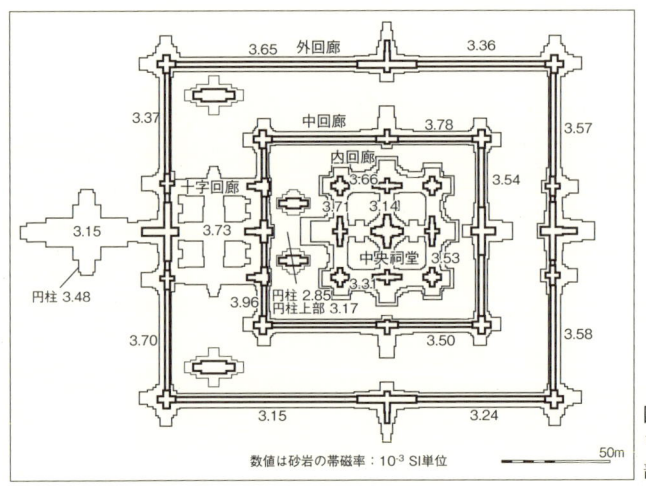

図 4-92 アンコール・ワットの平面図（中央部）

図 4-93 レリーフの彫られたアンコール・ワット外回廊

ワットの建造に使用された大規模な石切り場があったのかいまだに不明である。

砂岩材の大きさは，一般的に厚さ 40〜55 cm × 幅 50〜80 cm × 長さ 110〜230 cm 程度である。しかしながら，外回廊の基壇，外周壁西ゴープラの基壇と上部構造の一部および外周壁内北経蔵の基壇では 45〜50cm 角の大きさの正方形の断面を示す砂岩材が用いられており，これらの砂岩材の層理面は基本的に水平方向になっている。

アンコール・ワットの中央部は三重の回廊より構成されている（図 4-92〜図 4-94）。内側から内回廊，中回廊，外回廊と呼ばれている。それぞれ第一回廊，第二回廊，第三回廊と呼んでいる本もあり，また，本によって内回廊を第三回廊と呼んでいることもあり，混乱が見られるので，内回廊，中回廊，外回廊の呼び方の方が望ましい。

外回廊の壁面には精緻なレリーフが刻まれている（図 4-93）。レリーフの説明は他書に譲るとして，ここで見ていただきたいのは，回廊を構成する柱の根元で

ある。ほとんどの柱の根本部分が最大で 10 cm 程細くなっている。これは建造当初からの形ではなく，石材の劣化によるものである。その原因は遺跡に棲息するコウモリにある。臭いに敏感な人であれば外回廊の入り口（西ゴープラ）に入った瞬間に異臭を感じ取

図 4-94　アンコール・ワットの中回廊

るであろう。最近は，清掃が比較的行き届いているせいか，以前と比べて異臭は弱くなっているように思われる。このコウモリの排泄物に含まれるリン，イオウ，アンモニアが石材劣化の原因となっている。

　イオウやアンモニアは，バクテリアの作用によりそれぞれ硫酸と硝酸になり石材を劣化させる。また，石材との反応により生成された石こう，硝酸塩鉱物や排泄物中に含まれているリン酸成分が雨水に溶け出して岩石中を毛細管現象により上昇し，雨水が途中で石材表面から蒸発する時に鉱物粒子間に石こう，リン酸塩鉱物や硝酸塩鉱物が析出し，石材を表面から徐々に破壊していく。このような機構により柱下部の劣化が進行している。

　柱下部をよく見てみると，劣化のより進んだ面とそうでない面とが見られる。柱は他の場所と同様に雲母を多く含んだ砂岩で造られ，層理面が柱の面に平行になるように切り出されている。それゆえ，柱の面には層理面に平行な面とそれに直交した面とが存在する。砂岩中の雲母は層理面に平行に配列しており，その面に沿って剥がれやすくなっている。すなわち，層理面に平行な面では剥離が起きやすく，この面で劣化が進行し易くなっている。より劣化が進んでいる面をよく観察してみると，雲母が光を反射してきらきらと光っている様子が認められるはずである。柱の中には，層理面に沿って亀裂の入っているものが見られるが，これは上述したように，雲母が定向配列した層理面に沿って石材が割れ易いためである。コウモリの排泄物に起因する石材劣化は壁面の下部にも見られるが，劣化が見られるのは床から 50～60 cm 程度の高さまでであり，幸いにもレリーフの高さまでには達していない。

アンコール遺跡には未完成な部分が頻繁に見られる。これは王が亡くなるとそこで建造が中断されるためである。外回廊西面および南面のレリーフは建造当初のものであるが、北面および東面北側のレリーフは16世紀に彫られたものである。

　外回廊を1周し、西ゴープラに戻り、中心部に向かって階段を上ると、そこには柱が林立した十字回廊が広がっている。外回廊と同様に柱の下部はコウモリの排泄物による劣化によりやせ細り、外回廊よりも劣化が顕著になっている。この十字回廊の見所は、アンコール遺跡の他の場所ではあまり見られない顔料であろう。

　多くの柱や壁面には、赤、オレンジ、ピンク、黒などを呈した顔料が見られる（口絵12/図2-22, p.30；口絵13/図2-23, p.30）。保存状態は必ずしも良くなく、顔料がほとんど残っていない柱も存在するが、これだけ多量の顔料はアンコール・ワットの十字回廊以外では見ることができない。また、柱上部にある横架材の下面や天井部の小壁にも白や赤の顔料が一面に塗布されている。この赤は赤鉄鉱（Fe_2O_3）によるものであるが、不純物が多く検出されることから、質の良いラテライトを原料としているように思われる。色を鮮やかにするために一度焼いた可能性も考えられる。

　他方、柱のオレンジ色は鉛の酸化物である鉛丹（Pb_3O_4）によるものである。ピンク色の顔料は白色のシュウ酸カルシウム類（ウェデライト：$CaC_2O_4 \cdot 2H_2O$, ウェウェルライト：$CaC_2O_4 \cdot H_2O$）、塩化物系鉛化合物（塩化鉛：$PbCl_2$, 水酸化塩化鉛：$PbClOH$, 酸化塩化鉛：$Pb_2Cl(O, OH)_2$）、リン酸カルシウム類、石こう（$CaSO_4 \cdot 2H_2O$）などを塗ったものであり、下層にある赤やオレンジ色の顔料と相まってピンク色を呈して見える。実は、柱の顔料は複雑であり、多層構造を成している（口絵14/図2-24, p.31）。

　典型的な柱では、表面から第1層（白色，見かけはピンク色）：シュウ酸カルシウム類＋塩化物系鉛化合物＋リン酸カルシウム類＋石こう＋硫酸鉛（$PbSO_4$），第2層（赤色）：赤鉄鉱＋シュウ酸カルシウム類＋鉛白（$2PbCO_3 \cdot Pb(OH)_2$）＋塩化物系鉛化合物＋リン酸カルシウム類＋石こう＋炭酸カルシウム＋硫酸鉛，第3

層（白色）：塩化物系鉛化合物＋鉛白＋シュウ酸カルシウム類＋リン酸カルシウム＋炭酸カルシウム＋硫酸鉛，第4層（オレンジ色）：鉛丹＋塩化物系鉛化合物＋シュウ酸カルシウム類＋硫酸鉛，第5層（白色）：鉛白＋塩化物系鉛化合物＋シュウ酸カルシウム類＋炭酸カルシウム＋硫酸鉛，となっている。

また，北側の壁面上部では，表面から第1層（淡いオレンジ色）：リン酸カルシウム類＋シュウ酸カルシウム類＋赤鉄鉱＋石こう＋炭酸カルシウム，第2層（黒色）：二酸化鉛（PbO_2）＋リン酸カルシウム類＋石こう＋シュウ酸カルシウム類＋鉛白＋塩化物系鉛化合物，第3層（白色）：鉛白＋塩化物系鉛化合物＋リン酸カルシウム類＋シュウ酸カルシウム類＋石こう，第4層（オレンジ色）：鉛丹＋リン酸カルシウム類＋硫酸鉛＋石こう＋塩化物系鉛化合物＋シュウ酸カルシウム類＋炭酸カルシウム，第5層（白色）：シュウ酸カルシウム類＋石こう＋炭酸カルシウム＋リン酸カルシウム類＋鉛白，の順に塗られている。また，十字回廊の東側および北側のリンテルなどには金箔も見られる。

十字回廊からさらに階段を上ると中回廊に辿り着く。その内側には内回廊と中央祠堂を乗せた基壇がそびえている。アンコール・ワットでは他の遺跡と比べて大きな石材が使用されており，不揃いではあるが中庭の敷石を見ればその大きさが分かるであろう。また，中庭から中回廊の四隅にそびえる隅楼を見ると，その劣化の様子がわかる。全体的に褐色を呈しており，特に，北東隅楼の劣化が顕著になっている。隅楼上部の石材の傷みは激しく，全体的に丸みを帯びている（図3-8，p.62）。外壁に彫られた女神像のレリーフの傷みも激しく，中にはほぼすべて剥落してしまったところも存在する（図3-9，p.63）。

北東隅楼の北側外壁を見てみると，白い網目状の物質が石材表面を覆っている様子が見られる。これはリン酸塩鉱物であり，隅楼の上部から伝わってきた雨水に溶け込んでいたリン酸塩が壁面に沈着したものである。開口部の縦枠材も下部が大きく削り取られているとともに，内壁下部における剥離も顕著になっている。このような劣化は，遺跡に棲息するコウモリの排泄物の仕業である。昼間その姿を見るのは難しいが，隅楼の内部で手を強く叩くとその音でコウモリが目を覚まして羽ばたく様子を見ることができる。

図4-95　アンコール・ワットの中央祠堂

　内回廊と中央祠堂からなるアンコール・ワットの中心部は，高い基壇の上に構築されている。基壇の石材表面をよく見てみると，白い析出物を伴って剥離している様子が見られる。これは方解石（炭酸カルシウム）の析出による剥離現象である（P.64参照）。基壇内部に浸み込んだ雨水や，石材を伝わってきた雨水に砂岩中のカルシウム分が溶解し，基壇表面で蒸発する時に，その中に溶けていたカルシウム分が方解石として析出することにより，その結晶圧の働きで石材表面を剥離させる現象である。同じ灰色～黄褐色砂岩を使用した他のアンコール遺跡でもよく見られる現象であり，このような石材劣化は灰色～黄褐色砂岩を使用したアンコール遺跡の宿命といわざるをえない。

　アンコール・ワットの中心部へと続く階段は東西南北の各面に3箇所ずつあるが，東面北側の階段に木造の階段が取り付けられており，そこから中心部に上るようになっている。階段を上るとそこは天空の世界であり，そこからはアンコール・ワット周辺地域を一望することができる。内回廊の柱や壁の下部には他の場所と同様に，コウモリの排泄物による劣化が顕著に見られる。中央には中央祠堂がそびえ（図4-95），内回廊とは東西南北において繋がっているが，壁体が設置されているのは西側のみである。この壁体部分は後の時代（バイヨン期末期以降，第Ⅷa-b期）の増築物であり，石材の質・色・形・積み方や帯磁率（2.3×10^{-3} SI単位）が他の場所とは異なっている。また，断面が正方形ではなく，丸い形をした柱が幾つか見られるが，これは転用材である。

　階段を降りて，東側へと中回廊，外回廊を通り抜け，参道をさらに東側へと進んでいくと外周壁東ゴープラに突きあたる。そしてその外側は，環濠となっている。東ゴープラは外見的には完成しているように見えるが，室内に入ると柱などが荒削りのままで，未完成な状態となっている。外周壁のゴープラは北側と南側

にも存在するので，環濠を見ながら外周壁に沿って外側の小道を歩き西ゴープラに戻るのも1つの方法であろう。また，あらかじめ車を外周壁東ゴープラの東側に回しておくのも時間の節約には良い方法である。

　外周壁はラテライトからなり，大きな穴の目立つ多孔質なラテライトが使われている。ラテライトの断面は横長な長方形を示しているが，外周壁東ゴープラの北側20m程の区間で，通用口となっている部分の両側のラテライトは正方形の断面を示している。正方形の断面をもつラテライトは，長方形の断面をもつものよりも後のものであることがその積み方からわかる。アンコール・ワット期では砂岩材と同様にラテライト材も一般的に長方形の断面を示しているが，アンコール・ワット期の建造であるバンテアイ・サムレ，プラサート・スープラ，ワット・アトヴィアには正方形の断面をもち，層理面が水平になっているラテライト材が認められる。ただし，アンコール・ワット外周壁のこの部分では長方形の断面をもつラテライト材が混在しているとともに，縦層理を示すラテライト材も多く見られる。

　アンコール・ワットの砂岩は見た目にも，また，帯磁率的にも均質である。各箇所の砂岩の平均帯磁率は$3.1〜4.0×10^{-3}$ SI単位の範囲にあり（第V期），場所による違いは小さく，帯磁率を基に建築順序を推定することは不可能である（口絵17）。外回廊西側には円柱の付いた十字テラスがあり，これは後の時代の増築物であるとの説がある。確かに，十字テラスの砂岩材の断面は長方形を示し，正方形の断面を示す外回廊基壇とは異なっている。しかしながら，十字テラスの砂岩の帯磁率（$3.1×10^{-3}$ SI単位）は他の場所と同じ範囲にあり，アンコール・ワット期の増築物であることを示している。十字テラスの円柱の帯磁率も$3.5×10^{-3}$ SI単位であり，アンコール・ワット期のものであることを示している。

　また，中回廊の内側には，中回廊西ゴープラと内回廊基壇および南北経蔵を結ぶ円柱で支えられた十字型の空中参道が存在するが，円柱および参道の砂岩材の帯磁率はそれぞれ$2.9×10^{-3}$ SI単位と$3.2×10^{-3}$ SI単位であり，これらの値はアンコール・ワット期（第V期）の砂岩の帯磁率の範囲内にあり，この空中参道は同じアンコール・ワット期に建造されたものであることを示している。

22. バンテアイ・サムレ

スールヤヴァルマン 2 世（1113-c1150）
ヤショーヴァルマン 2 世（c1150-1165）
ジャヤヴァルマン 8 世（1270-1295）（改築）

　バンテアイ・サムレは，東バライの南東隅からおよそ 500m 東へ進んだところに位置する。プレ・ループと東メボンとの間にある道を東へ進み，プラダック村を通り過ぎ，さらに東へ 2 km 程進んで南に曲がるとバンテアイ・サムレの北面に突き当たる。東側から十字テラス，外回廊に付属したテラス，東西南北にゴープラを伴う外回廊および内回廊，そしてその内側に前室を伴う中央祠堂と南北経蔵が存在する（口絵 25/図 4-96；図 4-97；図 4-98；コラム 22, p.163）。テラス，ゴープラ，前室，中央祠堂および南北経蔵は砂岩造であり，外回廊と内回廊はラテラ

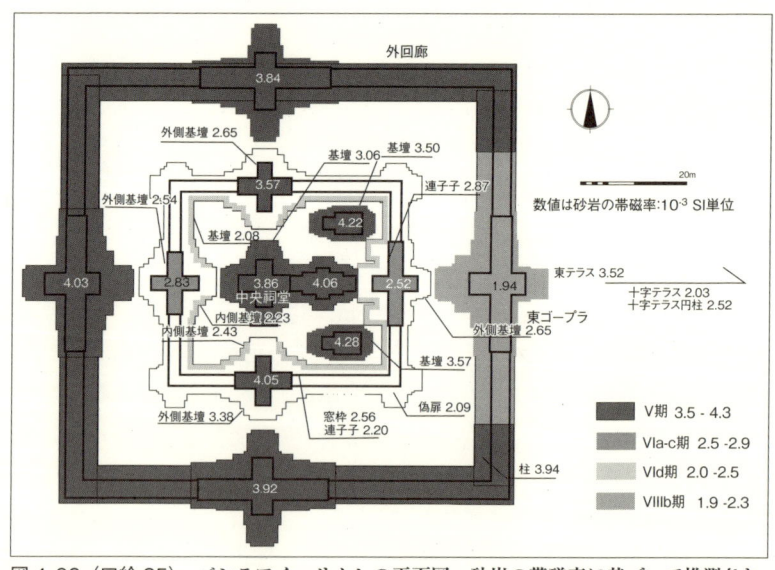

図 4-96（口絵 25）　バンテアイ・サムレの平面図。砂岩の帯磁率に基づいて推測された建造順序

イト造である。

　砂岩の帯磁率は時代とともに小さくなる傾向があり，帯磁率に基づくと中央祠堂，前室，南北経蔵，外回廊南北西ゴープラ，内回廊の南北ゴープラおよび外回廊に附属したテラスが最初に建造され（$3.5 \sim 4.3 \times 10^{-3}$ SI単位，第V期），次に内回廊の東西ゴープラ（$2.5 \sim 2.8 \times 10^{-3}$ SI単位，第Ⅵa-c期），そして，内回廊基壇部内側の増築部と十字テラス（$2.0 \sim 2.1 \times 10^{-3}$ SI単位，第Ⅵd期），最後に，外回廊東ゴープラ（1.9×10^{-3} SI単位，第Ⅷb期）とその周辺のラテライト造周壁の順に建造されたことが推測される（口絵17）。内回廊では，ゴープラと回廊部の接合面は壁となっており，ゴープラを通りぬけて回廊を周回することはできない。十字テラスの縁は円柱で装飾されているが，この円柱の帯磁率は 2.5×10^{-3} SI単位で，テラス本体とほぼ同じであり，円柱の取り付けは後の時代ではなく，テラス本体と同じ時期であることを示している。

図4-97　バンテアイ・サムレの内回廊東ゴープラ

図4-98　バンテアイ・サムレの前室および中央祠堂

　外回廊と内回廊に使用されているラテライトではその断面の形が異なっている。外回廊のラテライト（テラスを除く）および内回廊基壇のラテライトは正方形の断面を示しているのに対して，内回廊壁体のラテライトは長方形の断面を示している。同じ正方形の断面をもつ外回廊基壇および内回廊基壇のラテライトを見比べてみると，内回廊基壇の方が水平モールディングの仕上げにおいて劣っている。これらのことは内回廊が外回廊よりも遅い時期に建造されたことを示している。

　外回廊のラテライトおよび内回廊基壇のラテライトは正方形の断面を示しているが，層理面方向は意識されており，基本的に層理面が水平になるように積まれ

ている。アンコール遺跡の中でこのように断面が正方形であるにもかかわらず，層理面方向が意識され，層理面が水平になるように積まれているラテライト材は，この他にプラサート・スープラとワット・アトヴィア周壁に見られる。いずれもアンコール・ワット期の建造物である。

　外回廊の東ゴープラおよびその周辺では後の時代に改築ないし修復が行なわれている。外回廊東ゴープラは他のゴープラと比べて規模が小さく，貧弱であるとともに，使用されている砂岩材は小さく，形も不揃いで，乱積みとなっている。砂岩の帯磁率（1.9×10^{-3} SI 単位）も考慮に入れると，東ゴープラはポスト・バイヨン期（第Ⅷb期）の建造であると推測される。東ゴープラから南北それぞれおよそ 20 m の範囲にあるラテライトは，外回廊の他の部分のラテライトとは異なり，長方形の断面をもち，東ゴープラと同じ時期にこの部分も改築ないし修復されたことを示している。

Column 22　細部彫刻に隠された小さなメッセージ

　寺院の各所を飾る彫刻の中でも，寺院の宗教的な主題を示すのは扉の上部を飾るリンテルと破風飾りである。ここには，その祠堂の内部にどのような尊格が祀られているのかを示したり，寺院全体における一連の礼拝順路の中で，ヒンドゥー教の神話やラーマヤーナ等の各場面が順を追って描かれている。加えて，バンテアイ・サムレ寺院では扉の左右を飾る付柱の下部に小さいながらも様々な場面が描かれており，一つずつ見て回ると興味深い（図C22-1）。

　こうした物語調の彫刻場面とは別に彫刻は建物全体を覆い尽くすように施されている。それらは，塊としてある石造建築の各部がどのような部位に対応するのか分割するもので，ここは基壇，ここは窓枠，ここは柱ということを説明するものである。そうした基壇や壁面に繰り返し彫刻された装飾の中には，時に隠されたモチーフが見つかることがある。それは，おそらく寺院建立を任された建築家の大きな意志ではなく，炎天下での肉体労働を強いられた彫刻家の隠されたメッセージ，あるいは些細な遊び心を想起させる。そうした厳格さを欠くモチーフからは，職人が自由な気風の中で仕事をしていた建設現場の風景がうっすらと想像される。

図C22-1　バンテアイ・サムレ寺院の付柱彫刻

23. タ・プローム（1186年）

ジャヤヴァルマン7世（1182-c1218）
～ジャヤヴァルマン8世（1270-1295）

　タ・プロームは，バンテアイ・クデイのすぐ北西に隣接しており，タ・プロームの外周壁南東隅とバンテアイ・クデイの外周壁北西隅とは道路を挟んで10mしか離れていない。タ・プロームは東向きの寺院であるため，東ゴープラから中心部に向かって進んでいくのが正しい参拝の順路であるが，多くの観光客は主要道に面している西ゴープラから入場している。

　ここでは，東ゴープラから西ゴープラに向かって説明していくことにする。どちら側から入っても良いが，遺跡全体を効率良く見学できるよう車を反対側に回しておくことをお勧めする。タ・プロームでは自然の状態を保つよう意図されており，あまり修復の手がつけられておらず，巨木が遺跡をまさに飲み込もうとしている様子を窺うことができ，それを目的に多くの観光客が訪れる場所である。最近ではインド隊による修復作業が進められており，以前と比べると整備されてきているが，一部は迷路のようになっているため，地図を見ながら見学しないと自分がどこにいるのかわからなくなってしまう可能性があるので，注意する必要がある。

　タ・プロームはプリア・カーンやバンテアイ・クデイと同様に平面展開された大規模寺院であり，数度に渡る増改築が行なわれている（口絵26/図4-99；コラム23, p.167）。外側から外周壁，内周壁，外回廊，中回廊，内回廊が取り囲み，中央に中央祠堂が位置している。これらに加えて，外回廊と中回廊との間の北側と南側には副回廊が存在している。

　最も東には，ラテライト造の外周壁をもつ崩壊が進んだ砂岩造の東ゴープラがある。外周壁のラテライトは質が悪く，地盤の不同沈下により上下に波打ったり，崩壊しているところが見られる。外周壁東ゴープラから西に向って歩いていくと砂岩造のテラスを伴う内周壁東ゴープラに辿り着く。その手前100mの北側には砂岩造の建物であるダルマサラが，南側にはほとんど崩壊したラテライト造の

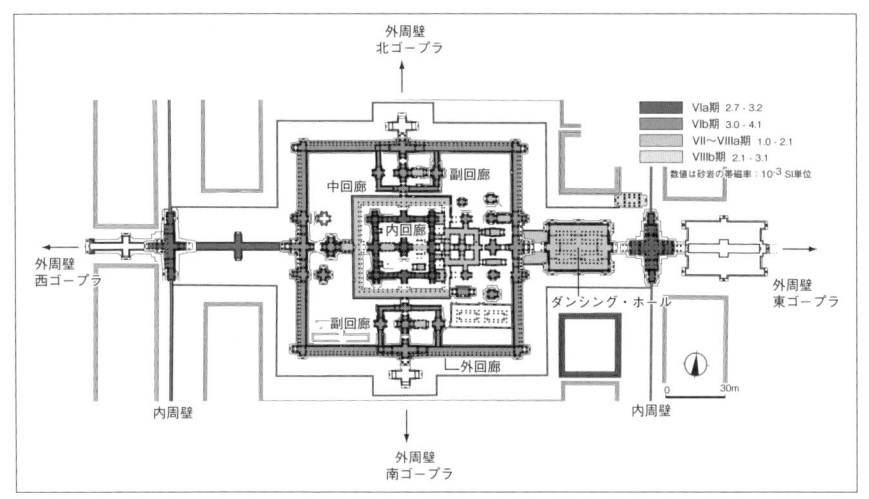

図 4-99（口絵 26）　タ・プローム内周壁内の平面図。砂岩の帯磁率に基づいて推測された建造順序

建物が存在する。

　ラテライト造の内周壁は，環濠を挟んで二重構造になっている。内周壁東ゴープラの内側には巨木が屋根の上に成長しており，記念撮影のスポットになっている。東ゴープラの内側直ぐのところにダンシング・ホールが存在するが，崩壊が進み危険であるため中に立ち入ることはできない。また，東ゴープラを入ってすぐ北側には砂岩造の

図 4-100　崩壊したタ・プロームの外回廊

切石積みの柱をもつ建物がある。ダンシング・ホールを通り過ぎると外回廊にたどり着く（図 4-100）。その内側には多くの小さな建物が見られる（図 4-101；図 4-102）。

　入って直ぐ北側の建物では，巨木が蛇のように根を石材の隙間にもぐり込ませており，多くの人が記念写真を撮っている。そこを少し北側に迂回して西側に進むと中回廊および内回廊への入り口がある。回廊内は少し複雑であり，迷子にならないよう地図で自分の位置を絶えず確認しておく必要がある。中回廊壁面はラ

アンコール遺跡各論　　165

図 4-101　タ・プローム外回廊内の建物

図 4-102　タ・プローム外回廊内の建物

テライト造であるが、柱は砂岩の切石積みとなっている。回廊内部は暗く、また、石材も散乱しているので歩行には十分注意する必要がある。ただ最近では、整備が進み木製の歩道が敷かれている。

中回廊から内回廊を通り過ぎると中央祠堂に辿り着く。内回廊および中央祠堂は砂岩造である。中央祠堂の外壁にはスタッコ跡が見られ、内壁には多くの丸い穴があけられている。これはブロンズ製の板を取り付けるための穴であるといわれている。内回廊、中回廊を西側へ抜け出すと、外回廊西ゴープラに到達する。途中、樹木が遺跡の上に成長している様子を何箇所かで見ることができる。砂岩およびラテライト造の内周壁西ゴープラを抜け、さらに西に進むと外周壁の四面塔をもつ西ゴープラに到達する。

砂岩の帯磁率に基づくと、タ・プロームは 4 期に分けて建造されたことが推測される。第 1 期（第VIa期）は中央祠堂、内回廊および内周壁であり（$2.7 \sim 3.2 \times 10^{-3}$ SI 単位）、第 2 期（第VIb期）は外回廊、副回廊、および外回廊と中回廊との間にある小さな建物群（$3.0 \sim 4.1 \times 10^{-3}$ SI 単位）、第 3 期（第VII期～第VIIIa期）は外周壁、中回廊およびダンシング・ホール（$1.0 \sim 2.1 \times 10^{-3}$ SI 単位）、第 4 期（第VIIIb期）は内周壁東ゴープラ近くの切石積みの柱をもつ建物（$2.1 \sim 3.1 \times 10^{-3}$ SI 単位）である（口絵 17）。外周壁のゴープラは第 3 期に対応する帯磁率を示しているが、東西ゴープラの方がより高い帯磁率を示し、南北ゴープラより後に建造されたことを示している。

バイヨン期前期（第VIa-d期）では、砂岩の帯磁率は全体的に時期とともに低

下しているが，バイヨン期後期（第Ⅶ期）からポスト・バイヨン期（第Ⅷb期）にかけては，逆に増加する傾向が見られ，帯磁率だけでバイヨン期前期と後期を区別することはできない。しかしながら，バイヨン期前期の砂岩材では，加工精度がよく，色の変化が小さいのに対して，バイヨン期後期の砂岩材は，形・大きさ・色の変化に富み，乱積みされている点において異なっており，両者を区別することが可能である。

Column 23　増改築を重ねた寺院の痕跡

　バイヨン期の大型寺院の多くは，複数回の増改築を経て今日の姿に至っているが，特殊な測定器がないとわからない石材の帯磁率を手掛かりにする他にも，おおよその増改築の経過については目視による観察から推し量ることができる。一つには，石積みの目地を観察する方法がある。バイヨン期の寺院は形状の不規則な石材をランダムに積み上げているが，時に石目地が縦にほぼ真っ直ぐ連続しており，新たな石積みが既存の平らな壁に押しつけられるように増築されているのが看取されることがある。また，もともとは独立柱によって屋根が支えられていた吹き放しのポーチであったところが，柱間(はしらま)を新たな石積みで塞がれて房室化するような改造は，あとから積まれた石材の中に長手の柱材が組み込まれていることから判断できる。

　こうした石積みの他にも，壁体を飾るデヴァタ像を眺めると，建造時期の違いによって，幾つかの種類に分類できることがある。たとえば，タ・プローム寺院の場合には，少しずつ異なる4種類のデヴァタ像が彫刻されている。また，通廊の屋根の上を飾っている頂華(ちょうげ)飾りも，バイヨン期の初めのころのものは砲弾型であるのに対して，増築箇所は座像を納めた壁龕(がん)(へき)が並んだ彫刻に変わっている等の指標がある。

24. プリア・カーン（1191年）

ジャヤヴァルマン7世（1182-c1218）
～ジャヤヴァルマン8世（1270-1295）

　プリア・カーンは東向きの寺院であるが，アンコール・トムの北門から道なりに北上したところに位置することから，多くの観光客はこの道に面した西側からプリア・カーンを見学することになる。車は反対側の東側にも行くことができるので，西側から入り，車を東側に待たせておくのも一つの手である。東向きの寺院であるため東側から見学するのが適切であるが，多くの人が西側から入場することからここでは西側から解説する。

　プリア・カーンはバイヨン期に建造され，外側から順に環濠，外周壁，内周壁，外回廊，内回廊が取り囲んでいる（図4-103/口絵27）。内周壁と外回廊との間には南・北・西側に副回廊が，東側にはダンシング・ホールが配されている。内回廊内には多くの小さな建物が存在するとともに，東側の内回廊と外回廊との間にも多くの小さな建物が存在している。ゴープラを除いた外周壁，内周壁および外回廊はラテライト造であり，それ以外は基本的に砂岩造である。プリア・カーンの東側には東西3.6 km，南北0.9 kmの大きさをもつジャヤタターカと呼ばれる貯水池があり，その中心にはニアック・ポアン（P.171参照）が位置している。

　砂岩の帯磁率からは4期の建造過程が推測される。第1期（第VIa期）は中央祠堂と内回廊（$2.5～3.3×10^{-3}$ SI単位），第2期（第VIb期）は内周壁（$1.5～2.5×10^{-3}$ SI単位），第3期（第VII期）は外周壁，および内周壁と外回廊との間にある3つの副回廊（$0.7～1.4×10^{-3}$ SI単位），そして第4期（第VIIIa-b期）は外回廊，ダンシング・ホールとその北側にある円形の柱をもつ2階建ての建物（$1.3～2.9×10^{-3}$ SI単位）である（口絵17）。

　西側から入ると，両脇に灯籠のような形をした石柱の配された参道から環濠を渡り，外周壁西ゴープラに至る。ラテライト造の外周壁には，大きな砂岩造のガルーダがおよそ35 m間隔で取り付けられている（図4-104）。ラテライトは多孔質であり，質はあまり良くない。西ゴープラをくぐりぬけると左手にアメリカの

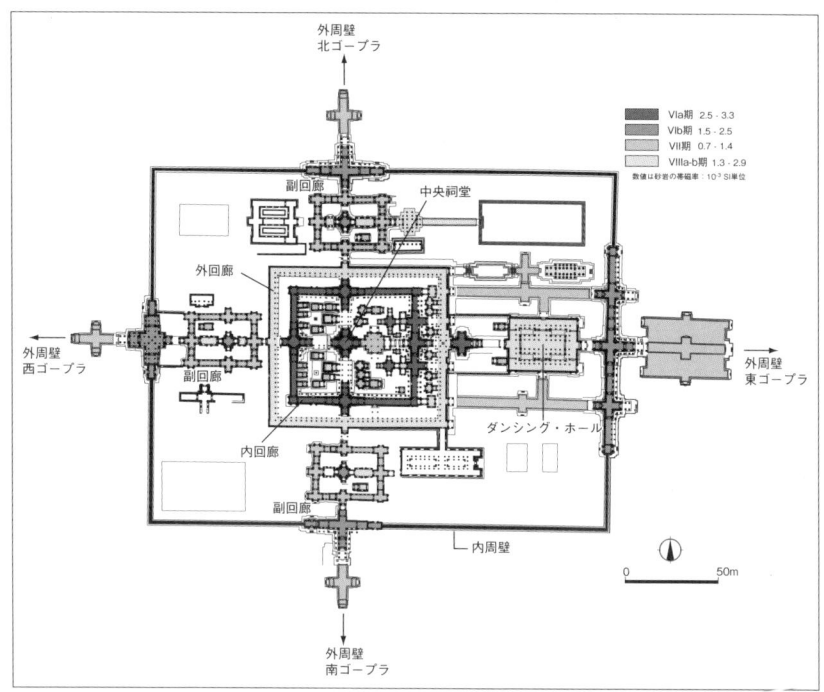

図4-103（口絵27） プリア・カーン内周壁内の平面図。砂岩の帯磁率に基づいて推測された建造順序

　文化遺産保護財団であるワールド・モニュメンツ・ファンドのビジターセンターがあり，さらに東に向かって進むと内周壁に辿り着く（図4-105）。内周壁西ゴープラを過ぎると西側副回廊が現れる。この副回廊西ゴープラの内壁には白いスタッコの痕跡が見られ，その表面には赤い顔料が所々に残っている。これは赤鉄鉱であり，不純物が多いことから赤みの強いラテライトが原料として使用されたことが推測される。また，同じ西ゴープラ内壁南側の西の窓の下には，縞模様をなす赤色と黄褐色の顔料の痕跡が見られる。

　副回廊を通り過ぎると主としてラテライトから

図4-104　プリア・カーン外周壁に取り付けられたガルーダ像

図4-105　プリア・カーンの内周壁西ゴープラ

図4-106　プリア・カーンの中央祠堂

図4-107　円柱をもつ建物（プリア・カーン）

なる外回廊にあたり，そのすぐ内側に砂岩造の内回廊が存在する。内回廊の内側には中央祠堂の他に各期に建てられた多くの小建造物が存在し複雑になっている。中央祠堂の内壁には丸い小さな穴が多数あけられており，これはブロンズの板を取り付けるためのものであるといわれている（図4-106）。

中央祠堂からさらに東に進み，内回廊，外回廊，そしてそれに隣接する十字型の塔を通り抜けるとダンシング・ホールが見えてくる。ダンシング・ホール西面の外壁には増築された2棟の小さな建物が付属しており，南側の建物には樹木が成長している。ダンシング・ホールの砂岩材は色の変化に富んでいるとともに層理が顕著であり，バイヨン外回廊の石材と見かけが大変良く似ている。帯磁率的にも同様な値をもち，同時期の建造であることを示している。また，若干の石英質赤色砂岩の混入が認められる。

それに対し，中央祠堂や内回廊の石材は比較的均質で層理も目立たなく，これらの石切り場は，ダンシング・ホールに使われている砂岩の石切り場とは異なっていることは明らかである。このことはバイヨン期後期にはそれ以前の良質な砂岩の石切り場が枯渇し，質の悪い砂岩が使われるようになったことを示している。さらに後の時期に

なると，それ以前に建てられた遺跡から石材を転用することが頻繁に行なわれるようになる。

　ダンシング・ホールの北側には，アンコール遺跡では大変に珍しい切石積みの円柱が印象的な建物が存在している。この建物はダンシング・ホールと同様にバイヨン期末期以降の建造物である（図4-107）。ダンシング・ホールを通り過ぎると内周壁東ゴープラに達する。この東ゴープラの東面南側には大きな樹木が成長しており，多くの人が記念写真を撮る場所となっている。ここから外周壁東ゴープラまで400mほどの長さの参道が続いている。

25. ニアック・ポアン

ジャヤヴァルマン7世（1182-c1218）

　ニアック・ポアンは貯水池ジャヤタターカの中央に位置しており，アンコール遺跡の中でもユニークな寺院である。正方形を呈した池の真ん中に階段状の円形基壇があり，その上に中央祠堂が建てられている（図4-108；図4-109）。円形基壇の下部には基壇を取り囲むようにナーガが配されている。この中央祠堂のある正方形の池は，東西南北に配された4つの小さな正方形の池によって取り囲まれ，中央の池とは礼拝堂によって結ばれている（図4-110；コラム24, p.173）。

　砂岩に対する帯磁率の測定結果は，中央祠堂（3.0×10^{-3} SI単位）と基壇（3.0×10^{-3} SI単位）はバイヨン期前期（第Ⅵa-c期）の建造で，それ以外（$1.2 \sim 2.0 \times 10^{-3}$ SI単位）はバイヨン期末期（第Ⅷa期）の建造であることを示している（口絵17）。ただし，中央祠堂ではバイヨン期末期に改築が行なわれている。中央祠堂は当初，十字型の水平断面をもち，東西南北に開口部を有していたが，その後，東側以外の開口部は封鎖されるとともに，入り隅部分に象の影像が設置されている（1.5×10^{-3} SI単位）。池の護岸もバイヨン期末期（$1.2 \sim 1.7 \times 10^{-3}$ SI単位，第Ⅷa期）のものであることを帯磁率は示している。

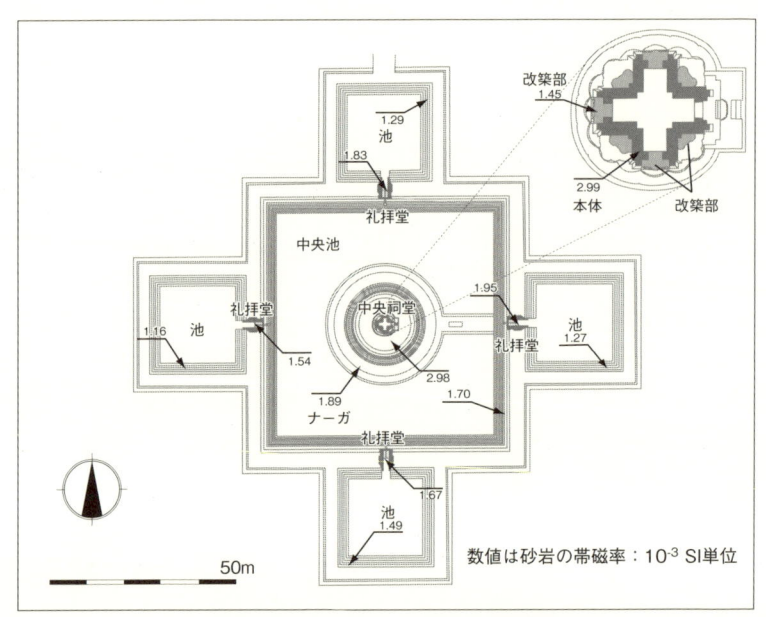

図4-108 ニアック・ポアンの平面図

図4-109 ニアック・ポアンの中央祠堂

図4-110 ニアック・ポアンの礼拝堂

Column 24　神話と建築

　インド伝来の宇宙観はアンコールの寺院計画の基層をなしているが，ここニアック・ポアン寺院はそうした神話的な世界をそのまま具現化してしまった建築である。『大唐西域記』には，雪山の無熱悩池から人間世界に4つの大河が流れ出ると記されている。

　すなわち，南から出て東南に流れるガンジス河は「銀牛」の口から，西から出て南西に流れるインダス河は「金象」の口から，北から出て西北に流れるオクサス河は「瑠璃馬」の口から，そして東から出て東北に流れるシーター河は「玻璃獅子」の口からそれぞれ流れ出るとされる。ニアック・ポアンの配置とはやや異なっているものの，この宇宙観がここに立体的に表現されたことは間違いない。ニアック・ポアン寺院では，神馬バラーハによって人食い鬼女が住む島から船乗りが救済される場面が表現されているほか，中央の祠堂には仏陀の生涯の各場面も彫刻されている。このように，一つの建築に様々な神話が立体的に組み込まれているのである。

　ここニアック・ポアン寺院の他にも，アンコールでは寺院や都市規模で立体的に神話の世界が表現され，来訪者をその夢の世界に呑み込んでしまう。アンコールの各宗教施設は，ある意味，究極のテーマパークであった。

26. バンテアイ・クデイ

ジャヤヴァルマン7世（1182-c1218）
〜ジャヤヴァルマン8世（1270-1295）

　シェム・リアップの町から北上し，アンコール・ワットの南側環濠との突き当りを右側に曲がり，道なりに5kmほど進むと右手にスラ・スランと呼ばれる大きな沐浴池が見えてくる。道路を挟んでこのスラ・スランの反対側に位置する寺院がバンテアイ・クデイである。

　スラ・スランは10世紀半ばにラージェンドラヴァルマンによって造られたものであるが，砂岩による護岸や西側のテラスはジャヤヴァルマン7世の時代に造られたものである。タ・プロームおよびプリア・カーンと同様に平面的に展開された寺院であり，外側から外周壁，内周壁，外回廊，内回廊が取り巻き，中心に中央祠堂が存在している（図4-111/口絵28）。バンテアイ・クデイでは1991年以来，上智大学アンコール遺跡国際調査団による調査・研究ならびに修復・保存活動が行なわれている。

　バンテアイ・クデイは，四面塔のゴープラをもつラテライト造の外周壁によっ

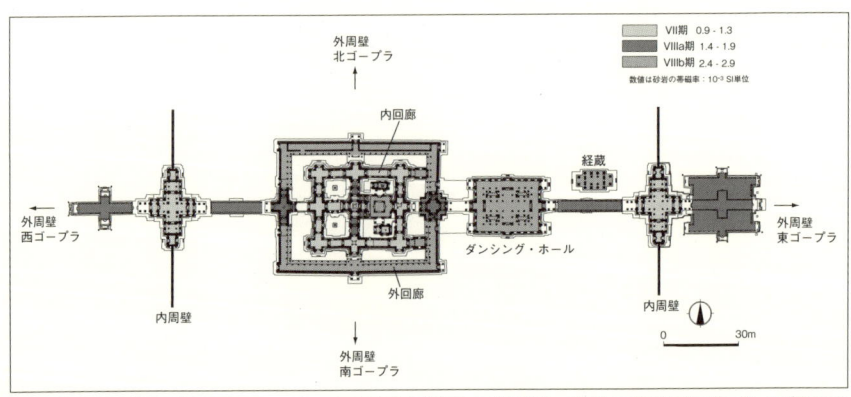

図4-111（口絵28）　バンテアイ・クデイ内周壁内の平面図。砂岩の帯磁率に基づいて推測された建造順序

て囲まれている（図4-112）。外周壁の
ラテライトは質が悪いとともに、地盤
の不同沈下により波打ち、所々で崩壊
している。スラ・スラン側、すなわち、
東側から四面塔をくぐり抜け、西側に
向かうと途中からラテライト敷の参道
が現れ、テラスを伴う内周壁東ゴープ
ラに突きあたる。東ゴープラに伴って
ラテライト造の内周壁が張り巡らされ、
その外側は環濠となっている。また、
内周壁内側にも環濠が存在する。テラ
スの少し手前の北側および南側にはそ
れぞれ小さなラテライト造の建物が存
在している。

図4-112　バンテアイ・クデイの外周壁東ゴープラ

　内周壁東ゴープラを通り過ぎるとナ
ーガの欄干をもつ参道を経てダンシン
グ・ホールへと続く（図4-113；図4-
114）。参道の北側には切石積みの柱が
印象的な建物が存在する。ダンシン
グ・ホールの砂岩は灰色～黄褐色を呈
し、乱積みとなっている。その先にゴ
ープラを除いて主としてラテライトか
らなる外回廊が見えてくる。外回廊の
内側は砂岩の切石積みの柱となってい
る。外回廊内には砂岩造の内回廊が存
在し、その中央に中央祠堂がそびえ、
その南東および北東には経蔵が配され
ている（図4-115）。

図4-113　バンテアイ・クデイの内周壁東ゴープラおよび参道

図4-114　バンテアイ・クデイのダンシング・ホール内部

図4-115　バンテアイ・クデイの中央部

中央祠堂の東西開口部以外はラテライトやレンガによって塞がれているが，これは後の時代に行なわれたものである。また，中央祠堂の天井部には天井板を支える木製の枠（廻り縁）が残存しており，放射性炭素年代測定の結果，これは建造当時の木材であることが明らかになっている。内回廊の各塔および中央祠堂の内壁には多かれ少なかれ白いスタッコが残っており，その表面には赤い顔料が見られる。中央祠堂からさらに西へ進んでいくと内回廊，外回廊，内周壁，外周壁の順に通り過ぎ，西側の出口に達するので，あらかじめ，車を西側に回しておくと効率的な見学ができる。

外回廊西ゴープラの南側には巨木が成長しており，印象的である。内周壁西ゴープラは内部が崩壊しているため立ち入ることができず，南北どちらかに迂回しなければならない。

バンテアイ・クデイは，バイヨンとほぼ同じ時期に建造されており，砂岩の帯磁率に基づくとバイヨンと同様に3つの建造時期に分けられる。バイヨンの中央祠堂および内回廊に対応する第1期（第Ⅶ期）に建造されたのは，バンテアイ・クデイの中央祠堂，内回廊，内回廊内南経蔵，内周壁，および外周壁の南北ゴープラであり（$0.9 \sim 1.3 \times 10^{-3}$ SI 単位），バイヨンの外回廊に対応する第2期（第Ⅷa期）に建造されたのは，外回廊の東西ゴープラ，内周壁に付属するテラスや参道であり（$1.4 \sim 1.9 \times 10^{-3}$ SI 単位），第3期（第Ⅷb期）に建造されたのは，東西ゴープラを除く外回廊，ダンシング・ホール，その北東にある建物，内回廊内の北経蔵および外周壁の東西ゴープラである（$2.4 \sim 2.9 \times 10^{-3}$ SI 単位）（口絵17）。外周壁の南北ゴープラの帯磁率は低く，第1期に対応する値を示しており，第3期に対応する値を示す東西ゴープラとは異なる。

このように南北ゴープラが先に建造され，その後に東西ゴープラが建造される例は，タ・プロームの外周壁やバンテアイ・サムレの内回廊でも見られる。なお，スラ・スラン西側のテラスや護岸に使用されている砂岩の帯磁率（$1.4 \sim 1.6 \times 10^{-3}$

SI単位）は，これらがバンテアイ・クデイの第2期（第Ⅷa期）に対応する時期に建造されたことを示している。

27. アンコール・トム

ジャヤヴァルマン7世（1182-c1218）

　アンコール・トムは，中心寺院であるバイヨンを取り囲む1辺3kmの城壁によって取り囲まれた領域を指す（図4-116）。ここではこの城壁に関して述べる。

　城壁には5つの門があり，バイヨン寺院を中心に東西南北に位置する門と東門（死者の門）の北側で王宮並びに象のテラスの真東に位置する門があり，これは勝利の門と呼ばれている。死者の門と西門は，観光客がほとんど訪れることのない門である。

　各門の上部には，バイヨン期後期を特徴づける四面塔が設置されている（図4-

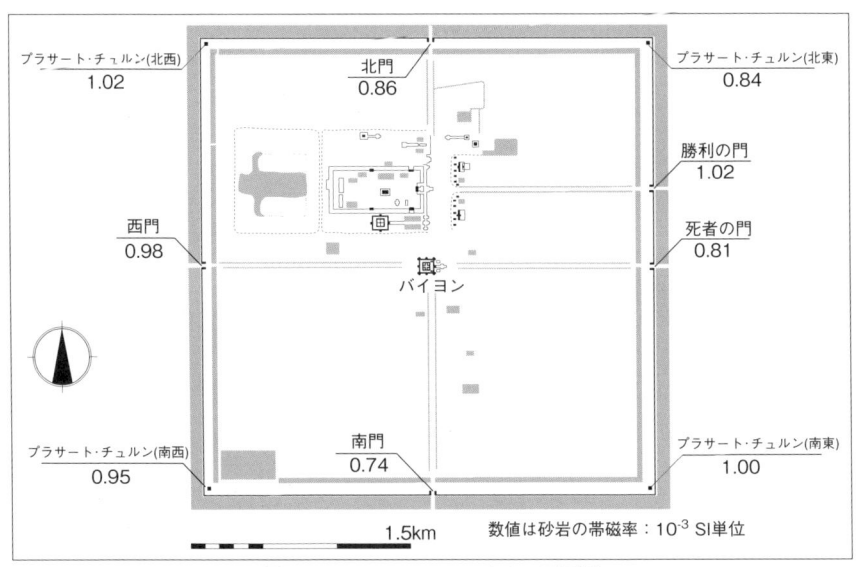

図4-116　アンコール・トムの平面図

プラサート・チュルン(北西) 1.02
北門 0.86
プラサート・チュルン(北東) 0.84
勝利の門 1.02
西門 0.98
死者の門 0.81
バイヨン
プラサート・チュルン(南西) 0.95
南門 0.74
プラサート・チュルン(南東) 1.00
1.5km
数値は砂岩の帯磁率：10^{-3} SI単位

図 4-117　アンコール・トム南門

117）。門は砂岩造であり，各門を遠くから眺めてみると石材の積み方が良くわかる。アンコール遺跡を含むクメール遺跡の建物では真正アーチ工法は使用されておらず，迫り出し積みという擬似アーチ工法が採用されており，石材を少しずつ水平方向にずらし，頂部で両側の石材を互いに持たれ合わせることによってアーチ構造を造り出している。また，石材と石材との間には接着剤が使われておらず，空積みとなっている。これに加えて，石材の大きさ・形が統一されておらず，積み方が乱雑（乱積み）であることから，石材が崩れ易くなっている。

　各門を結ぶ周壁はラテライト造で，質の悪い多孔質なラテライトが使用されており，大きな異質の礫が頻繁に見られる。砂岩と同様にラテライトも大きさ・形は一定しておらず，積み方も不規則になっている。これはバイヨン期後期以降の建造物の特徴である。周壁の四隅にはプラサート・チュルンと呼ばれる小さな砂岩造の建物が存在している。周壁の上は歩道になっており，所々で崩壊しているが，周囲の環濠を望みながら周壁上を1周することができる（コラム25, p.179）。

Column 25　国をあげての建設事業

　1周 12 km の周壁上をとぼとぼ歩いていると，よくこれだけの大工事をしたものだと感心してしまう。月からも見えるという万里の長城とは比べようもないが，幅約 100 m の環壕に，高さ 8 m ほどの周壁を造るためにどれほどの数の石材を要したのか，と数えたくなってしまう。

　ところが，実際に試算した人がいて，それによれば，アンコール・トムの環壕と周壁には 201 万個のラテライトブロックが積み上げられているという。環壕として掘り下げた所にラテライトがあれば，護岸を造るのも，周壁を造るのも一石二鳥で楽だったろうが，アンコール遺跡の周辺からは良質なラテライトは産出されない。そういうわけで，これらの石材は彼方の採石場から切り出され，運搬され，そしてようやくここで加工されて積み上げられた。

　アンコール・トムの一部として，同時に建設されたバイヨン寺院では，砂岩材だけで 40〜50 万個が積み上げられていると見積もられている。この他にも，12 世紀末には同時に建設されていた大型寺院が複数あったようで，国家総動員で建設工事に取り組んでいたことであろう。

28. バイヨン

ジャヤヴァルマン7世（1182-c1218）
～ジャヤヴァルマン8世（1270-1295）

　バイヨンは，アンコール・トムの中心に位置しており，午前中に多くの観光客が訪れる場所である。四面塔が林立し（崩壊したものも含めて49基），アンコール遺跡の中でも特異な存在となっている（図4-118）。四面塔に刻まれた尊顔は，日本国政府アンコール遺跡救済チーム美術班の朴亨國氏らの研究によれば，従来いわれてきたような観音菩薩，シヴァ神，ブラフマー神，デーヴァ・ラージャではなく，仏教・ヒンドゥー教の枠を超えて天界にあまねく存在する普遍的な神々であるデーヴァ，デヴァタやアシュラであるとのことである（図4-119，口絵ii）。

　バイヨンは主として中央塔，内回廊，外回廊および南北経蔵から構成されている（図4-120/口絵29）。北経蔵は日本国政府アンコール遺跡救済チームによって修復が行なわれ，1999年に完了している。南経蔵は2010年現在，同チームによる修復作業中であり，今後は内回廊レリーフの保存と中央塔の修復が計画されている。

　内回廊と外回廊の壁面にはレリーフが施されている（図4-121）。内回廊西面中央よりやや北側の基壇が高くなった場所のレリーフには，石材を運ぶ様子が描かれており，アンコール時代に

図4-118　バイヨンの四面塔群の遠景

図4-119　バイヨンの四面塔に刻まれた尊顔

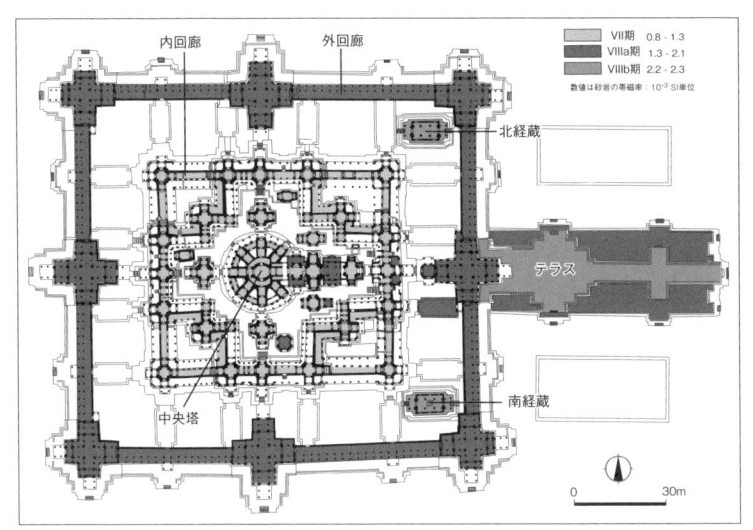

図 4-120（口絵 29） バイヨンの平面図。砂岩の帯磁率に基づいて推測された建造順序

おける石材の取り扱い方を知る上で貴重なレリーフとなっている（図 2-28, p. 35）。

建築学的な研究ならびに砂岩の帯磁率に基づく研究より，中央塔と内回廊が最初に（第Ⅶ期，$0.8 \sim 1.3 \times 10^{-3}$ SI 単位），次いで，外回廊と東側テラス下部が建造され（第Ⅷa 期，$1.3 \sim 2.1 \times 10^{-3}$ SI 単位），最後に南北経蔵と東側テラス上部（第Ⅷb 期，$2.2 \sim 2.3 \times 10^{-3}$ SI 単位）が建造されたことが明らかにされている（口絵 17, 図 4-120/口絵 29）。ただし，中央塔では一部で改築が行なわれている。アンコール・トムの周壁にある 5 つの門および周壁の隅にある 4 つのプラサート・チュルンを構成する砂岩の帯磁率（$0.7 \sim 1.0 \times 10^{-3}$ SI 単位）は，周壁がバイヨン中央塔および内回廊と同じ時期に建造されたことを示している。

図 4-121　バイヨン外回廊に彫られたレリーフ

バイヨンを遠くから眺めると全体的に黒っぽく見えるが，近づいてみると白い

図4-122 バイヨン内回廊のレリーフに見られる劣化現象

斑点がたくさん見られる。黒く見えるのは石材表面に藍藻類が付着しているためであり、白い斑点は地衣類である。バイヨンと比べてアンコール・ワットは白っぽく見えるが、これは1990年にインドの修復隊によって石材表面の洗浄が行なわれたためである。

バイヨンは東向きの寺院であり、東側テラスから入り、外回廊を時計方向に回り、外回廊の南面中央から中央塔を目指すのが一般的な観光ルートとなっている。外回廊の屋根は完全に崩落し、そのせいか、かえってレリーフの保存状態が良くなっている。それに対して、内回廊の屋根のかかっている場所、特に東西南北各面中央部の基壇が少し高くなっている場所ではレリーフの劣化が顕著になっている（図4-122）。

バイヨンを構築している砂岩はバイヨン期前期以前の砂岩と同じ種類のものであり、同じ地層から採掘されたものであるが、色の変化に富み、灰色、黄褐色や赤褐色を呈している。また、堆積構造である層理や葉理が顕著に見られ、石材の大きさ・形も揃っておらず、かつ、積み方も乱雑（乱積み）で、行き当たりばったりの積み方となっている。

外回廊には2重に柱が建てられているが、その内側の柱の下部に見事な劣化現象を見ることができる。観光客にはほとんど気づかれていないようであるが、外回廊東面の南側では大きな蜂の巣状の穴のあいた柱が見られる（図3-17, p.67）。この原因は必ずしも明らかではないが、学術的にはタフォニと呼ばれている（P.67参照）。これほどきれいなタフォニが見られるのは外回廊のこのあたりのみであるが、同様の劣化現象は外回廊の他の内柱にも見られる。このような石材劣化は内柱の外側を向いた面で顕著であり、また、全体的に見るとバイヨン外回廊の南側に多いことから太陽光と何らかの関係があるのではないかと思われる。

また、外回廊南東部の隅楼にも、特徴的な劣化が見られる。この場所の柱表面にはアプサラ像が彫刻されているが、場所によってアプサラ像が劣化を被り、骸

骨のようになっている（図3-18, p.68）。これもタフォニと呼ばれる劣化現象の一種であるが，すぐ隣の柱のアプサラ像が全く無傷であり，ほんの少しの場所の違いが劣化において大きな違いをもたらしている。何がこのような違いをもたらしているのかは謎である。このような美しい劣化現象が見られるのはアンコール遺跡の中でもバイヨンだけであり，バイヨンでも外回廊にのみ見られる現象である。ぜひとも一見してもらいたい場所である。

　外回廊の柱の帯磁率は，外回廊の壁面の帯磁率とは異なり，その平均値はそれぞれ 2.5×10^{-3} SI 単位と $1.3\sim2.1\times10^{-3}$ SI 単位であり，一般的な砂岩材と柱のような長材とでは切り出された石切り場が異なっていた可能性を示している。このことは内回廊にもあてはまり，柱材の帯磁率（1.9×10^{-3} SI 単位）は壁面に使われている砂岩材の帯磁率（$0.8\sim1.3\times10^{-3}$ SI 単位）とは異なっている。バイヨン期前期までは一般的な石材と一材の柱材は同じ帯磁率を示し，同じ石切り場から供給されたことを示しているが，バイヨン期後期以降は異なった帯磁率を示し，柱材がバイヨン期前期まで使われていた質の良い石切り場から供給された可能性が考えられる。

　外回廊の屋根は完全に崩落しているが，内回廊では半分以上の箇所で屋根が残っている。内回廊では，東西南北各面の中央部において基壇が1段高くなっているが，この部分の屋根はすべて残存しており，屋根が崩落しているのは両側の基壇が低くなっているところだけである。壁面にはレリーフが施されており，屋根の崩落している場所では石材表面がきれいで，レリーフの傷みはそれほど顕著でなく，建造後800年の歳月が経過していることを疑いたくなるほどである。

　それに対し，屋根の架かっているところでは表面に藻類（藍藻，紅藻，緑藻）や地衣類が着生し，レリーフの劣化が進んでいる傾向が見られる。場所よってはレリーフがほとんどなくなったり，丸味を帯びたり，あるいは，剥離していることがある。特に，中央部の基壇が高くなったところでは，レリーフの劣化が顕著である。この場所では，壁面下部1.5mの背後は基壇となっている。それゆえ，基壇上面から浸み込んだ雨水の一部がレリーフを構成する石材表面から徐々に蒸発し，その時，雨水に溶かされた砂岩起源のカルシウム分が石材表面において方解

石として析出することにより、レリーフの劣化を引き起こしていることが考えられる。

また、屋根の裏側表面に白い付着物が多く見られるが、これはコウモリの排泄物に起因する石こうやリン酸塩鉱物、ならびに、屋根材そのものの中を浸透した、あるいは、屋根材の隙間から浸入した雨水によって石材から溶出されたカルシウム分が方解石として析出したものである。バイヨンでは、中央塔や内回廊の各塔においてコウモリの棲息を確認することができる。

内回廊北面東側の基壇の低くなったところで、屋根の崩落している部分の壁面下部に若干青みを帯びた光沢のある黒い物質の付着が見られる。これはマンガン酸化細菌の仕業である。この部分を走査型電子顕微鏡で観察してみると、細菌の死骸を見ることができる（図3-24, p.71）。マンガン酸化細菌によって石材表面が黒くなった場所はそれほど多くはないが、建物の大部分がマンガン酸化細菌によるマンガン酸化物の沈着により真っ黒になっている場合もある。シェム・リアップの北東約85 kmのところにあるコー・ケルのプラサート・ネアン・クマウ（図3-23）や前アンコール時代の建物であり、シェム・リアップの南東約140 kmのところにあるサンボール・プレイ・クックのC群中央祠堂はその典型例である。

中央塔内部にある開口部の上枠には、何箇所かで木材の使用が認められる。これらは、放射性炭素年代測定により創建当時のものであることが判明している。中央塔の内部には光がほとんど届かず、日中でも真っ暗であるので、内部の様子を観察するために懐中電灯を携行すると便利である。（コラム26）

Column 26　建設王の夢

　バイヨンでは砂岩材の帯磁率調査から、少なくとも2回の増築が明らかとなった。建築学的な見地からはさらに建物各所に細かい増改築が認められ、3回の増改築、つまり4つの異なる建設段階が推測されている。これらの増改築がいつ、どのような経過を辿ったものかは定かでないが、最終期の増築となる「経蔵」の破風飾りの浮き彫りに、仏教モチーフが破壊

された痕跡が残されていることから，仏教が依然優勢な時代，つまりバイヨンの建設工事が開始されてからそれほどの時を経ずして，今見る最終期にかなり近い姿に至った可能性が高い。

　バイヨン寺院内では複数箇所で考古学的な発掘調査が行なわれているが，それらの調査記録を見てみると興味深い特徴が認められる。寺院は主軸線に対して南北でほぼ線対称な構成で，多少の違いは見られるが東西にも類似している。つまり，中央塔を中点として四方は比較的似たような建築構成となっている。普通に考えれば，建設現場全体では同じ完成形を目指して工事が進められていくところであろうが，発掘調査によって出土する各増築段階の遺構は，寺院内の対称的な地点でも異なる構造が認められることが少なくない。また，時には建設途中のままに，次の増築段階へと一足飛びに工事が進められているようにみえる箇所もある。

　そうした結果を眺めると，バイヨン寺院の増改築は必ずしも一つずつの段階を完成させながら，新たな増築計画をむかえたわけではなく，次々と新しい設計計画へと刷新される中，現場がそれに慌ただしく追従したように思われる。

　なぜそんなことになったのだろうか？　もしかしたら，クメールの歴代の王の中でも圧倒的な量の建設工事を成し遂げたジャヤヴァルマン７世の執拗な〈こだわり〉が，現場工事を行なう立場にとってはとんでもなく迷惑な度重なる増改築を強いたのかもしれない。多数の寺院を建立したこの建設王にとって，バイヨンは至上の作品でなくてはならないものだったのだろう。建設現場に出向くたびに，新たなインスピレーションを得たこの大王は，果てしない夢をバイヨン寺院に追い求め，矢継ぎ早に計画変更を指示したのではなかろうか。それがこの複雑で入り組んだ，しかしながら，かつてない造形の妙に富んだ建築を達成したのかもしれない。

29. タ・ネイ

ジャヤヴァルマン7世 (1182-c1218)

　タ・ネイは，タ・ケオの北側に位置し，タ・ケオの南東角において主要道から北側にそれる道を道なりに行ったところに存在する。主要道に面していないため訪れる観光客の少ない寺院である。

　タ・ネイでは，東西に外周壁をもたない砂岩造のゴープラがあり，その内側には南北西に小さなゴープラをもつラテライト造の内周壁がある（図4-123）。東ゴープラは内周壁とその内側にある内回廊とによって共有されており，東面では7箇所に開口部を有している。この東ゴープラの東側には砂岩およびラテライト造のテラスが存在する。内周壁の西側にも，規模は小さいが東側と同様なテラスが

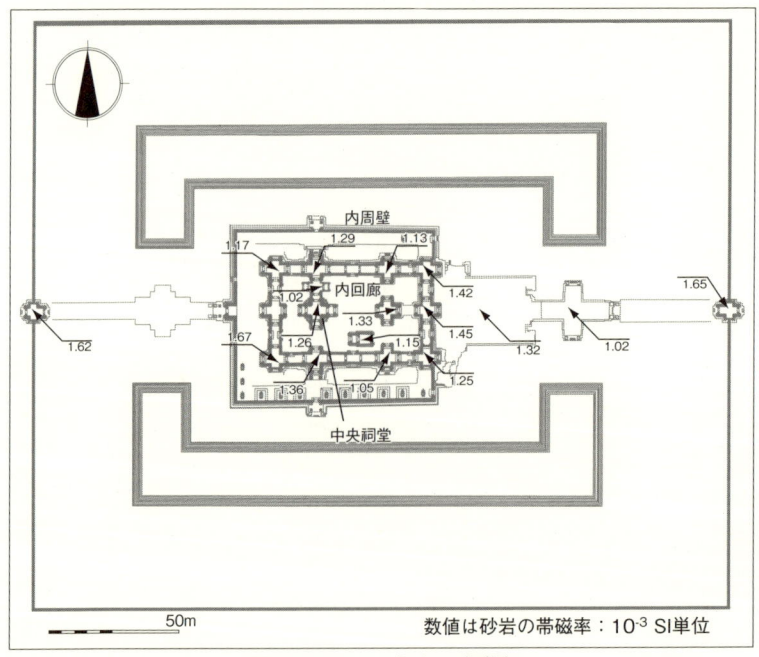

図4-123　タ・ネイの平面図

図 4-124　タ・ネイの内回廊南面　　　　　図 4-125　タ・ネイの内回廊内

存在する。内周壁の内側には、砂岩造のゴープラおよび隅楼を持ちラテライト造の壁によって繋がれた内回廊が存在する（図 4-124）。内回廊の内側には中央祠堂、東祠堂および南経蔵が存在する（図 4-125）。中央祠堂および東祠堂は砂岩造であるが、南経蔵は砂岩（屋根部）とラテライト（壁面）よりなる。中央祠堂と内回廊の北ゴープラはラテライト造の構造物によって繋がれている。タ・ネイの伽藍配置は特殊であり、当初の内回廊が建造された後、現在の東ゴープラと北東と南東の隅楼が増築され、これらを取り込むように内回廊が改築された。その後、これらの増築された東ゴープラと隅楼を共有する形でラテライト造の内周壁が建造され、東祠堂は、当初の内回廊における東ゴープラであったと考えられている。

　タ・ネイの砂岩の帯磁率は東端および西端の外周壁を持たない東西ゴープラを除き、$1.1 \sim 1.7 \times 10^{-3}$ SI 単位の値を示し、単純には、バイヨンの中心部とほぼ同じ時期に建造されたと考えられるが、帯磁率の高いものが混ざっていることと建築学的な見地から、バイヨンより若干前の時期（第Ⅵd期）に建造されたことが推測される（口絵 17）。東端および西端にある東西ゴープラの建造時期は、砂岩の質と帯磁率（$1.6 \sim 1.7 \times 10^{-3}$ SI 単位）からバイヨンの外回廊の建造時期（第Ⅷa期）に対応すると考えられる。

　内回廊の東西南北ゴープラ、中央祠堂および東祠堂の内壁には白いスタッコが多く残存しており、スタッコ表面の所々に赤色顔料が見られる。

30. タ・ソム

ジャヤヴァルマン7世（1182-c1218）

　タ・ソムはニアック・ポアンの東約2kmで，東メボンの北北西約2kmのところに位置している。東向きの寺院であるが，道路が西側に接しているため西側から寺院内に入ることになる。タ・ソムは東西に四面塔をもつラテライト造の外周壁，東西にゴープラをもつラテライト造の内周壁，ラテライト造の内回廊，およびその内側の中央祠堂と南北経蔵より構成され（図4-126～図4-128），ゴープラ，隅楼，中央祠堂，経蔵は砂岩造となっている。内周壁の東西にはラテライトおよび砂岩造のテラスが付属している。

　砂岩は色の変化に富み，層理も顕著で，質が悪く，帯磁率（$0.7\sim1.2\times10^{-3}$ SI単位）から判断してバイヨンの中央部とほぼ同じ時期（第Ⅶ期）に建造されたことが推測される（口絵17）。外周壁東ゴープラ上には樹木が成長しており，美しい

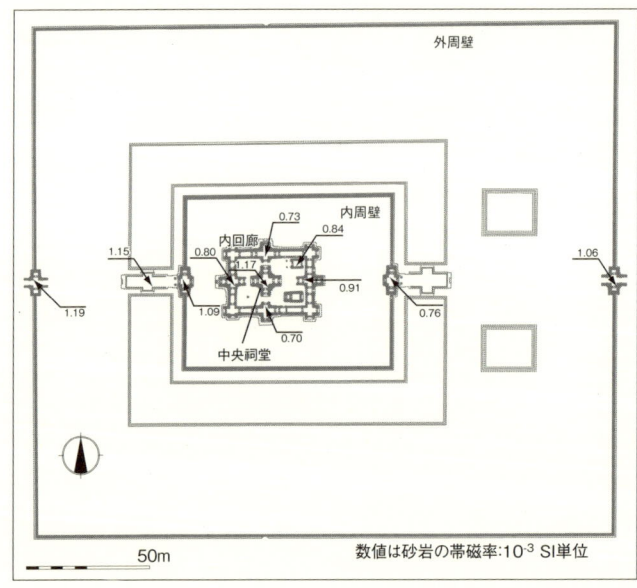

図4-126　タ・ソムの平面図
数値は砂岩の帯磁率：10^{-3} SI単位

図4-127　タ・ソムの内回廊東ゴープラ 　　図4-128　タ・ソムの中央祠堂と北ゴープラ

光景となっている（図3-21, p.70）。

31. バンテアイ・プレイ

ジャヤヴァルマン7世（1182-c1218）

バンテアイ・プレイはプリア・カーンの北側に位置する。東西に砂岩造の崩壊した開口部をもつラテライト造の外周壁、東西に砂岩造のゴープラをもつラテライト造の内周壁と東西南北にゴープラをもつ砂岩造の内回廊および中央祠堂より構成される（図4-129～図4-131）。外周壁と内周壁との間には環濠が存在する。中央祠堂の砂岩材の帯磁率（1.5×10^{-3} SI単位）は、内回廊や周壁の帯磁率（$0.7 \sim 1.0 \times 10^{-3}$ SI単位）と比べてやや高く、このことから後者がバイヨン中央部の建造時期（第Ⅶ期）に対応し、中央祠堂の建造はバイヨン建造の少し前の時期（第Ⅵd期）

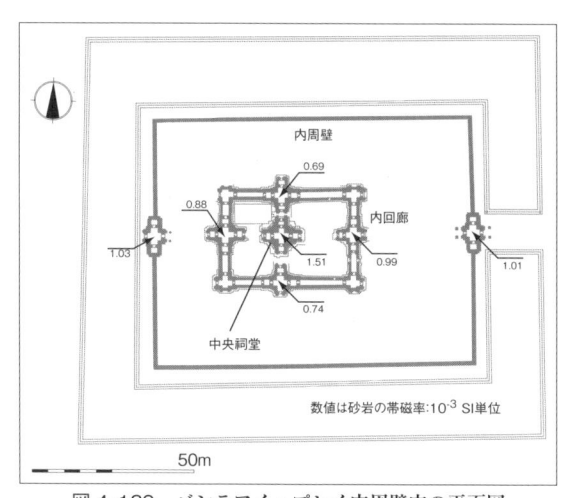

図4-129　バンテアイ・プレイ内周壁内の平面図

図4-130 バンテアイ・プレイの内回廊東ゴープラ

図4-131 バンテアイ・プレイの中央祠堂

に着手されたことが推測される(口絵17)。

32. クオル・コー

ジャヤヴァルマン7世(1182-c1218)

　クオル・コーは,ニアック・ポアンの北側に位置し,東ゴープラのみを有するラテライト造の外周壁,同じく東ゴープラのみを有するラテテイト造の内周壁,中央祠堂および南経蔵より構成される(図4-132;コラム27, p.191)。外周壁と内周壁との間には環濠が存在する。外周壁東ゴープラは完全に崩壊している。中央祠堂は砂岩造(図4-133),南経蔵および内周壁東ゴープラはラテライトおよび砂岩造となっている。内周壁東ゴープラの東側にはラテライト造のテラスが存在す

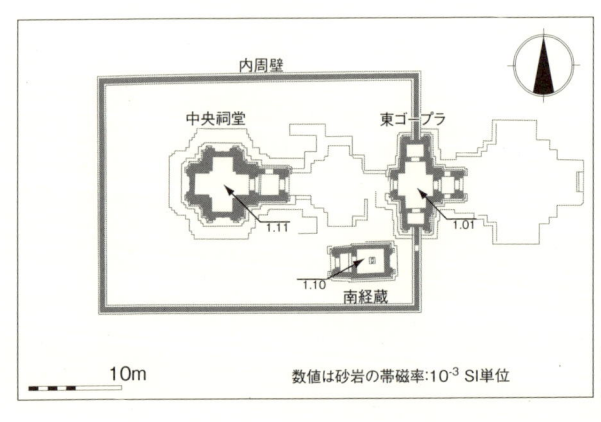

図4-132 クオル・コー内周壁内の平面図

る。砂岩の帯磁率（1.0〜1.1×10^{-3} SI 単位）に基づくとこれらすべての建物はバイヨン中央部とほぼ同じ時期（第Ⅶ期）に建造されたことが推測される（口絵17）。

図4-133　クオル・コーの中央祠堂

Column 27　仏像破壊

　仏教徒であったジャヤヴァルマン7世は，バイヨンをはじめとして多くの仏教寺院を建立したが，クオル・コーもその一つである。建立当初は，仏教的なモチーフが寺院内には所狭しと彫刻されていたはずであるが，後世，国教がヒンドゥー教に改宗されると，バイヨン期の各寺院に彫刻されていた仏教モチーフはことごとく削り取られ，安置されていた仏陀像は破壊された。クオル・コー寺院でもリンテル，壁面の壁龕，頂華飾り，付柱など様々な部位に刻まれていた仏陀モチーフが欠き取られている。バイヨン寺院の場合，破壊された仏教モチーフは，少なくとも2,300体におよぶ。ただ，ここクオル・コー寺院では，一部に破壊を免れた彫刻も残されている。ゆっくりと壁面や散乱している石材を眺め，幸いにも生き長らえた仏の姿を探してみよう。

33. 象のテラス

ジャヤヴァルマン7世（1182-c1218）
〜ジャヤヴァルマン8世（1270-1295）

　バイヨンから北に向かって進んでいくと右前方に広場が現れる。これが王宮前広場である。左手には南北300m程の長さのテラスがあり，これが象のテラスである。石材の表面は全体的に黄褐色を呈し，所々に赤色の顔料が残存していることから，当初は全面的に赤色顔料が塗布されていたことが推測される。石材の大きさ・形・積み方は不揃いで，かつ，若干の赤色や黄褐色の石英質砂岩が混入しており，バイヨン期末期以降（第Ⅷa-b期）の特徴を示している。テラスは中央部，北端および南端の3箇所で東側に大きく張り出している（図4-134；図4-135）。

　象のテラスは4期に分けて建造されており，中央部のガルーダとガジャシンハのレリーフのある部分，すなわち，小さく張り出した2つの階段の間が最初に建造され，その後，これらの階段部分の外側で象のレリーフのある部分が増築されたことが建築構造上明らかである。北側の大きく張り出したテラス部分はその後2度に渡たり拡張されている。どの場所でも同様の灰色〜黄褐色砂岩が使用されているが，中央部とそれ以外とでは帯磁率が若干異なっており，中央部（1.4〜1.7×10^{-3} SI単位）より南北部分（1.7〜2.3×10^{-3} SI単位）が高い値を示している（口絵

図4-134　象のテラスの北側部分　　図4-135　象のテラス北端の張り出し部分

17)。バイヨン期後期からポスト・バイヨン期にかけては砂岩の帯磁率は時期とともに増加する傾向があることから，上記の傾向は南北部分が中央部より後に建造されたことを示している。帯磁率に基づくと象のテラスの建造時期は，バイヨンの外回廊（第Ⅷa期）から南北経蔵の建造時期（第Ⅷb期）に対応する。

34. ライ王のテラス

ジャヤヴァルマン8世（1270-1295）

象のテラスの北側にある背の高いテラスがライ王のテラスである（図4-136；コラム28, p.194）。フランス極東学院によって修復が行なわれ，1996年に完了している。コンクリートの擁壁に成形したラテライト材を貼り付け，その上に砂岩のレリーフを貼り付けるといった修復工事が行なわれている。テラスは2重構造になっている。現在の内側のテラスが最初に造られたが，その後，改築が行なわれ，初期のものは隠されてしまった。修復工事の際にこの部分が発掘され，今では初期のテラスのレリーフも見ることができるようになっている（図4-137）。初期のテラスでは未完成のレリーフが見られることから，建造途中で放棄されたことが窺える。

使用されている砂岩の質は悪く，形・大きさ・色はまちまちで，乱積みとなっている。また，若干であるが，赤色や黄褐色を呈する石英質砂岩の混入が認められる。このことと砂岩の

図4-136　ライ王のテラス（外側）

図4-137　ライ王のテラス（内側）

帯磁率（1.9×10^{-3} SI 単位）から判断して，ライ王のテラスはポスト・バイヨン期（第Ⅷb期）に建造されたと推測される（口絵17）。

Column 28　伝説のライ病王

　己の肉体が朽ち病み衰えていくライ病に犯された大王ジャヤヴァルマン7世が，自身の生を継承させ，永遠不滅の至高の美を求めてバイヨン寺院を創り上げる物語。三島由紀夫の『癩（ライ）王のテラス』は，カンボジアに伝わるライ王伝説を題材としながらも，大胆な構想力でアンコールの大王に生々しい人物像を与えた戯曲である。王の死と引き替えにバイヨンは建立に至り，王は物質的に永遠の美を得たのか，あるいは精神とともに朽ちたのか。

　さて，このテラスの上から発見された石像は，劣化によって一部が摩滅し，あたかもライ病者のような姿に見えたことから，伝説のライ病王の彫像であると考えられた。テラス上の彫像の神格については今でも諸説あるが，死者の王であるヤマ神（閻魔大王）であるという説が有力だ。伝説の王がライ病にかかったのは，大蛇との決闘の際に浴びた返り血によるものであるともいわれる。大蛇との決闘の場面から王が病に伏せり衰弱してゆくまでの物語が，バイヨン寺院の内回廊には彫刻されている（図C28-1）。これはカンボジアの精霊信仰の長としてのナーガをジャヤヴァルマン7世が押さえ込んだが，それが理由で衰弱に至ったというような史実にまつわる浮き彫りであるのかもしれない。

図C28-1　ジャヤヴァルマン7世と大蛇の決闘場面（バイヨン寺院内回廊レリーフ）

35. プリア・パリライ

ジャヤヴァルマン8世（1270-1295）

　王宮の周壁北面にある西側ゴープラから北へ200 m程進んだところにプリア・パリライが位置している。ライ王のテラスから北に100 m程進んだ後，西に曲がり400 m程進んでも辿り着くことができる。東側から十字テラス，東ゴープラを伴うラテライト造の周壁，階段ピラミッド型基壇をもつ祠堂より構成される（図4-138）。プリア・パリライの建造時期に関しては，従来，アンコール・ワット期といわれてきたが，最近の研究ではポスト・バイヨン期とされている。

　テラスと東ゴープラの砂岩は，質が悪いとともに全体的に小さく，大きさに変化が見られ，積み方も雑になっている（図4-139）。また，若干であるが石英質の赤色砂岩の混入が認められる。これらのことは，テラスと東ゴープラがバイヨン期末期以降（第Ⅷa-b期）に建造されたことを示している。

　また，階段ピラミッド状の基壇の石材は薄く扁平な形をしており，台形や角の欠けた不規則な形を示す石材が多く，若干の赤色砂岩の混入が見られることから，同様にバイヨン期末期以降の建造であると推測される。祠堂上部の石材を見てみると大きさが揃っておらず，水平目地の揃いも悪く，転用材や若干の石英質赤色

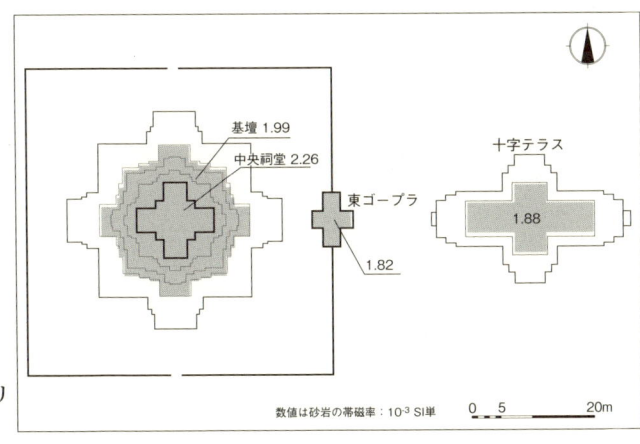

図4-138　プリア・パリライの平面図

図4-139 プリア・パリライの東ゴープラ　　図4-140 プリア・パリライの中央祠堂

砂岩が見られ，バイヨン期末期以降の特徴を示している（図4-140）。

　砂岩材の帯磁率は$1.8 \sim 2.3 \times 10^{-3}$ SI単位を示し，バイヨンの南北経蔵の建造時期（第Ⅷb期）に対応している（口絵17）。これらの石材に関する特徴からプリア・パリライはポスト・バイヨン期の建造であると考えられる。

36. プリア・ピトゥ

　　　　　　　　　　　　　　　　　　　　　ジャヤヴァルマン8世（1270-1295）

　プリア・ピトゥは，王宮前広場の北東側で，プラサート・スープラN6塔の北側に位置しているが，王宮前広場からは樹木に隠されており，全貌が見えにくくなっている。プリア・ピトゥは5つの建物群から構成され，グループT，U，X，VおよびYと名付けられている（図4-141）。以前はアンコール・ワット期の建造であると考えられていたが，最近の研究ではポスト・バイヨン期（第Ⅷb期）の建造であるといわれている。

　南西側にはグループTとグループUが並んでおり，似たような伽藍構成となっている。階段ピラミッド状の基壇をもつ祠堂と周壁からなり，両者とも西向きで，同じ環濠の内側に位置している（図4-142）。グループTの西側には十字テラスが付属している。周壁の砂岩材は色・形・大きさにおいて変化に富み，積み方も乱雑であることからバイヨン期末期以降（第Ⅷa-b期）の建造であることは明らかである。

　それに対し，基壇および祠堂の石材は周壁に比べて質が良く，加工精度も高い

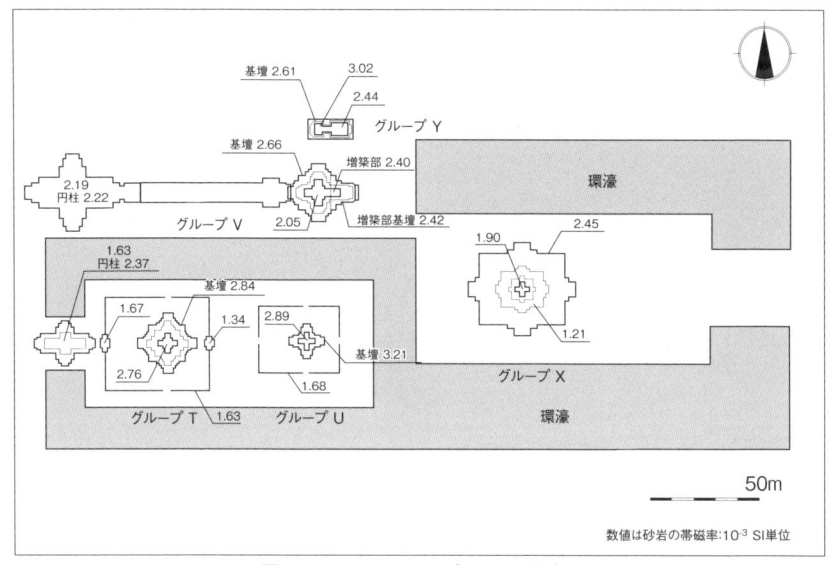

図4-141　プリア・ピトゥの平面図

が，やや大きさに変化があり，祠堂本体では積み方が乱雑になっている。さらに，若干であるが石英質赤色砂岩が混入していることから，バイヨン期末期以降の建造であると考えられるが，周壁はその粗雑さから判断して中央祠堂より後の建造であると考えられる。

　グループXは，東向きで，大きな基壇をもち，その上に祠堂が建てられている（図4-143）。祠堂内部には仏像

図4-142　プリア・ピトゥのグループUの中央祠堂

のレリーフが彫られている。基壇の砂岩材は，整層積みされているが，全体的に小さく，薄く，形・大きさに変化が見られる。また，若干の石英質赤色砂岩の混入が認められる。祠堂の砂岩材では，厚さの薄いものが多く，積み方が雑で，黄褐色を呈するものが多く混入している。また，若干の石英質赤色砂岩や転用材が認められる。これらのことから，グループXはバイヨン期末期以降の建造であると推定される。

アンコール遺跡各論　　197

図 4-143 プリア・ピトゥのグループ X の中央祠堂

図 4-144 プリア・ピトゥのグループ Y

グループ V は，グループ U の北側のやや高い位置に存在する西向きの建造物であり，西には十字テラスと参道が存在している。祠堂の東側は増築部であり，増築部の砂岩材は大きさ・形・積み方が揃っておらず，この部分がバイヨン期末期以降（第Ⅷa-b期）に増築されたことは明らかである。本体部分も，厚みの薄い石材が多く，大きさにも変化があり，かつ，黄褐色を示す砂岩材が多いことから，バイヨン期末期以降の建造である可能性が高い。

グループ Y は，グループ V のさらに北側の高い位置に存在する東向きの建造物である（図 4-144）。建物の東側と西側とでは，石材の大きさや質がやや異なっている。全体的に砂岩材の大きさに変化があり，水平目地が揃っていないところが多く，また，基壇には石英質赤色砂岩が混入していることからバイヨン期末期以降の建造であると推定される。

プリア・ピトゥの砂岩材の帯磁率は，アンコール・ワット期のものと比べると小さく（$1.2 \sim 3.0 \times 10^{-3}$ SI 単位），また，石材の形もアンコール・ワット期のものより薄く，扁平なものが多いことから，プリア・ピトゥは，アンコール・ワット期ではなく，バイヨン期末期以降に建造されたことが推測される。この時期の砂岩材には若干ではあるが，ほぼ共通して石英質の赤色砂岩が混入しており，興味深い特徴となっている。

グループ X の祠堂を除くと，祠堂の砂岩の帯磁率は $2.0 \sim 3.2 \times 10^{-3}$ SI 単位の高い値を示し，ポスト・バイヨン期に建造されたことを示している（口絵 17）。

それに対し，グループ T およびグループ U の周壁，グループ X の上部基壇および祠堂，グループ T の西側にある十字テラスでは砂岩の帯磁率は $1.2～2.0 \times 10^{-3}$ SI 単位の相対的に低い値を示しており，プリア・ピトゥ建造の末期では砂岩の帯磁率が低下する傾向が認められる。

37. コー・ケル（地方拠点寺院）

ジャヤヴァルマン 4 世（921-c941）

　コー・ケルは，シェム・リアップの北東約 85 km のところに位置しており，シェム・リアップから車で 2 時間半程度の道程である。2010 年現在，コー・ケル地域では地雷撤去作業が継続中であり，地雷存在の可能性を示す "Danger Mines！" と書かれた赤い看板の奥には決して立ち入らないようにしなければならない。ただ，主要寺院の周辺ではすでに地雷撤去作業が終了している。

　ジャヤヴァルマン 4 世によって 921 年にアンコールの地からコー・ケルの地に遷都され，944 年までこの地に都が存続したが，それ以降はまたアンコールの地に都が戻されることになる。ジャヤヴァルマン 4 世は，王であるヤショーヴァルマン 1 世の妹と婚姻し，王位を強奪したといわれている。アンコール地域では，ヤショーヴァルマン 1 世の息子であるハルシャヴァルマン 1 世が，そしてその後，同じくヤショーヴァルマン 1 世の息子であるイーシャナヴァルマン 2 世が統治していたが，イーシャナヴァルマン 2 世が 928 年に死去すると，ジャヤヴァルマン 4 世は単独の王となり，王権を正当化するために，コー・ケルにおいて大規模な拡張・増築工事を行なったといわれている。

　コー・ケルには多数の寺院が建てられているが，その中心的なものがプラサート・トムである（図 4-145/口絵 30；図 4-146/口絵 31）。プラサート・トムの南東には大きな貯水池であるラハルが存在する。プラサート・トムは，東西の中心軸に沿って南北対称に造られているが，その東西軸は，真の東西軸から 14 度程反時計回りにずれており，ラハルの向きもこの軸に従っている。周辺の小～中規模寺院群には，このプラサート・トムの向きに従ったものと，真の東西軸に従ったも

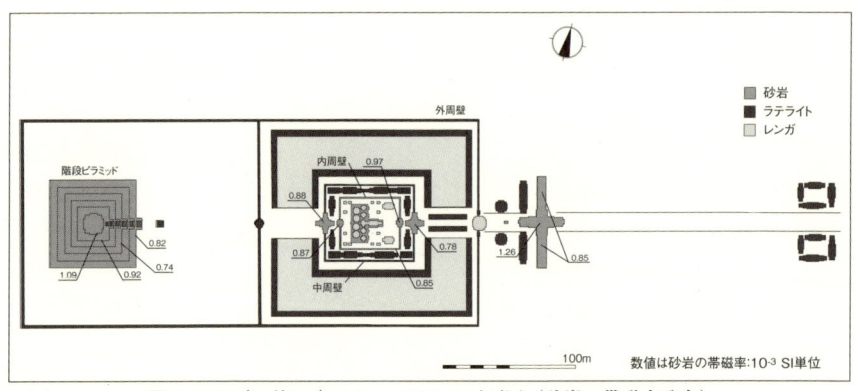

図 4-145(口絵 30) コー・ケルの平面図(砂岩の帯磁率分布)

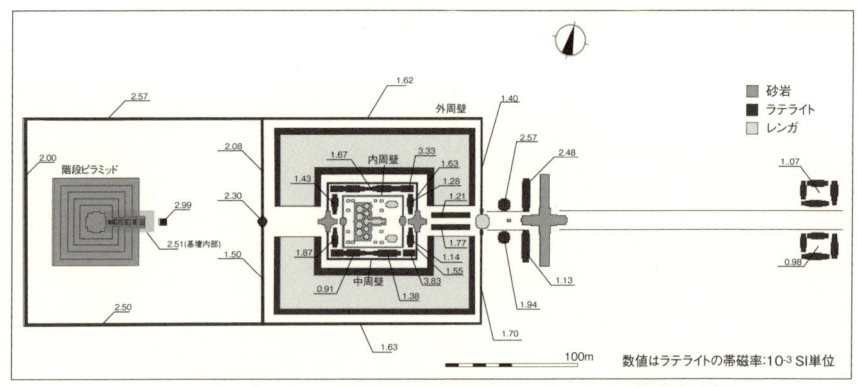

図 4-146(口絵 31) コー・ケルの平面図(ラテライトの帯磁率分布)

のとが存在しており,前者が古く,後者が新しいものと考えられている。コー・ケルの建造に使用されている石材は,砂岩とラテライトであり,レンガも使用されている。

　プラサート・トムでは,東端に全体的に四角い形を呈した「宮殿」と呼ばれているラテライト造の建物が南北に存在している。そこからおよそ 200 m 西側には未完成の砂岩造のゴープラがあり,そこでは大型の砂岩材が使用されている(図 4-147)。ゴープラを通り抜けるとラテライト造の長方形の建物と塔がそれぞれ南北に対をなして配されている。さらに西に進むと東側にレンガ造のゴープラ(プラサート・クラハム),西側にラテライト造のゴープラをもつラテライト造の外

周壁が存在する（図4-148）。

外周壁の内側に入るとラテライト造の建物によって南北が囲まれた参道があり，参道を通り過ぎると東西に砂岩造のゴープラをもつラテライト造の中周壁に達する。外周壁と中周壁との間は環濠となっている。中周壁の内側に沿ってラテライト造の長方形の建物が巡らされている。その内側には内周壁があり，東西のゴープラも含めて砂岩造である。

内周壁内には，基壇上に計9基のレンガ造の祠堂が建てられており，中央祠堂の東側には前室が存在する。この9基のレンガ造祠堂の他に，南東および北東にはレンガ造の経蔵が，そして9基のレンガ造祠堂を乗せた基壇の周辺には，12基のレンガ造小祠堂が配されている。さらに西に進み外周壁のラテライト造の西ゴープラを通りぬけると，基壇をもつ祠堂の乗った5層の階段ピラミッド（全体の高さ35m）が正面に出現する（図4-149）。最上部には巨大な砂岩材が見られる（コラム29，p.206）。

図4-147 コー・ケル，プラサート・トムの大型の砂岩材を使用した東ゴープラ

図4-148 コー・ケル，プラサート・トム外周壁のレンガ造東ゴープラ（プラサート・クラハム）

コー・ケルで使用されている砂岩は，アンコール地域と同じ灰色〜黄褐色砂岩で，比較的質が良く，このことは，プラサート・トムでも，その周辺にある小〜中規模寺院群でも同じである（図4-150）。その帯磁率は$0.7〜1.3\times10^{-3}$ SI 単位の範囲にあり，大きな違いは認められない。この砂岩の帯磁率は，この時期（遷移期，あるいは，第Ⅲ期）にアンコール地域で使用されている灰色〜黄褐色砂岩の帯磁率（$2.3〜3.0\times10^{-3}$ SI 単位）とは大きく異なっており（口絵17），コー・ケルの灰色〜黄褐色砂岩

図 4-149 コー・ケル，プラサート・トムの西端に位置する階段ピラミッド

図 4-150 コー・ケルのプラサート・バラン

図 4-151 コー・ケルの北側の川沿いに見られる砂岩材の旧石切り場

は，アンコール地域とは異なった石切り場から供給されたことを示している。

コー・ケル地域では灰色〜黄褐色砂岩が所々に露出しているとともに，プラサート・トムの北側5kmの川沿いに石切り場跡が見られる（図4-151）。これらの露頭の灰色〜黄褐色砂岩の帯磁率はやや低く$0.3〜0.7 \times 10^{-3}$ SI単位の値を示すが，露頭の砂岩では表面が変質し，その影響で帯磁率が若干低下していることを考慮に入れると，コー・ケルの砂岩は，クレン山ではなく，地元において採掘されたものであると考えられる。

コー・ケルで使われている砂岩材には正方形の断面を示すものとやや長方形の断面を示すものとが見られ，この時期のアンコール地域で使用されている標準的な砂岩材とほぼ同じ大きさのもの（厚さ38〜50cm×幅45〜58cm）とやや大きなもの（厚さ52〜60cm×幅55〜70cm）とが存在する。正方形の断面を示す砂岩材では層理面は意識されずに組積されているが，長方形の断面を示すものでは基本的に層理面方向が長辺方向と平行になっており，層理面方向を意識して組積されている。

ラテライトは，ピソライト質〜やや

多孔質であり，帯磁率は場所により異なっており，$0.9 \sim 5.2 \times 10^{-3}$ SI 単位の値を示している。この時期にアンコール地域で使用されているラテライトは多孔質のものが多く，その帯磁率も $0.5 \sim 0.7 \times 10^{-3}$ SI 単位であることから，アンコール地域とは異なる石切り場からラテライトが供給されたことは明らかである。

　ラテライト材は，一般的には正方形の断面を示すが，長方形の断面を示すものも存在する。層理面方向は基本的に意識されていないが，縦長に置かれた石材では縦層理が卓越している。その大きさは，正方形の断面を示すものでは，厚さ $38 \sim 46$ cm×幅 $43 \sim 51$ cm であるが，長方形の断面を示すものでは，厚さ $30 \sim 33$ cm×幅 $41 \sim 44$ cm となっている。

　プラサート・トムのラテライトの帯磁率は，多くの建物で $0.9 \sim 2.1 \times 10^{-3}$ SI 単位の値を示すが，増築部であるピラミッドの内部，ピラミッド周辺の周壁（東側を除く）および外周壁西ゴープラでは，相対的に高くなっている（$2.0 \sim 2.6 \times 10^{-3}$ SI 単位）。また，外周壁のレンガ造東ゴープラ（プラサート・クラハム）のすぐ東側にある南北対になったラテライト造の長方形の建物および塔では北側で 2.0×10^{-3} SI 単位以上の高い帯磁率を示し，南側で低くなっていることから，南側が古く，北側のものは後に増築されたものである可能性がある。アンコール地域の経蔵では南経蔵が先に建てられ，後で北経蔵が建てられることがよくあることから，上記のような解釈は十分にありうることである。

　さらに，中周壁と内周壁との間にあるラテライト造の長方形の建物群の内，北側および南側東端の建物は高い帯磁率（それぞれ 3.3×10^{-3} SI 単位と 3.8×10^{-3} SI 単位）を示しており，この部分も増築物であると思われる。このように初期に使用されたラテライトの帯磁率が低く（2.1×10^{-3} SI 単位以下），後の増築時に使用されたラテライトの帯磁率が高くなる（2.0×10^{-3} SI 単位以上）傾向が認められる。

　他方，プラサート・トムの周辺に点在する多数の小〜中規模寺院群のラテライトでは，2.0×10^{-3} SI 単位以上の高い帯磁率を示していることが多い。全体的な傾向を見ると，祠堂などの中心部の建物に使用されているラテライトは 2.0×10^{-3} SI 単位以上の高い帯磁率を示すのに対し，周壁に使用されているラテライトの帯磁率は，祠堂などに使われているラテライトの帯磁率と比べて低くなって

図4-152 コー・ケルのラテライト材の石切り場。コー・ケル入り口とスラヤン村との間

図4-153 コー・ケルのプラサート・プラム

おり，2.0×10^{-3} SI 単位を下回るものも存在する。一般的に祠堂などの建物が先に建造され，周壁は祠堂などより後に建造されると考えられることから，コー・ケル全体では，プラサート・トムの建造初期に用いられたラテライトの帯磁率は 2.1×10^{-3} SI 単位以下の相対的に低い値を示し，プラサート・トムの拡張・増築時およびプラサート・トムの周辺に点在する多数の小～中規模寺院群の祠堂などの建物の建造時に用いられたラテライトの帯磁率は 2.0×10^{-3} SI 単位より高くなり，その後，小～中規模寺院群の周壁などの建造時には，ラテライトの帯磁率が再度低くなり，2.0×10^{-3} SI 単位を下回るまでに変化したことが考えられる。

ラテライトの石切り場跡がコー・ケルの南側にある遺跡入口からスラヤン村にかけての道路沿いに点在しており，その帯磁率は $1.3 \sim 2.2 \times 10^{-3}$ SI 単位を示し，コー・ケルのラテライトとほぼ同じ範囲にある（図4-152）。

しかしながら，これらの石切り場とプラサート・トムのラテライトの化学組成分析を行なった結果，プラサート・トムのラテライトと上述した石切り場のラテライトとは，チタン，リン，ストロンチウムおよび希土類元素等の含有量において明らかに異なっており，プラサート・トムのラテライトが，スラヤン村近くの石切り場から供給されたとは考えられない。石英の含有量にも明らかな違いがあり，プラサート・トムのラテライトには石英が多く含まれているのに対し，スラヤン村近くの石切り場のラテライトには石英がそれほど多く含まれていない。

まだ調査を行なっていないが，プラサート・トムの西側およそ1.5 kmのところにもラテライトの石切り場の存在が報告されており，プラサート・トムのラテライトはその距離から考えて，この石切り場から供給された可能性が高い。他方，プラサート・トムの周辺に点在する小〜中規模寺院群のラテライトに対して，携帯型蛍光X線分析装置による分析を行なった結果，これらの寺院には，ストロンチウム含有量の高いラテライトと低いラテライトとが使用されていることが明らかになった。前者はスラヤン村近くの石切り場から供給されたラテライトであり，後者はプラサート・トムの建造に使用された石切り場のラテライトである可能性が考えられる。

　レンガは，一般的に淡黄褐色であり，プラサート・トムで使用されているレンガ材の厚さは60〜72 mmとなっている（図4-153）。

Column 29　巨大リンガの新都

　コー・ケル遺跡群のランドマークともなるプラサート・トム寺院内のピラミッド「プラン」。高さ約35mのピラミッドに造り付けられた，踊り場のないひたすら真っ直ぐで急勾配の階段を上り詰めると，頂部には造りかけの祠堂が配されている。祠堂の室内には一見して台座とは思えないほど大きな台座が半壊し，その下には底が見えない堅孔が不気味に口を開けている。1辺5m以上もあるこの巨大な台座の上には，さぞかし見事なリンガが安置されていたことであろうが，堅孔の中に落ちているのか，あるいは周囲に崩落したのか，残念ながら遺失してしまった。

　プラサート・トム寺院の正面には，同形式の砂岩造の祠堂が三基配置されている（Prasat Balang, Prasat Thneng, Prasat G）。これらの祠堂の室内は巨大な台座によって占められ，台座の上には同一の石材から削り出されたリンガが圧倒的なボリュームで配されている。さらに遺跡群の南側に位置するプラサート・クナ遺構は，石積みが崩落して原型を留めていないものの，遺構全体で巨大なリンガと台座を形作っている。1辺6m，高さ3mの台座の上に，直径3.8m，高さ2.7mの巨大なリンガが据え付けられていた姿が復元される。歴代の王都であったアンコールから遠く地方に遷都したここコー・ケルで，王が強大な権力を誇示するためには，既存の価値観をはるかに超えた，何か巨大なシンボルが必要だったのかもしれない。

38. コンポン・スヴァイのプリア・カーン（地方拠点寺院）

スールヤヴァルマン1世（1002-1049）
～ジャヤヴァルマン7世（1182-c1218）

　コンポン・スヴァイのプリア・カーンは大プリア・カーンとも呼ばれ，アンコール・ワットの東約95kmのところに位置している。大プリア・カーンはアンコール・ワットの真東に位置しているとともに，コー・ケルと前アンコール時代の寺院群であるサンボール・プレイ・クックを結ぶ直線上に位置している（コラム30, p.212）。シェム・リアップから大プレア・カーンまでは国道6号線に沿って南東方向にストゥンまで行き，そこから大プレア・カーンを目指して北上することになる。しかしながら，ストゥンから北上する道路はまだ整備されておらず，橋のないところもあることから，乾季半ば以降の1月から3月上旬でないと川を渡ることができず，大プリア・カーンに行くことは困難である。現在既に国道6号線の整備は完了しているが，北上する道が悪路であるため（2010年12月現在整備中），片道4時間近くの行程となる。同様にまだ整備されていないが，ベン・メリアから東に延びる王道を使って大プリア・カーンを目指すことも可能であるが，5時間以上の時間を要する。

　大プリア・カーンは，スールヤヴァルマン1世により建造が開始された寺院であるが，それ以降，ジャヤヴァルマン7世の時代まで増築・拡張が行なわれている。大プリア・カーンは東向きの寺院であるが，その東西軸は真の東西軸から反時計方向に30度程ずれており，南北軸の方向はコー・ケルとサンボール・プレイ・クックを結ぶ線と一致している。

　大プリア・カーンの中心部は，環濠と東西南北にゴープラをもつラテライト造の外周壁によって囲まれ，その内側に東西南北にゴープラをもつ砂岩造の外回廊および内回廊があり（図4-159），内回廊の内側には砂岩造の中央祠堂と南北経蔵が存在している（図4-154～図4-156）。内回廊東ゴープラのすぐ東側にも砂岩造の建物が存在するとともに，外回廊東ゴープラの北西側には4棟のラテライト造の建物が配されている。外回廊およびその内側の建物の崩壊は激しく，修復作業が

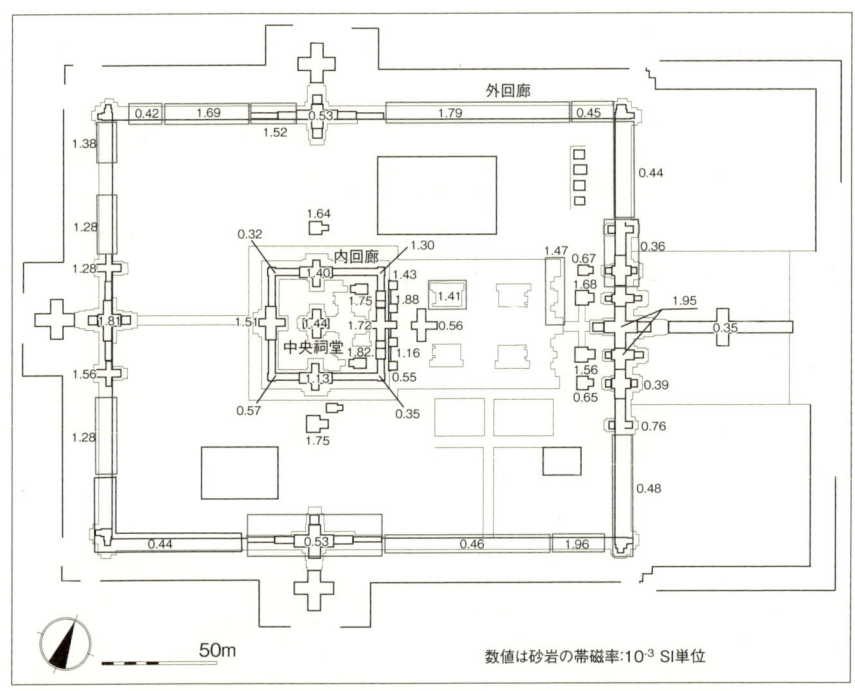

図 4-154 コンポン・スヴァイのプリア・カーンの平面図（中心部）

図 4-155 大プリア・カーンの外周壁東ゴープラ

まだ行なわれていないばかりでなく，盗掘による破壊が印象的である。

また，外周壁東ゴープラから外回廊東ゴープラに至る参道途中の北側には砂岩造のダルマサラが，南側にはラテライト造周壁によって囲まれた砂岩およびラテライト造の建物が存在する（図4-157；図4-158）。この建物は未完成であるが，唯一碑文が残されており，それによると砂岩造の建物はスールヤヴァルマン1世の時代である1002年頃に建てられたものである。

これらの中心部をなす建造物群は，さらに4.7km四方の大きさの3重の土手によって囲まれている（図4-159）。これらの中心部の建造物群の東側には東西2.8

km，南北 0.7 km の大きさをもつ貯水池があり，その中心にはプラサート・プリア・トコルが存在し，東西にゴープラをもつ回廊，中央塔および南北経蔵から構成されている（図4-160）。貯水池の西岸中央には船着場があり，その直ぐ西側にプラサート・プリア・ストゥンがあり，東西南北にゴープラをもつ回廊と四面塔をもつ中央祠堂より構成されている。さらに，貯水池の南東側にはプラサート・ダムレイと呼ばれるピラミッド状をなす建造物が存在する。

図4-156　大プリア・カーンの外回廊東ゴープラ

大プリア・カーンで使用されている砂岩（灰色〜黄褐色砂岩）には，帯磁率の高いもの（$1.1〜2.0 \times 10^{-3}$ SI 単位）と低いもの（$0.3〜0.8 \times 10^{-3}$ SI 単位）とが存在する。このことは，2つの石切り場から砂岩材が供給されたことを示している。帯磁率の高い砂岩が大プリア・カーンの中心部（外回廊の内側）に使用されていることから，初期には帯磁率の高い砂岩の石切り場から供給され，その後，帯磁率の低い砂岩の石切り場から砂岩が供給されたことが考えられる。中心部の外回廊東西ゴープラ，内回廊東西南北ゴープラ，中央祠堂および南北経蔵などの建物の砂岩は $1.1〜2.0 \times 10^{-3}$ SI 単位の相対的に高い帯磁率を示し，碑文のある建物の砂岩も高い

図4-157　大プリア・カーンのダルマサラ

図4-158　大プリア・カーンの碑文のある建物

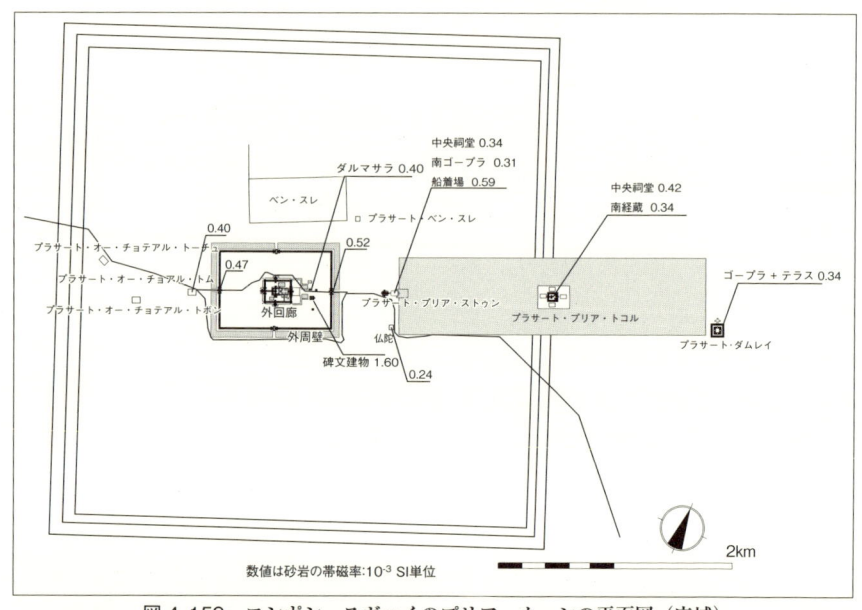

図4-159 コンポン・スヴァイのプリア・カーンの平面図（広域）

図4-160 大プリア・カーンのプラサート・プリア・トコルの中央祠堂

帯磁率（1.6×10^{-3} SI 単位）を示している。

それに対し，内回廊東ゴープラの直ぐ東側にある建物，外回廊南北ゴープラと内回廊および外回廊の多くでは $0.3 \sim 0.8 \times 10^{-3}$ SI 単位の低い帯磁率を示す砂岩が使用されている。

それに加え，外周壁ゴープラ，プラサート・プリア・トコル，プラサート・プリア・ストゥンおよびプラサート・ダムレイでも $0.2 \sim 0.5 \times 10^{-3}$ SI 単位の低い帯磁率を示す砂岩が用いられている。

帯磁率の高い砂岩材は加工精度が高く，整層積みで正方形の断面を示す傾向が認められる。その層理面方向は碑文のある建物を除いて基本的に水平になっている。このような特徴をもつ石材は，断面が長方形で水平層理をもつ石材とともに

アンコール・ワット期の建物に使用されており，断面が正方形で水平層理をもつ石材の使用はアンコール・ワット期の特徴の一つになっている。

それに対し，帯磁率の低い砂岩は長方形の断面を示し，基本的に層理面は水平方向になっているが，その加工精度は帯磁率の高い砂岩と比べて劣り，かつ，乱積みとなっている。このような石材の特徴から帯磁率の低い砂岩材が使用されている建物は，バイヨン期後期の増築・拡張部であると考えられる。プラサート・プリア・ストゥンでは，バイヨン期後期の特徴である四面塔が見られる。

これらの帯磁率の低い砂岩は，バイヨン期後期にアンコール地域で使用されていた砂岩の帯磁率とは異なっていることから，クレン山とは異なり，地元周辺の石切り場から供給されたことが推測される。他方，帯磁率の高い砂岩は，アンコール地域のプレ・ループ～クレアン～バプーオン期の砂岩の帯磁率と同じ値を示している。この時期では層理面方向が意識されておらず，縦層理および横層理の砂岩材が見られるが，アンコール・ワット期になると層理面方向は基本的に水平となる。アンコール地域において，アンコール・ワット期前期は，プレ・ループ～クレアン～バプーオン期の相対的に帯磁率の低い砂岩材からアンコール・ワット期主要期の帯磁率の高い砂岩材への移行期であり（図 2-35, p. 44)，アンコール・ワット期初期であれば，プレ・ループ～クレアン～バプーオン期と同じ石切り場の砂岩が使用された可能性がある。このことから，大プリア・カーンの相対的に高い帯磁率を示す砂岩が使用された建物は，碑文のある建物を除いて，アンコール・ワット期初期に建造され，その砂岩はクレン山から供給されたものである可能性が考えられる。

クレン山から大プリア・カーンまではおよそ 55 km 離れているが，この程度の距離における石材の運搬は当時それほど困難ではなかったと思われる。O. クニンによれば，大プリア・カーンの帯磁率の高い砂岩を使用した建物では，砂岩材内部に木材を通して補強する工法が見られるが，このような工法はアンコール・ワット期初期までの建物（タイのピマイが最後）に見られる工法であることから，上記の考えと矛盾するものではない。

ラテライトは外周壁，内回廊，碑文のある建物の増築部とその周壁などに使用

されている。これらのラテライトは0.4〜0.6×10^{-3} SI単位程度の帯磁率を示し，多孔質で，長方形の断面を示し，乱積みされている。このような石材の特徴から，ラテライト造の建物はバイヨン期後期以降の建造であると推測される。しかしながら，外回廊東ゴープラの北西にある4つのラテライト造の建物に使用されているラテライトは正方形の断面を示し，加工精度が高く，均質で質が良く，かつ，層理面が基本的に水平になっていることから，これらのラテライト造の建物はアンコール・ワット期の建造であることが推測される。

　大プリア・カーン周辺地域には幾つかの鉄鉱山が存在しており，クメール人とは異なった少数民族であるクーイ族によって製鉄が行なわれていた。製鉄時に生成される廃棄物であるスラグが貯水池ベン・スレの周辺で見つかっており，このことは大プリア・カーンでも製鉄が行なわれていたことを示している。

Column 30　不可視の超広域計画

　アンコールの寺院の多くは東を正面としている。中国の歴史書には，カンボジアの官舎や家屋は東に面して建てられていると記され，それは東が神聖で，他の方角よりも上座であったためであると説明されている。クメール族が太陽崇拝の民族であったとも，あるいは，ヒンドゥー教の方位神との関係からシヴァ教寺院は東に面しているといわれることもある。ただ，東を正面にする寺院もまた，測量してみると精確には東を向いていないものばかりであるし，明らかにその他の方位を向いているものもある。そんな中で，ここ大プリア・カーン遺跡は，北東の方向へとそっぽ向いて建てられている。北東はヒンドゥー教の方位神ではシヴァ神が居座っており，また最も上位の方角とされているため，シヴァ教とこの遺跡群が密接に関連していることが，北東を正面としている理由だと考えられなくはない。

　しかしながら，神の視線をもって，アンコール王朝の版図全域をはるか上空から見下ろしてみると，大プリア・カーンの位置や方位を理解するに足る驚くべき遺跡群の配置計画が見えてくる。カンボジア内のアンコール遺跡は数千を数えるので，それらすべてを上空から俯瞰しても，夜空に瞬

く星の如くに何の脈絡もなく多数の遺跡が散らばっているだけである。しかし，星の明るさのように，各遺跡の重要性をもって1等星から順番に分類していったとしたら，夏の大三角形のごとく，一際強く輝く遺跡が，ある特定の関係で配置されている様子が見えてくる。ここでは，そうした星座の如く有意な配置関係を示している例を一つ紹介しよう。

　北東方向を正面とする大プリア・カーンの中央祠堂を通り，この遺跡群の主軸角度と直交する直線を北西に延ばしてみよう。すると，密林の中を延びるこの直線は45km先でコー・ケル遺跡群へとぴったり到達する。逆に南東に延ばした線を追いかけると，67km先で今度はサンボール・プレイ・クック遺跡群へと達する。3つの特大の遺跡は110kmの長大な計画線によって串刺しにされているのだ（口絵18）。大プリア・カーンの左右には建設者も時代も全く異なる2つの都市が精確に配置されるように計画され，それが極めて高い精度で実現されている。

　神の視座からであれば，この超広域配置計画は実に美しく輝いて見えることだろうが，地上に立つ私たちには何も見えない。こんな目にも見えない計画を精確に実現しようとする欲求がどこから沸いてくるのかわからないが，この無駄とも無謀とも思われる不可視の計画の実現こそが，アンコールの建築家の表現意欲を良く示しているのかもしれない。インドに伝わる宇宙観や神話の世界を，そのまま完璧に地上に現出したいという欲求があったことは，王都アンコール・トムやニアック・ポアンの寺院計画にも認められる。そこでは，甚大な労力を要する建設工事にあたって，仕事量を少しでも軽減するために巧みなメタファーを考案して逃げを図ろうとはしないクメールの建築家の強固な意志が見られる。ユートピアを実直かつ精密に構築する誠実さと技術力，そして膨大な仕事量を省みない大胆な構想力。7世紀から12世紀までの600年にわたって造られたこれら三大遺跡群で具現化されたこの超広域計画は，アンコール王朝の歴代の王によって引き継がれた神の世界を地上に模写するための壮大な計画の一部だったようである。

39. ベン・メリア（地方拠点寺院）

～スールヤヴァルマン2世（1113-c1150）

　アンコール・ワットの東約40km，クレン山の南東麓に位置し，スールヤヴァルマン2世を含む複数の前任の王たちによって建立された寺院であるといわれている。シェム・リアップから車を用いて1時間程で行くことができる。2000年ごろまではまだ周辺部の地雷撤去作業が終了しておらず，ガイドなしで遺跡を歩くことは危険であったが，今では地雷撤去作業が終了し，安全は確保されている。

　ベン・メリアはシェム・リアップから離れていることもあり，修復作業はまだ行なわれておらず，自然の脅威により破壊されたままの状態となっている。しかしながら，最近では道路の整備とともに観光客が増えてきたこともあり，木製の階段や遊歩道が設置されている。とはいえ，崩壊した石材や壁の上を歩かなければならないところもあり，見学には十分な注意が必要である。

　ベン・メリアは当時の交通の要所であり，西40kmの地点にはアンコール・ワットが，東55kmの地点にはコンポン・スヴァイのプリア・カーンが，また北東45kmの地点にはコー・ケルがあり，ベン・メリアはこれらの中心に位置している（コラム31，p.217）。

　遺跡は東向きに造られており，中央祠堂を取り囲む三重の回廊から構成されている（図4-161～図4-163）。中央には前室を伴う中央祠堂が存在するが完全に崩落している。外回廊の東西南北ゴープラの外側には十字テラスが設けられているとともに，東側の外回廊と中回廊との間には十字回廊が配されている。ベン・メリアは東西軸を中心に南北対称に造られているが，南側の中回廊と外回廊との間には大きな石材を使用した2棟の建物が存在している（図4-164）。また，外回廊と中回廊との間および内回廊内側の東側には南・北経蔵が存在している。

　ベン・メリアの建物は基本的に砂岩造で，質が良く，加工精度の高い砂岩が使用されている。砂岩材は一般的に厚さ30～35cm×幅45～50cm程度の長方形の断面を示しているが，南側の中回廊と外回廊との間にある2棟の建物では大型の石材が使用されている。その大きさは場所により異なるが，壁面に現れている大

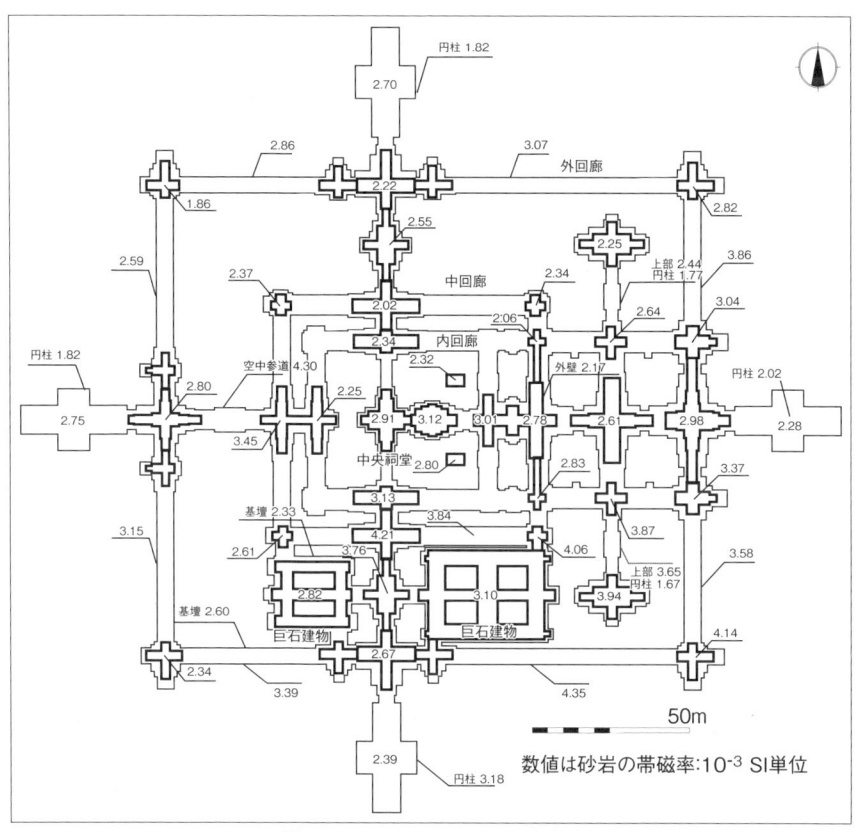

図 4-161　ベン・メリアの平面図

きさでは，厚さ 50〜80 cm，長さ 80〜220 cm であり，他の場所の石材と比べてかなり大きくなっている。このような大型の石材は，アンコール遺跡ではアンコール・ワットおよびワット・アトヴィアで使用されているのみである。上述の大型の石材を使用した建物は，アンコール・ワットとほぼ同じ時期に建造されたことが推測される。

　タイとカンボジアとの国境付近にあ

図 4-162　ベン・メリアの崩壊した外回廊

アンコール遺跡各論　　215

図4-163 ベン・メリア外回廊の南ゴープラ

図4-164 ベン・メリアの中回廊と外回廊の間にある大型の砂岩材を使用した建物

り，2008年にユネスコの世界遺産に登録され，2010年現在，タイとカンボジアとの間で所有権争いとなっているプリア・ヴィヘアでも一部に大型の砂岩材が使用されている。プリア・ヴィヘアは10世紀初めごろからアンコール・ワット期にかけて建造された建物であり，石材の大きさに変化が見られるが，大きな石材が使用されている建物はアンコール・ワット期の建造である可能性が高い。時期は異なるが，コー・ケルでも一部に大型の砂岩材が使用されている。

砂岩の平均帯磁率は場所によりかなり異なり，$1.8〜4.4 \times 10^{-3}$ SI 単位の広い範囲を示している。全体的には，北側で低く，南側で高い傾向が見られるが，時期とともに帯磁率が高い方向に変化しているのか，それとも，低い方向に変化しているのかは必ずしも明らかでない。しかしながら，O. クニンによれば，建築学的な見地から大型の石材を用いた建物は中回廊よりも後に建造されたと考えられることから，一般的な大きさの石材を用いた他の建物の大部分は，アンコール・ワット期前期（第Ⅳb期）に建造された可能性が高く，砂岩の帯磁率の範囲もアンコール・ワット期前期のものと一致している。

ベン・メリア近くのクレン山の麓には，アンコール時代の砂岩の石切り場が点在している。気軽に行くことのできる石切り場として，オー・トモ・ダップがある（図2-25, p.33）。ベン・メリア近くの主要道をベン・メリアへの入り口においてコー・ケル方面へと進み，道なりに1kmほど進むと小さな橋が現れる。この橋の下に，オー・トモ・ダップと呼ばれるアンコール時代の石切り場が川沿いに

見られる。石切り場はそれほど深くなく，1〜2m程度の表層部を剥がした程度である。その石質や切り出した石材の大きさおよび帯磁率から判断して，バイヨン期後期の石切り場であると推測される。

Column 31　王道と地方拠点

　ベン・メリア寺院は，王都アンコールより東方に延びる幹線道路の分岐点に位置する。分岐した幹線道路の一方は，東の大寺院大プリア・カーンに，もう一方はアンコール王朝の発祥の地ともなるラオス内のワット・プー寺院へと一路ひた走る（口絵18）。12世紀末，ジャヤヴァルマン7世の時代に，既存の道路が整備されることによって完成した「王道」とも呼ばれる幹線道路は，ここで分岐する2筋のほかに，王都アンコール・トムから北・西・南東へと3筋が延びており，トンレサップ湖が広がる南西方向を除く方角に放射状に広大な版図を貫くように走っている。幹線道路の多くは水田や森の中を突っ切っており，当時の形状はほとんど残していないが，発掘調査からは土堤状に延びる道の幅は場所によっては20m以上あることが確認されている。現在の道にして片側3車線の大通りに匹敵する街道である。

　ベン・メリア寺院では環壕内の西側に「宿駅」と呼ばれる遺構がある。宿駅は幹線道路沿いに12〜15km間隔で配され，およそ半日の行程で休息がとれるように設置されている。ベン・メリア寺院では，王都から王道を通じて訪れた参拝者が，寺院の中心へと歩を進める前に来訪できるように境内の西側に配されたものと考えられる。

40. バンテアイ・チュマール（地方拠点寺院）

ジャヤヴァルマン7世（1182-c1218）

　シェム・リアップの北西約 110 km のところに位置する 13 世紀初期に建造された大規模地方拠点寺院であり，ジャヤヴァルマン 7 世により息子を弔うために建造されたものである。シェム・リアップからは国道 6 号線を西におよそ 100 km 進み，シソフォンから 50 km ほど北上することによりたどり着くことができる。2000 年ごろまでは道路事情が悪く，バンテアイ・チュマールへ行くことは容易ではなかったが，2009 年に国道 6 号線のシェム・リアップ―シソフォン間の道路整備が完了し，今では片道 2 時間半程度で行くことができる（コラム 32, p. 222）。2010 年現在，アメリカのグローバル・ヘリテージ・ファンドによって修復作業が行なわれている。

　バンテアイ・チュマールの中心部は，東西 800 m，南北 700 m の環濠と東西南北に砂岩造のゴープラをもつラテライト造の外周壁によって囲まれ，その外側には 8 つのサテライト寺院が点在する（図 4-165〜図 4-168）。東側には東西 1.7 km，南北 0.8 km の大きさを有するバライが存在し，その中央にも祠堂が建てられている。外周壁の内側には，外回廊，内周壁，内回廊があり，内回廊内部には中央祠堂をはじめ多くの建物が存在している。また，内回廊と外回廊との間には 3 つの副回廊が配されている。

　バンテアイ・チュマールでは，バイヨンと同様に多くの四面塔が見られ，O. クニンによる詳細な調査では，当初は少なくとも 50 基の四面塔が存在していたと推定されている。外回廊にはレリーフが施され，西ゴープラ南側の壁面にはバンテアイ・チュマールでしか見ることのできない千手観音のレリーフが彫られている（図 4-169）。

　バンテアイ・チュマールは主として砂岩造であるが，外周壁や内周壁などにはラテライトも使われている。砂岩は色の変化に富み，灰色，黄褐色，赤褐色を示すものが見られる。また，若干であるが，外回廊などには石英質の赤色砂岩の混入が認められる。石材は乱積みであり，バイヨン期後期以降の特徴を有している。

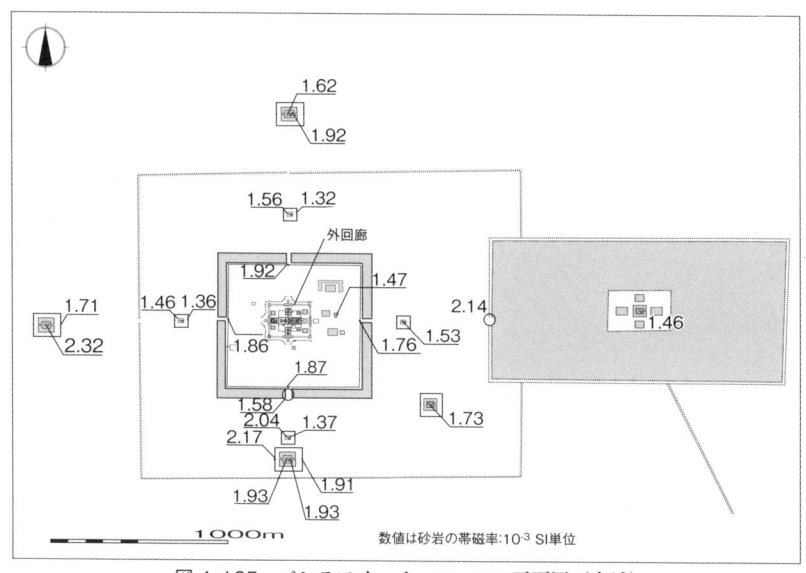

図4-165 バンテアイ・チュマールの平面図（広域）

　外回廊の砂岩は長手積みされており，それ以外の石材は小口積みで，やや扁平な長方形の断面を示している。ラテライトはややピソライト質～やや多孔質である。

　各箇所における砂岩の平均帯磁率の範囲は $0.9 \sim 2.3 \times 10^{-3}$ SI 単位で，全体の平均値は 1.69×10^{-3} SI 単位である。この値はバイヨン外回廊の砂岩の帯磁率とほぼ同じ値である。バンテアイ・チュマールは，バイヨンより後に建造が開始されたと考えられているが，砂岩の帯磁率はこのことと調和的である。また，最後の段階で建造されたと考えられる外回廊に石英質赤色砂岩が若干混入していることは，バイヨン期末期以降の建造物に見られる特徴と一致しており，これらのことは，バンテアイ・チュマールの砂岩材が，アンコール地域で使用されていた砂岩材と同じ石切り場から供給された可能性を示唆するものである。

　しかしながら，バンテアイ・チュマールはシェム・リアップから直線距離で 110 km 離れており，大規模寺院を構成する多量の石材がクレン山にある石切り場から運ばれてきたと考えることは容易ではなく，上記の石材に関する特徴の一致は単なる偶然である可能性が高い。タイ国内のバンテアイ・チュマールに近い地域には，灰色～黄褐色砂岩が分布しており，最近，この地域から灰色～黄褐色

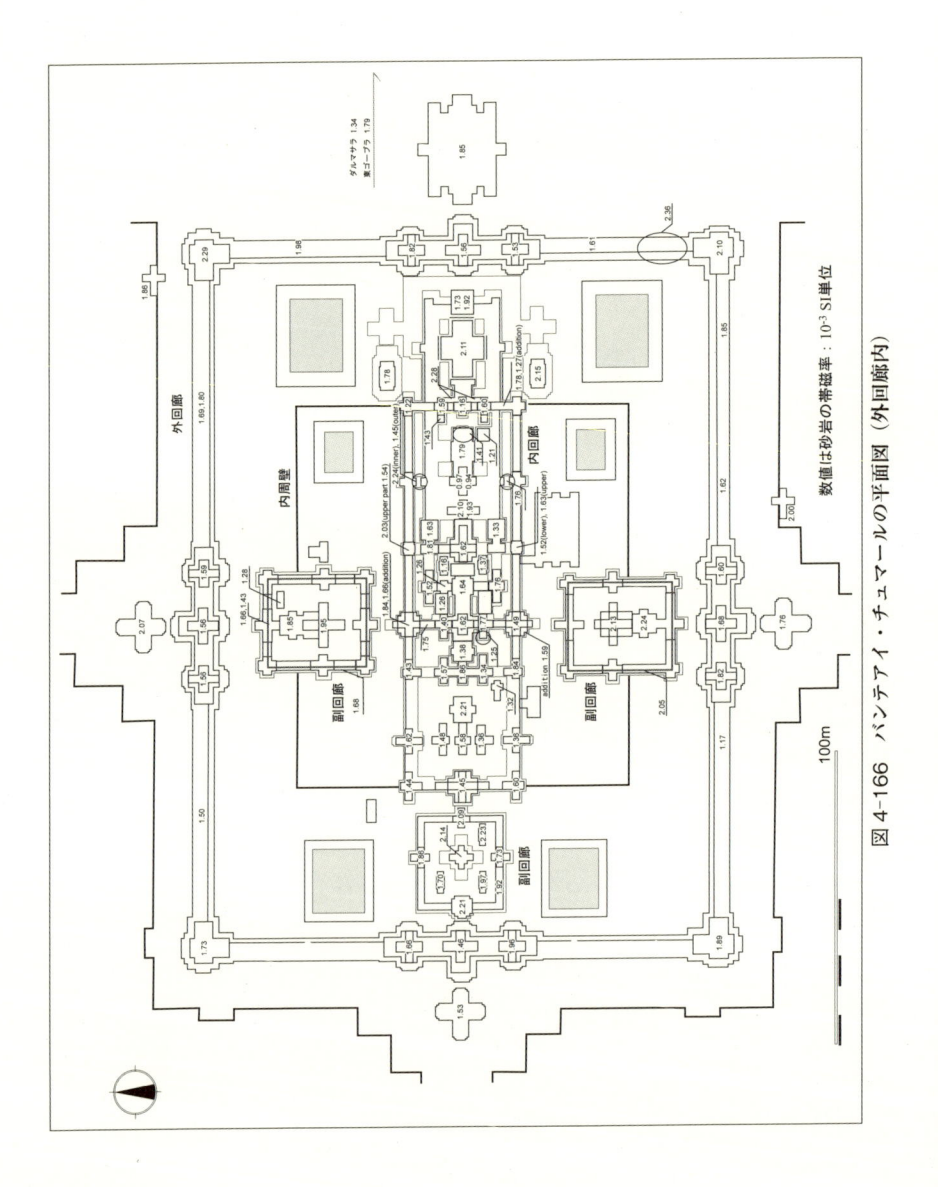

図 4-166 バンテアイ・チュマールの平面図（外回廊内）

砂岩の石切り場が発見されており，この石切り場からバンテアイ・チュマールの砂岩材が供給された可能性が考えられる。

　砂岩材の断面の大きさは，一般的には厚さ25～35cm×幅40～50cmであり，バイヨン期のものと一致し，層理面も基本的には水平になっている。ただし，外回廊では砂岩材は長手積みされており，その平均的な大きさは，厚さ26cm×長さ87cmである。内周壁にはラテライト材が使用されており，平均的な大きさは厚さ24cm×幅41cmであり，砂岩材と比べてやや小さくなっている。

図4-167　バンテアイ・チュマールのサテライト寺院

図4-168　バンテアイ・チュマールの中心部

図4-169　バンテアイ・チュマールの外回廊に彫刻された千手観音のレリーフ

Column 32　止まらない盗掘の現実

　観光客が日々訪れるシェム・リアップ近郊の寺院でも，彫刻の一部が削り取られた生々しい痕が目に痛い。ましてや，地方の遺跡では近年に入ってからも盗掘の被害は少なくない。

　1999年，バンテアイ・チュマールでは，回廊の浮き彫りの石積みが数十メートルに渡って解体され盗掘された。盗掘された浮き彫りはトラックでタイへと運び出されようとしていたところ，数台は取り逃がしたものの，ほかはなんとか国境で警察に取り押さえられ，浮き彫りの一部は回収された。盗掘はデヴァタ像の顔面部分を削り取る村人の小遣い稼ぎのようなものから，寺院の地下に埋められている宝物の類を狙った組織的なものまで手口も規模も様々だ。

　今でも，アンコール遺跡の数は増え続けているが，それは地方にまだ正式に記録されていなかった多くの遺跡が遺跡台帳に収められつつあるからである。しかし，そうして新たに記録された寺院も，盗掘の被害を受けたものばかり。遺跡を研究する立場からすれば，一つでも良いから未盗掘の遺跡で発掘調査をしてみたいものだ。その願いは盗掘団の欲望と，ある種近しいものかもしれないが。

まとめ ── アンコール遺跡の石材の特徴と劣化

　アンコール遺跡の石材に関する研究から，石材の特徴と劣化に関して次のことが明らかになった。これらのことを頭に入れてアンコール遺跡を訪れてみることにより，アンコール遺跡の理解が深まり，遺跡をさらに楽しむことができるであろう。

砂岩

1. アンコール遺跡で用いられている主要石材は砂岩であり，その中でも灰色～黄褐色砂岩が最も重要な石材となっている。例外的にバンテアイ・スレイでは石英質の赤色砂岩が全面的に使用されており，また，局所的であるが，タ・ケオの基壇最上部にある5つの祠堂本体では緑灰色硬砂岩が使用されている。

2. アンコール遺跡の灰色～黄褐色砂岩は，構成鉱物・化学組成において遺跡や時期による違いは全く見られないが，その帯磁率には違いが認められる。砂岩の帯磁率に基づきアンコール時代には7つの石切り場が存在したことが推定されるとともに，遺跡の建造時期や建造順序をある程度推定することが可能となってきた。

3. 砂岩材に関しては，バプーオン期まではアンコール時代初期の例外を除いて正方形の断面を示し，加工精度も高く，整層積みされている。それに対し，アンコール・ワット期以降は，石材の断面は長方形となり，時期とともに扁平になる傾向が見られる。ただし，アンコール・ワット期では長方形の断面を示す石材とともに正方形の断面を示す石材も認められる（アンコール・ワットおよびコンポン・スヴァイのプリア・カーンの中心部）。バイヨン期後期以降になると，黄褐色や赤褐色を呈する砂岩材の割合が高くなり，色の変化や層理が顕著になるとともに，石材の形も不揃いで乱積みとなる。バイヨン期末期以降の遺跡では，僅かであるが，石英質赤色砂岩の混入が特徴的に認められる。

4. 石材の組積において，基本的にバプーオン期までは層理面方向が意識さ

れていないが，アンコール・ワット期以降は層理面方向が意識され，基本的に層理面が水平になるように積まれている。

5. アンコール・ワット期の一部の遺跡では大型の石材の使用が認められる（アンコール・ワット，ワット・アトヴィア，ベン・メリアの一部）。また，コー・ケルの一部でも大型の石材が使われている。

6. プリア・パリライおよびプリア・ピトゥは，従来，アンコール・ワット期の建造であると考えられてきたが，砂岩材の特徴や帯磁率はポスト・バイヨン期の建造であることを示している。

7. コンポン・スヴァイのプリア・カーンでは，相対的に帯磁率の高い砂岩と低い砂岩とが使用されている。石材の特徴から碑文のある建物（クレアン期の建造）を除き，帯磁率の高い砂岩を用いた建物はアンコール・ワット期初期の建造であり，帯磁率の低い砂岩を用いた建物はバイヨン期後期の建造であると推測される。

8. バプーオン期以降の遺跡では，円柱で装飾された十字テラスや円柱・角柱で支えられた空中参道が見られる。これらは従来，バイヨン期末期以降に増設されたものであるといわれてきたが，その帯磁率からこれらの構造物はそれぞれの遺跡の建造時とほぼ同じ時期に設置されたものであることが明らかになった。

9. アンコール遺跡の灰色～黄褐色砂岩は，シェム・リアップの北東約40 kmのところにあるクレン山の山麓から供給されたものである。それに対し，地方拠点寺院であるコー・ケルの砂岩はコー・ケル周辺地域から供給されたと考えられる。同じく地方拠点寺院であるコンポン・スヴァイのプリア・カーンでは，初期の帯磁率の高い砂岩（クレアン期～アンコール・ワット期）はクレン山の石切り場から，帯磁率の低い砂岩（バイヨン期）は周辺地域の石切り場から供給された可能性が高い。

ラテライト

1. アンコール遺跡のもう1つの主要石材であるラテライトは，見掛けから多孔質ラテライトとピソライト質ラテライトとに大別される。しかしながら，主要成分（Al_2O_3, Fe_2O_3, SiO_2）および構成鉱物（石英，赤鉄鉱，針鉄鉱，カオリナイト）においては顕著な違いは認められない。

2. 組織，帯磁率および微量成分（As，Sb，Sr，V）の含有量に基づき，アンコール時代においてラテライトの主たる石切り場は少なくとも5箇所存在したと推測される。

3. ラテライト材の形，大きさ，組積法，層理面方向に関しては，砂岩材と同じ特徴が認められる。アンコール・ワット期では，長方形の断面を示す石材に加えて，正方形の断面を示すラテライト材が認められ（ワット・アトヴィア，バンテアイ・サムレ，プラサート・スープラ），正方形の断面を示す石材でもその層理面方向は基本的に水平になっている。また，アンコール時代初期の遺跡では，長方形で扁平な断面をもつラテライト材も使用されている（バコン，プリア・コーなど）

4. ラテライト造であるプラサート・スープラ塔は，従来，バイヨン期後期以降の建造であると考えられてきたが，ラテライト材の特徴，一部に使用されている砂岩材の帯磁率およびプラサート・スープラ塔から採取された木炭片に対する放射性炭素年代測定から，アンコール・ワット期の建造であることが明らかになった。

石材劣化（砂岩材）

1. 層理面に沿った亀裂： 主要石材である灰色～黄褐色砂岩では，層理面に沿って雲母類が定向配列していることから層理面に沿って割れ易く，層理面が縦になるように設置された砂岩材では層理面に沿った亀裂が頻繁に見られる。

2. コウモリの排泄物による塩類風化： 遺跡に棲息するコウモリの排泄物に含有されているイオウやリンが原因となって，特に，柱や壁面下部に石こうやリン酸塩鉱物の析出による塩類風化が生じている。アンコール・ワットおよびプノン・クロムにおいてその典型例が見られる。

3. 方解石析出による塩類風化： 砂岩中を浸透してきた雨水に砂岩に含有されていたカルシウム分が溶かされ，石材表面において雨水が蒸発する際に方解石（炭酸カルシウム）として析出し，その結晶圧によって砂岩材表面の剥離が生じる。この種の劣化は，直接雨水のかからない上部が迫り出した基壇表面，入り隅，天井裏，横架材下面などに発達している。タ・ケオおよびプノン・バケンの基壇表面にその典型例が見られる。

4. タフォニ： アンコール遺跡全体ではそれほど頻繁ではないが，バイヨ

ン外回廊にタフォニによる石材劣化の典型例が見られる。原因は明らかでないが，柱に蜂の巣状の穴があいたり，アプサラ像が骸骨状になったり，あるいは，層理面が強調される劣化現象が見られる。

おわりに

　「石の上にも三年」という言葉があるが，アンコール遺跡の石材の調査・研究を開始してから既に16年の歳月が経過した。調査開始当初は，アンコール遺跡の石材に関する情報はそれほど多くなかったが，この16年間におよぶ石材の調査・研究によりアンコール遺跡の石材に関する情報は格段に増加し，石材の特徴から遺跡の建造時期や建造順序をある程度推測できるようになるとともに，石材劣化の原因も明らかになってきた。しかしながら，アンコール遺跡の中で象徴的な存在であるアンコール・ワットの建造に使用された膨大で質の良い砂岩材の石切り場が具体的にどこにあったのかに関しては依然として謎のままであり，石材供給地に関する解明は今後の調査に委ねられている。

　この16年間におけるカンボジアの発展は目覚しく，道路の整備も急速に進みつつあり，今までは行くことのできなかった地方の大規模遺跡の調査が可能になりつつある。まだ調査の行なわれていない地方の小～中規模遺跡は多数存在している。近年，各国のチームがこのような遺跡の調査に乗り出しており，このような遺跡の調査はいまや国際的な競争状態にある。しかしながら，地方にはまだ計り知れない数の地雷が埋まっているとともに道路が未整備であるため，調査が遅々として進まないのも事実である。

　日本国政府アンコール遺跡救済チームの団員としてこの16年間，アンコール遺跡の石材の関する調査・研究を行なうにあたり，幸いにも建築，考古，美術をはじめとする専門家との密なる交流の機会に恵まれた。特に，アンコール遺跡の建築に関する若手専門家（当初は博士課程の学生）であるオリヴィエと遺跡にて多くの時間を共有できたことが，アンコール遺跡の石材研究の進展に大きく寄与したことは疑いの余地のないことであり，このことがなければ16年の歳月をアンコール遺跡の調査・研究に費やすことはなかったであろう。さらに，地盤・地質，生物，保存科学などの専門家とも議論する機会を多くもつことができ，そのお陰で本書において述べた成果を得るに至った。

　今の私には具体的な例を挙げることはできないが，今後，新たな分野の専門家

が参入することによりアンコール遺跡の謎が新たな視点から解明されていくことであろうし，そうなることを期待している．柳の下に2匹のドジョウはいないかもしれないが，私自身も新たな見方・切り口で今後もアンコール遺跡の調査・研究に係わっていきたいと思っている．それと同時に，自分の持っている専門知識・技術をカンボジアの人たちに伝えることにより，カンボジア人自らの手によって残されたアンコール遺跡の謎が解明されることを切に願っており，その実現に向けて今後は専門家の育成にも貢献したいと考えている．

　本書を読み，多くの人にアンコール遺跡に対して興味を持っていただけたならば本望であり，今後，アンコール遺跡の謎に果敢に挑戦する人たち，あるいは，アンコール遺跡の保存・修復に携わる人たちが現れるとするならば，この上ない喜びである．

　　2011年春

　　　　　　　　　　　　　　　　　　　　　　　　　　　　　内　田　悦　生

参考文献

石澤良昭（2005）:『アンコール・王たちの物語──碑文・発掘成果から読み解く』NHK ブックス
石澤良昭編著（2005）:『アンコール・ワットを読む』連合出版
ダジャンス・ブリュノ（2008）:『アンコール・ワットの時代──国のかたち，人々のくらし』石澤良昭・中島節子訳，連合出版
片桐正夫編（2001）:『アンコール遺跡の建築学』(アンコール・ワットの解明3) 連合出版
オリヴィエ・クニン，BAKU斉藤（2005）:『幻都バンテアイ・チュマールの神々（The face towers of Banteay Chmar)』梧桐書院
盛合禧夫編（2000）:『アンコール遺跡の地質学』(アンコール・ワットの解明2) 連合出版
重枝豊（1994）:『アンコール・ワットの魅力──クメール建築の味わい方』彰国社
内田悦生（2003）:「アンコール遺跡（カンボジア）における砂岩材の劣化現象」『地質学雑誌』口絵，(109) XI-XII.
内田悦生（2007）:「アンコール遺跡の石材と非破壊調査」『物理探査』(60) pp. 223-234.
内田悦生・小河善則（1997）:「アンコール遺跡の石材と劣化──講座　石造文化財の保存12」『地盤工学会誌』(45) pp. 475-480.
Boisselier, J. (1952): Ben Mala et la chronologie des monument du style d'Ankor Vat. *Bulletin de l'École Française d'Extrême-Orient*, 46, pp. 187-238.
Coedès, G. (1962): La date d'execution des deux bas-relief tardifs d'Angkor Vat. *J. Asiatique*, 250/2, pp. 235-248.
Cunin, O. (2004): De Ta Prohm au Bayon. *Doctorat de l'Institut National Polytechnique de Lorraine*, Vo. 1 (482p.) and Vol. 2 (181p.).
Cunin, O. (2007): The Bayon: an archaeological and architectural study. In: Clark, J. (Ed.), *Bayon: New perspectives*, pp. 135-229, River Books, Bangkok.
Delvert, J. (1963): Recherches sur l'érosion des grès des monuments d'Angkor. *Bulletin de l'École Française d'Extrême-Orient*, 2, pp. 453-534.
Dumarçay, J. (1998): *The Site of Angkor,* Michael Smithies (trad. et éd.), Kuala Lumpur, Oxford University Press.
Dumarçay, J and Royère, P. (2001): *Cambodian Architecture: Eighth to Thirteen Centuries,* Leiden, Brill.
Evans, D. (2009): Towards a landscape archaeology of Koh Ker: Methods, issues and recent research. *Annual Report 2009,* Royal Angkor Foundation & Hungarian Indochina Corporation Ltd., pp. 25-63.

Freeman, M. and Jacques, C. (1999): *Ancient Angkor*. Weatherhill, INC.

Fusey, P., (1991): Altération biologiques des grès Cambodgiens et recherché de moyens de protection. *École Française d'Extrême-Orient*, Paris.

Geological Survey of Vietnam (1991): *Geological map of Cambodia, Laos, and Vietnam (at 1: 1,000,000 scale)*. 2nd Edition, Hanoi.

Glaize, M. (1944): *Les Monuments du Groupe d'Angkor*. Saigon: A. Portail.

Hosono, T., Uchida, E., Suda, C., Ueno, A. and Nakagawa, T. (2006): Salt weathering of sandstone at the Angkor monuments, Cambodia: identification of the origins of salts using sulfur and strontium isotopes. *Jour. Archaeological Science*, 33, pp. 1541-1551.

Jacques C. (1998): A propos de modifications dans quelques temples d'Angkor et leur signification pour l'histoire khmère, In Pierre-Yves Manguin (ed), *Southeast Asian Archaeology 1994, Proceedings of the 5th Conference of the European Association of Southeast Asian Archeologists* (Paris, 24th-28th October 1994), University of Hull, Centre for South-East Asian Studies.

Jacques, C. (1999): Les derniers siècle d'Angkor. *Comptes-rundus des séances de l'année. Académie des inscriptions et belles-lettres*, 143e anné N. 1, pp. 367-390.

Jacques, C. (2007): The historical development of Khmer culture from the death of Suryavarman II to the 16th century. In: Clark, J. (Ed.), *Bayon: New perspectives*, pp. 28-49, River Books, Bangkok.

Jacques, C. and Lafond, P. (2005): *The Khmer Empire. Cities and Sanctuaries from the 5th to the 13th Century*. River Books.

Japanese Government Team for Safeguarding Angkor (1995-2004): *Annual report on the technical survey of Angkor monument*.

Japanese Government Team for Safeguarding Angkor (2000): *Report on the conservation and restoration work of the Northern Library of Bayon, Angkor Thom. Kingdom of Cambodia*.

Japanese Government Team for Safeguarding Angkor (2005): *Report on the conservation and restoration work of the Prasat Suor Prat Tower, Royal Plaza of the Angkor Thom. Kingdom of Cambodia*.

Japanese Government Team for Safeguarding Angkor (2005): *The Bayon master plan. The master plan for the conservation & restoration of the Bayon Complex*.

Japanese Government Team for Safeguarding Angkor (2005-2009): *Annual technical report on the survey of Angkor monument. Safeguarding of Bayon temple of Angkor Thom*.

Kiesewetter, A., Leisen, H., and v. Plehwe Leisen, E. (2001): On the polychromy of Angkor Vat. Results of initial paint color investigations. *UDAYA*, 2001, pp. 57-66.

Meesook, A., Suteethorn, V., Chaodumrong, P., Teerarungsigul, N., Sardsud, and A., Woongprayoon, T. (2002): Mesozoic rocks of Thailand: A summary. *Proceedings of the symposium on Geology of Thailand*, pp. 82-94.

Parmentier, H. (1939): *L'Art Khmer classique: Monuments du Quadrant Nort-Est*. 2 vols, École Française d'Exreme Orient, Paris.

Saurin, E. (1954): Quelques remarques sur le grès d'Angkor. *Bulletin de l'École Française d'Extrême-Orient*, XLVI, pp. 619-634.

Siedel, H., Pfefferkorn, S., v. Plehwe-Leisen, E. and Leisen, H. (2010): Sandstone weathering in tropical climate: Results of low-destructive investigations at the temple of Angkor Wat, Cambodia. *Eng. Geology*, 115, pp. 182-192.

Uchida, E., Cunin, O., Shimoda, I., Suda, C. and Nakagawa, T. (2003): The construction process of the Angkor monuments elucidated by the magnetic susceptibility of sandstone. *Archaeometry*, 45, pp. 221-232.

Uchida, E., Cunin, O., Shimoda, I., Takubo Y., and Nakagawa, T. (2008): AMS radiocarbon dating of wood samples from the Angkor monuments. Cambodia. *Radiocarbon*, 50, pp. 437-445.

Uchida, E., Cunin, O., Suda, C., Ueno, A. and Nakagawa, T. (2007): Consideration on the construction process and the sandstone quarries during Angkor period based on the magnetic susceptibility. *Jour. Archaeological Science*, 34, pp. 924-935.

Uchida, E., Ito, K., and Shimizu N. (2010): Provenance of the sandstone used in the Khmer monuments in Thailand. *Archaeometry*. 52, pp. 550-574.

Uchida, E., Maeda, N. and Nakagawa, T. (1999): The laterites of the Angkor monuments, Cambodia. The grouping of the monuments on the basis of the laterites. *Jour. Min. Pet. Econ. Geol.*, 94, pp. 162-175.

Uchida, E., Ogawa, Y., Maeda, N. and Nakagawa, T. (1999): Deterioration of stone materials in the Angkor monuments, Cambodia. *Eng. Geology*, 55, pp. 101-112.

Uchida, E., Ogawa, Y. and Nakagawa, T. (1998): The stone materials of the Angkor monuments, Cambodia. The magnetic susceptibility and the orientation of the bedding plane of the sandstone. *Jour. Min. Pet. Econ. Geol.*, 93, pp. 411-426

Uchida, E., Suda, C., Ueno, A., Shimoda, I. and Nakagawa, T. (2005): Estimation of the construction period of Prasat Suor Prat in the Angkor monuments, Cambodia, based on the characteristics of its stone materials and the radioactive carbon age of charcoal fragments. *Jour. Archaeological Science*, 32, pp. 1339-1345.

Winkler, E.M. (1994): *Stone in architecture. Properties, durability.* 3rd. ed., Springer-Verlag Berlin Heidelberg.

図表一覧

口絵
 i　バイヨン遠景
 ii　バイヨンの四面塔尊顔
 iii　バンテアイ・スレイの破風
 iv　遺跡の上に成長した巨大な樹木（タ・プローム）（図3-20）

1　タ・ケオの外周壁を構成する灰色～黄褐色砂岩（図2-1）
2　バイヨン内周壁に使われている灰色～黄褐色砂岩（図2-2）
3　アンコール・ワットの灰色～黄褐色砂岩の顕微鏡写真（左：単ポーラー，右：直交ポーラー）（図2-3）
4　タ・ケオの緑灰色硬砂岩の顕微鏡写真（左：単ポーラー，右：直交ポーラー）（図2-5）
5　バンテアイ・スレイの中央祠堂および前室に使用されている赤色砂岩（図2-7）
6　バンテアイ・スレイの赤色砂岩の顕微鏡写真（左：単ポーラー，右：直交ポーラー）。（図2-9）
7　タ・ケオの基壇に見られる良質のピソライト質ラテライト（図2-10）
8　バクセイ・チャムクロンの基壇に見られる多孔質ラテライト（図2-11）
9　プラサート・スープラのピソライト質ラテライトの顕微鏡写真（直交ポーラー）（図2-12）
10　JSAが修復用に使用しているラテライトの石切り場（図2-13）
11　プリア・コーのレンガの顕微鏡写真（左：単ポーラー，右：直交ポーラー）（図2-18）
12　アンコール・ワット十字回廊の柱表面に見られる顔料（図2-22）
13　アンコール・ワット十字回廊の柱や小壁などに残存している顔料（図2-23）
14　アンコール・ワット十字回廊の柱表面に塗られた顔料の断面（図2-24）
15　バイヨン南経蔵基壇の内部構造（図2-30）
16　迫り出し積みアーチ（バイヨン）（図2-33）
17　アンコール遺跡における灰色～黄褐色砂岩の帯磁率の頻度分布
18　インドシナ半島の地質と各遺跡に使用されている砂岩材の供給源。★の色が供給源の地層を表す
19　タイのコラート高原上にあるピマイ（図2-43）
20　赤外線サーモグラフィによる砂岩材表面剥離の調査例（アンコール・ワット外周壁内北経蔵）。剥離した部分は他の部分と比べて高温になっている（ピンク色）（図3-35）
21　バコン内周壁内の平面図（内周壁内）（図4-4）

22　プノン・クロムの平面図（図 4-21）
23　プノン・ボックの平面図（図 4-26）
24　北クレアンの平面図（図 4-58）
25　バンテアイ・サムレの平面図。砂岩の帯磁率に基づいて推測された建造順序（図 4-96）
26　タ・プロームの内周壁内の平面図。砂岩の帯磁率に基づいて推測された建造順序（図 4-99）
27　プリア・カーン内周壁内の平面図。砂岩の帯磁率に基づいて推測された建造順序（図 4-103）
28　バンテアイ・クデイ内周壁内の平面図。砂岩の帯磁率に基づいて推測された建造順序（図 4-111）
29　バイヨンの平面図。砂岩の帯磁率に基づいて推測された建造順序（図 4-120）
30　コー・ケルの平面図（砂岩の帯磁率分布）（図 4-145）
31　コー・ケルの平面図（ラテライトの帯磁率分布）（図 4-146）

本文
第 1 章
図 1-1　アンコール遺跡の位置
図 1-2　アンコール遺跡における主要遺跡の分布
図 1-3　シェム・リアップにある 5 つ星の高級ホテル
図 1-4　2007 年にオープンしたアンコール国立博物館
図 1-5　シェム・リアップの繁華街の風景
図 1-6　シェム・リアップにある日本国政府アンコール遺跡救済チーム（JSA）の事務所
図 1-7　修復前（左）および修復後（右）のバイヨン北経蔵（1999 年竣工）
図 1-8　前アンコール時代の代表的建造物であるサンボール・プレイ・クック遺跡群のプラサート・タモンの壁面を飾るフライング・パレス（空中宮殿）
図 1-9　ジャヤヴァルマン 7 世像（プノン・ペン国立博物館所蔵）
表 1-1　アンコール王朝の王と建造物

第 2 章
図 2-1　タ・ケオの外周壁を構成する灰色〜黄褐色砂岩。正方形の断面を示し、整層積みされている（口絵 1）
図 2-2　バイヨン内周壁に使われている灰色〜黄褐色砂岩。長方形の断面を示し、形・大きさ・色の変化が見られ、乱積みされている（口絵 2）
図 2-3　アンコール・ワットの灰色〜黄褐色砂岩の顕微鏡写真（左：単ポーラー、右：直交ポーラー）。石英、斜長石、カリ長石、黒雲母、白雲母および岩石片より構成される。長辺の長さは約 4 mm（口絵 3）
図 2-4　緑灰色硬砂岩からなるタ・ケオの中央祠堂。基壇は灰色〜黄褐色砂岩よりなる
図 2-5　タ・ケオの緑灰色硬砂岩の顕微鏡写真（左：単ポーラー、右：直交ポーラー）。

図 2-6	タ・ケオの中央祠堂に見られる応力集中による緑灰色硬砂岩表面における割れ
図 2-7	バンテアイ・スレイの中央祠堂および前室に使用されている赤色砂岩（口絵5）
図 2-8	南クレアンの東側参道に見られる赤色砂岩の石柱
図 2-9	バンテアイ・スレイの赤色砂岩の顕微鏡写真（左：単ポーラー、右：直交ポーラー）。丸味を帯びた石英粒子および石英質岩石片より構成される。長辺の長さは約4mm（口絵6）
図 2-10	タ・ケオの基壇に見られる良質のピソライト質ラテライト（口絵7）
図 2-11	バクセイ・チャムクロンの基壇に見られる多孔質ラテライト（口絵8）
図 2-12	プラサート・スープラのピソライト質ラテライトの顕微鏡写真（直交ポーラー）。長辺の長さは約4mm（口絵9）
図 2-13	JSAが修復用に使用しているラテライト新材の石切り場。上部は未固結なピソライト質ラテライトで、下部は固結した多孔質ラテライトよりなる（口絵10）
図 2-14	大小さまざまな大きさの礫の入った多孔質ラテライト（東メボン）
図 2-15	アンコール遺跡に使用されているラテライト中の微量元素含有量の比較。微量元素の含有量からアンコール時代には5箇所のラテライトの石切り場が存在したことが推測される
図 2-16	バクセイ・チャムクロンのレンガ造祠堂
図 2-17	プリア・コーのレンガ造中央祠堂
図 2-18	プリア・コーのレンガの顕微鏡写真（左：単ポーラー、右：直交ポーラー）。構成粒子のほとんどは石英からなる。長辺の長さは約4mm（口絵11）
図 2-19	ロレイのレンガ造祠堂表面の一部に残存するスタッコ
図 2-20	アンコール・ワットの中回廊隅楼に見られる木製扉軸受け材
図 2-21	北クレアン中央塔下部の内壁開口部に見られる木製楣材
図 2-22	アンコール・ワット十字回廊の柱表面に見られる顔料（口絵12）
図 2-23	アンコール・ワット十字回廊の柱や小壁などに残存している顔料（口絵13）
図 2-24	アンコール・ワット十字回廊の柱表面に塗られた顔料の断面。表面から白色層、赤色層、白色層、オレンジ色層、白色層の5層構造となっている（口絵14）
図 2-25	クレン山山麓にあるアンコール時代の砂岩石切り場（オー・トモ・ダップ）
図 2-26	クレン山山麓にあるアンコール時代の砂岩石切り場（ドン・エン）
図 2-27	タイのコラート高原にあるアンコール時代の石英質砂岩の石切り場（シキュー）
図 2-28	石材の取り扱い方が描かれたバイヨン内回廊西面レリーフのデジタル画像（東京大学生産技術研究所池内研究室提供）
図 2-29	アンコール時代における石材の持ち上げ方の再現（JSAシェム・リアップ事務所に展示）
図 2-30	バイヨン南経蔵基壇の内部構造。外側から、砂岩、ラテライト、版築土とな

（冒頭）大きさの不揃いな角張った砕屑粒子より構成される。長辺の長さは約4mm（口絵4）

っている。版築土中には割栗石が見られる（口絵15）
図 2-31　鉄製の各種千切り（タイのピマイ博物館所蔵）
図 2-32　タ・ケオの基壇にみられる鉄製千切りの盗掘孔
図 2-33　迫り出し積みアーチ（バイヨン）（口絵16）
図 2-34　ラテライト造のスピアン・プラップトゥフの橋に見られる迫り出し積みアーチ
図 2-35　アンコール遺跡における砂岩材の帯磁率の時代変化および砂岩とラテライトの石切り場の変遷
図 2-36　石材中に見られる楔石（丸印で表示）
図 2-37　大きさ・形・色において変化に富んだ砂岩材が乱積みされているライ王のテラス（ポスト・バイヨン期）
図 2-38　ライ王のテラスに見られる石英質赤色砂岩（丸印で表示）
図 2-39　象のテラスの北側部分に見られる転用材（丸印で表示）
図 2-40　バッタッバン近郊にあるワット・エク
図 2-41　タイのコラート高原にあるパノム・ルンの遠景
図 2-42　タイのコラート高原上にあるパノム・ルンの中央祠堂と前室
図 2-43　タイのコラート高原上にあるピマイ（口絵19）
図 2-44　タイとカンボジアとの国境地帯にあるプリア・ヴィヘア
表 2-1　アンコール遺跡に使われている石材の特徴の時代変化

第 3 章

図 3-1　地盤の不同沈下により池側に傾いたプラサート・スープラ S1 塔
図 3-2　地盤の不同沈下により上下に波打つタ・プロームの外周壁
図 3-3　土砂流出により崩壊したアンコール・ワット環濠の護岸（現在はすでに修復済み）
図 3-4　砂岩材の層理面に沿った亀裂（タ・ケオ基壇）
図 3-5　柱の層理面に沿った亀裂（アンコール・ワット外周壁内北経蔵の外柱）
図 3-6　女神像のレリーフに見られる層理面に沿った亀裂（バイヨン内回廊）
図 3-7　柱材の下部に見られるコウモリの排泄物による塩類風化（アンコール・ワット十字回廊）
図 3-8　アンコール・ワット中回廊北東隅楼に見られるコウモリの排泄物による石材劣化
図 3-9　アンコール・ワットの中回廊隅楼の外壁に見られるコウモリの排泄物に起因する女神像の劣化
図 3-10　プノム・クロムの祠堂外壁に見られるコウモリの排泄物に起因する塩類風化により形成された穴
図 3-11　プノン・クロムの祠堂外壁に析出した塩類
図 3-12　タ・ケオの基壇に見られる方解石析出による石材劣化。方解石析出による膨張圧のため石材表面に亀裂が生じている
図 3-13　プノン・バケンの基壇に見られる方解石析出による剥離現象

図 3-14　バイヨン内回廊のレリーフに見られる石材表面劣化
図 3-15　アンコール・ワット北経蔵の開口部上枠材下面に見られる方解石析出による剥離現象
図 3-16　方解石析出に伴う塩類風化によって入り隅部分に形成された穴（プノン・バケン）
図 3-17　バイヨン外回廊（東面）の内柱に見られるタフォニによって形成された蜂の巣状の穴
図 3-18　バイヨン外回廊の南東隅楼の柱に見られる無傷のアプサラ像（左）と骸骨状に劣化したアプサラ像（右）
図 3-19　太陽光による石材の膨張・収縮による屋根材の劣化（アンコール・ワット）
図 3-20　遺跡の上に成長した巨大な樹木（タ・プローム）（口絵iv）
図 3-21　タ・ソムの外周壁東ゴプラ上に成育した樹木
図 3-22　石材表面に見られる地衣類（白）と藍藻類（黒）（バイヨン内回廊）
図 3-23　マンガン酸化細菌の活動によって生成されたラテライト材表面の黒いマンガン酸化物付着物（コー・ケルのプラサート・ネアン・クマウ）
図 3-24　サンボール・プレイ・クックC1塔（レンガ造）の壁面に見られるマンガン酸化細菌の走査電子顕微鏡写真
図 3-25　ニアック・ポアンの中央祠堂に見られる盗掘跡
図 3-26　大プリア・カーンの内周壁西ゴプラに見られる盗掘跡
図 3-27　プノン・バケンの中央祠堂に残る弾痕
図 3-28　携帯型デジタル顕微鏡（スカラ社 DG-3）
図 3-29　デジタル顕微鏡で観察した顔料の表面（アンコール・ワット十字回廊の柱）
図 3-30　携帯型蛍光X線分析装置（Innov-X Systems社 α-4000）
図 3-31　携帯型帯磁率計（ZH Instruments社 SM-30）
図 3-32　超音波伝播速度測定装置（C. N. S. Electonics社のパンジット）
図 3-33　反発式ポータブル硬度計（ミツトヨ社 HH-411）
図 3-34　赤外線サーモグラフィ（日本アビオニクス社 TVS-700）
図 3-35　赤外線サーモグラフィによる砂岩材表面剥離の調査例（アンコール・ワット外周壁内北経蔵）。剥離した部分は他の部分と比べて高温になっている（ピンク色）（口絵20）
図 3-36　電磁波レーダ（日本無線 NJJ-95A）
図 3-37　電磁波レーダによる砂岩材内部の亀裂調査例（バイヨン内回廊）。石材表面から深さ3～12 cmのところに亀裂が走っている
図 3-38　誘電率を利用した含水率計（ケット科学研究所 HI-500）
図 3-39　表面吸水試験装置（バイヨン内回廊にて）

第4章
図 4-1　プリア・コーの平面図（外周壁内）
図 4-2　プリア・コーの祠堂群
図 4-3　バコンの遠景

図 4-4　バコン内周壁内の平面図（口絵 21）
図 4-5　バコンの最上段基壇から見た東側参道方向の様子
図 4-6　バコンのレンガ造経蔵
図 4-7　バコンの中央祠堂
図 4-8　ピラミッド型基壇表面の砂岩材の崩壊により露出した基壇内部のラテライト材（バコン）
図 4-9　バコンのレンガ造周辺祠堂
図 4-10　ロレイの平面図
図 4-11　ロレイのレンガ造祠堂群
図 4-12　リンガ様石柱と排水溝（ロレイ）
図 4-13　プノン・バケンから見たアンコール・ワット
図 4-14　砂岩材の崩落によって露出したプノン・バケン基壇内部の地山
図 4-15　プノン・バケンの地山に見られるリーゼガング構造
図 4-16　プノン・バケンの全景
図 4-17　プノン・バケンの平面図
図 4-18　プノン・バケンの北経蔵
図 4-19　プノン・バケンから見た西バライ
図 4-20　クロム山周辺の景色
図 4-21　プノン・クロムの平面図（口絵 22）
図 4-22　プノン・クロムの祠堂群
図 4-23　プノン・クロムの経蔵
図 4-24　プノン・クロムのラテライト造周壁
図 4-25　ボック山山頂へ至る階段
図 4-26　プノン・ボックの平面図（口絵 23）
図 4-27　プノン・ボックの祠堂群
図 4-28　プノン・ボックの経蔵
図 4-29　プノン・ボックの西側に安置された巨大リンガ
図 4-30　プラサート・クラヴァンの平面図
図 4-31　プラサート・クラヴァンのレンガ造祠堂群
図 4-32　プラサート・クラヴァンの最北塔内壁に彫刻されたラクシュミのレリーフ
図 4-33　バクセイ・チャムクロンの全景
図 4-34　バクセイ・チャムクロンの平面図
図 4-35　東メボンの平面図
図 4-36　東メボンの全景
図 4-37　東メボンのレンガ造中央祠堂
図 4-38　レンガ造中央祠堂の壁面にあけられた丸い穴（東メボン）
図 4-39　プレ・ループの平面図
図 4-40　プレ・ループの全景
図 4-41　プレ・ループのレンガ造中央祠堂
図 4-42　プレ・ループの東側レンガ造祠堂群

図 4-43　バンテアイ・スレイの平面図
図 4-44　バンテアイ・スレイの中央部遠景
図 4-45　バンテアイ・スレイの内周壁東ゴープラ
図 4-46　バンテアイ・スレイ中央部の祠堂群
図 4-47　バンテアイ・スレイの北経蔵
図 4-48　バンテアイ・スレイの破風（口絵 iii）
図 4-49　タ・ケオの平面図
図 4-50　タ・ケオの全景
図 4-51　タ・ケオの北経蔵
図 4-52　タ・ケオのラテライト造基壇
図 4-53　王宮の平面図
図 4-54　王宮の東ゴープラ
図 4-55　ピメアナカス全景
図 4-56　ピメアナカスの中央祠堂
図 4-57　レリーフの彫られた男池護岸（王宮内）
図 4-58　北クレアンの平面図（口絵 24）
図 4-59　南クレアンの平面図
図 4-60　南クレアンの西面
図 4-61　南クレアンの内部
図 4-62　北クレアンの東面
図 4-63　北クレアン中央塔内部に見られる転用材
図 4-64　バプーオンの平面図
図 4-65　バプーオンの東ゴープラ
図 4-66　バプーオンの空中参道
図 4-67　バプーオン中心部の全景
図 4-68　バプーオンの外回廊東ゴープラ
図 4-69　バプーオン西面に横たわる涅槃仏
図 4-70　西メボンの平面図
図 4-71　西メボンの東側周壁
図 4-72　西メボンに設置された水位計
図 4-73　トマノンの中央祠堂と前室
図 4-74　トマノンの平面図
図 4-75　トマノンの西ゴープラ
図 4-76　トマノンの南経蔵
図 4-77　チャウ・サイ・テヴォダの平面図
図 4-78　チャウ・サイ・テヴォダの東ゴープラおよび空中参道
図 4-79　チャウ・サイ・テヴォダの前室および中央祠堂
図 4-80　ワット・アトヴィアの平面図
図 4-81　ワット・アトヴィアの中央祠堂
図 4-82　ワット・アトヴィアの北西側経蔵

図 4-83　ワット・アトヴィアの西側十字型ゴープラ内壁に見られる石材表面の瘤
図 4-84　ワット・アトヴィアのラテライト造周壁
図 4-85　プラサート・スープラおよび南北クレアンの平面図
図 4-86　プラサート・スープラの北側の塔（手前から N3, N4, N5 塔）
図 4-87　日本国政府アンコール遺跡救済チームによって完全解体・修復が行なわれたプラサート・スープラ N1 塔
図 4-88　アンコール・ワットの平面図（全域）
図 4-89　アンコール・ワットの外周壁西ゴープラおよび参道
図 4-90　アンコール・ワット中央部の遠景
図 4-91　アンコール・ワット外周壁内の北経蔵。日本国政府アンコール遺跡修復チームにより修復済み
図 4-92　アンコール・ワットの平面図（中心部）
図 4-93　レリーフの彫られたアンコール・ワット外回廊
図 4-94　アンコール・ワットの中回廊
図 4-95　アンコール・ワットの中央祠堂
図 4-96　バンテアイ・サムレの平面図。砂岩の帯磁率に基づいて推測された建造順序（口絵 25）
図 4-97　バンテアイ・サムレの内回廊東ゴープラ
図 4-98　バンテアイ・サムレの前室および中央祠堂
図 4-99　タ・プローム内壁壁内の平面図。砂岩の帯磁率に基づいて推測された建造順序（口絵 26）
図 4-100　崩壊したタ・プロームの外回廊
図 4-101　タ・プローム外回廊内の建物
図 4-102　タ・プローム外回廊内の建物
図 4-103　プリア・カーン内周壁内の平面図。砂岩の帯磁率に基づいて推測された建造順序（口絵 27）
図 4-104　プリア・カーン外周壁に取り付けられたガルーダ像
図 4-105　プリア・カーンの内周壁西ゴープラ
図 4-106　プリア・カーンの中央祠堂
図 4-107　円柱をもつ建物（プリア・カーン）
図 4-108　ニアック・ポアンの平面図
図 4-109　ニアック・ポアンの中央祠堂
図 4-110　ニアック・ポアンの礼拝堂
図 4-111　バンテアイ・クデイ内周壁内の平面図。砂岩の帯磁率に基づいて推測された建造順序（口絵 28）
図 4-112　バンテアイ・クデイの外周壁東ゴープラ
図 4-113　バンテアイ・クデイの内周壁東ゴープラおよび参道
図 4-114　バンテアイ・クデイのダンシング・ホール内部
図 4-115　バンテアイ・クデイの中央部
図 4-116　アンコール・トムの平面図

図 4-117　アンコール・トム南門
図 4-118　バイヨンの四面塔群の遠景
図 4-119　バイヨンの四面塔に刻まれた尊顔
図 4-120　バイヨンの平面図。砂岩の帯磁率に基づいて推測された建造順序（口絵 29）
図 4-121　バイヨン外回廊に彫られたレリーフ
図 4-122　バイヨン内回廊のレリーフに見られる劣化現象
図 4-123　タ・ネイの平面図
図 4-124　タ・ネイの内回廊南面
図 4-125　タ・ネイの内回廊内
図 4-126　タ・ソムの平面図
図 4-127　タ・ソムの内回廊東ゴープラ
図 4-128　タ・ソムの中央祠堂と北ゴープラ
図 4-129　バンテアイ・プレイ内周壁内の平面図
図 4-130　バンテアイ・プレイの内回廊東ゴープラ
図 4-131　バンテアイ・プレイの中央祠堂
図 4-132　クオル・コー内周壁内の平面図
図 4-133　クオル・コーの中央祠堂
図 4-134　象のテラスの北側部分
図 4-135　象のテラス北端張り出し部分
図 4-136　ライ王のテラス（外側）
図 4-137　ライ王のテラス（内側）
図 4-138　プリア・パリライの平面図
図 4-139　プリア・パリライの東ゴープラ
図 4-140　プリア・パリライの中央祠堂
図 4-141　プリア・ピトゥの平面図
図 4-142　プリア・ピトゥのグループ U の中央祠堂
図 4-143　プリア・ピトゥのグループ X の中央祠堂
図 4-144　プリア・ピトゥのグループ Y
図 4-145　コー・ケルの平面図（砂岩の帯磁率分布）（口絵 30）
図 4-146　コー・ケルの平面図（ラテライトの帯磁率分布）（口絵 31）
図 4-147　コー・ケル，プラサート・トムの大型の砂岩材を使用した東ゴープラ
図 4-148　コー・ケル，プラサート・トム外周壁のレンガ造東ゴープラ（プラサート・クラハム）
図 4-149　コー・ケル，プラサート・トムの西端に位置する階段ピラミッド
図 4-150　コー・ケルのプラサート・バラン
図 4-151　コー・ケルの北側の川沿いに見られる砂岩材の旧石切り場
図 4-152　コー・ケルのラテライト材の石切り場。コー・ケル入り口とスラヤン村との間
図 4-153　コー・ケルのプラサート・プラム
図 4-154　コンポン・スヴァイのプリア・カーンの平面図（中心部）

図 4-155　大プリア・カーンの外周壁東ゴープラ
図 4-156　大プリア・カーンの外回廊東ゴープラ
図 4-157　大プリア・カーンのダルマサラ
図 4-158　大プリア・カーンの碑文のある建物
図 4-159　コンポン・スヴァイのプリア・カーンの平面図（広域）
図 4-160　大プリア・カーンのプラサート・プリア・トコルの中央祠堂
図 4-161　ベン・メリアの平面図
図 4-162　ベン・メリアの崩壊した外回廊
図 4-163　ベン・メリア外回廊の南ゴープラ
図 4-164　ベン・メリアの中回廊と外回廊の間にある大型の砂岩材を使用した建物
図 4-165　バンテアイ・チュマールの平面図（広域）
図 4-166　バンテアイ・チュマールの平面図（外回廊内）
図 4-167　バンテアイ・チュマールのサテライト寺院
図 4-168　バンテアイ・チュマールの中心部
図 4-169　バンテアイ・チュマールの外回廊に彫刻された千手観音のレリーフ

コラム
図 C1-1　サンボール・プレイ・クック遺跡群プラサート・イエイ・ポアン寺院の主祠堂
図 C2-1　サンボール・プレイ・クック遺跡群プラサート・タオ寺院の獅子像
図 C2-2　ロリュオス遺跡群バコン寺院のレンガ造祠堂
図 C3-1　三角破風に残る大入れの痕跡（バイヨン寺院）
図 C4-1　バイヨン寺院内回廊「女神の救済」
図 C4-2　クレン山の砂岩石切り場における現在の切り出し風景
図 C5-1　基壇内部の版築工事　日本国政府アンコール遺跡救済チームによるバイヨン寺院南経蔵の修復工事
図 C6-1　各国の専門家が集う現場視察
図 C7-1　プリア・コーのリンテル彫刻
図 C10-1　プノン・クロム寺院の壁体石積み
図 C18-1　西メボンで出土した青銅製のビシュヌ神（プノン・ペン博物館所蔵）
図 C18-2　西メボンの水位計と地下トンネル　（Jessup and Zephir, 1997 より）
図 C22-1　バンテアイ・サムレ寺院の付柱彫刻
図 C28-1　ジャヤヴァルマン 7 世と大蛇の決闘場面（バイヨン寺院内回廊レリーフ）

索　引

あ 行

アシュラ　180
亜硝化細菌　62, 71
圧縮強度　59
　　灰色〜黄褐色砂岩の——　59
　　ラテライトの——　60
穴
　　石——　147
　　塩類風化による——　63
　　三角破風内側の——　131
　　——の向き　114
　　蜂の巣状の——→タフォニ
　　——東メボン中央祠堂（レンガ造）　117
　　変形した——　116
　　丸い——　29, 103, 166, 170
　　横長の——　38, 93, 126
　　レンガ表面の——　120
アナスティローシス　136
アプサラ
　　——機構　74
　　——像　67, 68, 226
　　——像（美しい劣化）　183
　　——のレリーフ　32
アユタヤ朝（シャム）　10, 70
蟻の巣による土砂流失　58
アルカリ元素　21
アルカリ土類元素　21
アルミニウム　21, 127
アンコール遺跡　i
　　——の位置　i
　　——の建築材　14
　　——の公園化　143
　　——の時代区分　12
　　——の主要構成石材　16
　　——の歴史　7
アンコール王朝
　　——の中心地→ヤショーダラプラ
　　——の崩壊　i
　　——のルーツ　6
アンコール国立博物館　2, 4
アンコール時代　12, 33, 44, 94, 216, 180
　　——初期　47
　　——前　6, 7, 11, 114, 184, 207
　　——の終焉　10

　　——の始まり　6, 100
アンコール・トム　10, 177, 180
　　——死者の門　177
　　——勝利の門　177
　　——西門　177
　　——周壁　22
　　——平面図　177
　　——木材（西門）　28
アンコールの王　6, 8
アンコール・ボレイ（タ・ケオ州）　11
アンコール・ワット　9, 11, 12, 34, 36, 45, 144, **152**, 223, 224, 225
　　——期前期→第Ⅳb期
　　——期主要期→第Ⅴ期
　　——内回廊　61, 63
　　——内回廊北西隅楼の天井板　28
　　——外周壁内の北経蔵　153
　　——顔料（十字回廊）　口絵12, 口絵13, 30, 31, 156
　　——期　47, 48, 49, 50, 92, 100, 129, 141, 145, 149, 150, **152**, 159, 162, 196, 198, 211, 212, 215, 216
　　——北経蔵　61, 66, 147
　　——十字回廊　61, 62, 130
　　——十字回廊の墨書き→森本右近太夫の墨書き
　　——十字回廊の柱　61
　　——周壁　22
　　——外回廊（レリーフのある）　32, 154
　　——中央祠堂　158
　　——中央部の遠景　153
　　——中回廊北東隅楼　62
　　——中回廊　155
　　——中回廊隅楼　28, 63
　　——南西隅楼の扉軸受け材　28
　　——西ゴープラおよび参道　153
　　——の大改修　32
　　——プノン・バケンから見た——　97
　　——平面図（全域）　152
　　——平面図（中央部）　154
　　——木材　28
アン・チャン1世　32
アンチモン　23, 77, 105

　　アンドレ・マルロー　124
　　アンモニア　62, 71, 155

い 行

イオウ　62, 71, 155, 225
　　——酸化細菌　62, 71
　　——の安定同位体比　62
石切り場　15, 23, 33, 36, 53, 223
　　——オー・トモ・ダップ→オー・トモ・ダップ
　　——切り出し風景（クレン山）　37
　　——コー・ケル独自の——　33
　　——シ・キュー　33, 34
　　——ドン・エン　33
　　——の変遷　16, 33, 44
　　——バン・クルアート　33, 34
　　——プノン・ベイ　33
　　——プリア・ヴィヘア周辺　33
石積み→組積法
　　壁体——（プノン・クロム）　106
イーシャナヴァルマン1世　6
イーシャナヴァルマン2世　7, 199
イーシャナプラ　6
遺跡群保護法　74
遺跡と自然の共存→タ・プローム
遺跡の崩壊　58
1軸圧縮試験　18, 59, 60, 80
インダス河　173
インドネシアの石造建築　106
インドラヴァルマン1世　7, 88, 91, 93, 94
インドラヴァルマン2世　10,
インドラタターカ　7, 88, 94, 96

う 行

ヴィシュヌ（神）　111, 138
　　——神像　138
ウェウェルライト→シュウ酸カルシウム類
ウェデライト→シュウ酸カルシウム類
ヴェトナム
　　——中部　53
　　——南部　2, 10, 52, 53, 114
ウダヤディティヤヴァルマン1世　9

索　引　243

ウダヤディティヤヴァルマン 2 世
　　9, 134, 137
宇宙観　133, 173, 213
宇宙の劈開する瞬間　139
右繞→参拝方法
雲母　48, 67, 104, 123, 124, 155, 225
　　黒――　15, 16, 60
　　白――　15, 16, 60

え　行

衛星写真　75
エコーチップ　80
X 線回折分析　78
塩化鉛→塩化物系鉛化合物
塩化物系鉛化合物　31
鉛丹　31, 32, 157
鉛白　31, 32, 157
塩類風化　31, **61**, 62, 63, 64, 66, 67,
　　71, 83, 85, 86
　　コウモリの排泄物に起因する
　　　――　61, 71, 225
　　方解石析出に伴う――　61, 225

お　行

王宮　9
王宮前広場　131, 133, 148, 192, 196
王道　217
応力集中による
　　――亀裂　18
　　――破壊　19, 60
　　――割れ　126
大入れ　29, 131
オクサス河　173
オー・トモ・ダップ（石切り場）
　　33, 216

か　行

カオリナイト　23, 26
化学組成　15, 16, 18, 20, 41, 76, 105, 126
　　――分析　77, 78, 204
ガーゴイル（排出口）　120
花崗閃緑岩　34
ガジャシンハ　120, 192
ガネーシャ　120
カーラ　120
空積み→組積法
カリ長石　15, 16
カルシウム　67
　　――の起源　67
　　――分　64, 66, 67, 127, 158, 183
カルダモン山脈　55
ガンジス河　173

含水率測定→石材の含水率測定
岩石片　15, 16
カンペン・ヤイ　54
カンボジア人→クメール人
カンボジアの国旗　73
カンボジアのルーツ　6
顔料　**30**
　　青緑色――　32
　　――アンコール・ワット（十字
　　　回廊）　口絵 12, 口絵 13, 30
　　黄土色――　30
　　オレンジ色――　31
　　黒色――　32
　　赤色――　32
　　――断面　口絵 14, 31
　　――の塗布時期　32
　　白色――　31
　　肌色――　32
　　――プリア・カーン西ゴープラ
　　　内壁（西側副回廊）　30

き　行

祇園精舎　31
北クレアン　12, 14, 28, 45, **131**, 149
　　――中央塔内部　133
　　――東面　132
　　――平面図　口絵 24, 131, 149
　　――木材（中央部内壁開口部）
　　　28
亀裂　60, 81, 98
　　石材の――　18, 81, 82
　　層理面に沿った――　51, 60, 61,
　　　103, 155, 225
　　放射状の――　64, 127
銀牛　173
金象　173
金塔（ピメアナカス）→『真臘風
　　土記』
キンナラ　120
金箔　157

く　行

クーイ族・クーイ語　34, 212
クオル・コー　**190**
　　――中央祠堂　191
　　――平面図　190
Google Earth　75
楔石　49
クメール
　　――遺跡　2
　　――遺跡（タイ）　67
　　――建築　11
　　――人（カンボジア人）　2, 6

　　――彫刻　11
Grès Supérieurs 層→石英質砂岩層
クレン山　6, 33, 37, 48, 53, 54, 55,
　　88, 100, 112, 120, 123, 153, 202,
　　211, 214, 216, 219, 224
クレン様式　12
クロム山　7, 63, 97, 100, 102, 144
　　――周辺の景色　102

け　行

蛍光 X 線分析装置　**76**, 105, 205
珪酸　21
珪酸塩鉱物　41
珪質岩　19
携帯型帯磁率計　43, 78
原始芸術　11
建設方法の痕跡　147
建造時期（11 の）　45
建造年代の推定　41
建築時期の対比　16
建築順序の推定　16
顕微鏡　**74**
　　携帯型デジタル――　76

こ　行

航空写真　75
硬砂岩　14, 18, 19, 20, 53, 126
コウモリの排泄物→塩類風化
刻印された鉛　113
国教　191
国際調整会議　73, 74
小口積み→組積法
国立文化財機構（独立行政法人）
　　5
コー・クルワット層　53, 54
コー・ケル　2, 9, 12, 33, 47, 48, 49,
　　52, 71, 88, 184, **199**, 206, 202,
　　207, 213, 214, 216, 224
　　――石切り場（砂岩材）　202
　　――石切り場（ラテライト）
　　　204
　　――プラサート・クナ　206
　　――プラサート・トム　9, 199,
　　　200, 201, 202, 203, 204, 205,
　　　206
　　――大型の砂岩材（プラサー
　　　ト・トムの東ゴープラ）
　　　201
　　――階段ピラミッド（プラサー
　　　ト・トム）　202
　　――プラサート・クラハム　200,
　　　201, 203
　　――プラサート・バラン　202

244

——プラサート・プラム 204
——平面図（砂岩の帯磁率分布）口絵 30, 200
——平面図（ラテライトの帯磁率分布）口絵 31, 200
——様式 12
骨材の採石場 102
コーニス（蛇腹）32
コラート高原（タイ東北部）33, 52, 53, 54, 55, 113
——アンコール時代の遺跡 20, 54, 100
——石英質砂岩の石切り場 34
——の砂岩材 213
——の地層 52
——パノム・ルン→パノム・ルン
——ピマイ→ピマイ
コンポン・スヴァイのプリア・カーン（大プリア・カーン）2, 4, 9, 34, 52, 72, 207, 213, 217, 223, 224
——外回廊東ゴープラ 208
——ダルマサラ 209
——盗掘跡（内周壁西ゴープラ）72
——盗掘による破壊 208
——碑文のある建物 209
——プラサート・ダムレイ 209, 210
——プラサート・プリア・ストゥン 209, 210
——プラサート・プリア・トコル 209, 210
——平面図（広域）210
——平面図（中心部）208
——ベン・スレ 212
コンポン・チャム 2, 20, 52, 55
コンポン・トム 11

さ 行

細菌の死骸 184
砕屑粒子 19, 48
サオ・クワ層 53, 54
砂岩 14, 223
　アンコールワットの—— 153, 159
　——石切り場→石切り場
　——の新材 53
　——を構成する主要鉱物 41
砂岩材
　大型の—— 200, 216, 224
　——供給源（インドシナ半島）

　口絵 18
　修復に使用する—— 100
　層理が縦になっている—— 104
　——層理面に沿った亀裂（タ・ケオ基壇）60
　——の帯磁率→砂岩の帯磁率
　——表面剥離 61, 66, 136, 225
　——表面剥離（赤外線サーモグラフィ）口絵 20
砂岩の帯磁率 41, 223
　——に基づく建造時期区分 45
　——の時代変化 44
　——分布と主要遺跡 口絵 17, 45
砂質土 26
砂鉄 41
酸化塩化鉛→塩化物系鉛化合物
山岳信仰の影響 110
三大神（ヒンドゥー教）138
参拝方法 143
サンボール・プレイ・クック（コンポン・トム州）6, 17, 71, 184, 207
——遺跡群 7, 11, 17, 213

し 行

Japanese Government Team for Safeguarding Angkor: JSA→日本国政府アンコール遺跡救済チーム
シヴァ（神）89, 138, 180, 212
　——教 110, 212
　——の象徴 18
シェム・リアップ 2, 4, 11, 100, 107, 218, 222
　——川 143
磁化率→帯磁率
獅子 120, 173
　——像 17
磁性鉱物 41
自然崩壊 i
シソフォン 218
磁鉄鉱 15, 41
　——の濃集度 43, 78
地盤
　——の圧密・沈下 58
　——の不均質性 58
　——の不同沈下→不同沈下
　——の流動 38, 58
四方対称の小宇宙 133
シャイレンドラ朝 5
斜長石 15, 16
地山 14, 98

ジャヤヴァルマパラメシュヴァラ 10
ジャヤヴァルマン 1 世 6
ジャヤヴァルマン 2 世 6, 88, 100
ジャヤヴァルマン 3 世 7, 93
ジャヤヴァルマン 4 世 9, 199
ジャヤヴァルマン 5 世 9, 118, 121, 125
ジャヤヴァルマン 6 世 9
ジャヤヴァルマン 7 世 10, 164, 168, 171, 174, 177, 180, 185, 186, 188, 189, 190, 191, 192, 194, 207, 217, 218
　——像（プノン・ペン博物館所蔵）10
　——と大蛇の決闘場面（バイヨン）194
ジャヤヴァルマン 8 世 10, 127, 131, 152, 160, 164, 168, 174, 180, 192, 193, 195, 195, 196
ジャヤヴィラヴァルマン 9, 125, 131
ジャヤタターカ 168, 171
住居（アンコール時代の）27
シュウ酸カルシウム類 31, 32, 156, 157
周達観→『真臘風土記』
修復（JSA による）
　——アンコール・ワット最外周壁内北経蔵 5, 153
　——バイヨン 40
　——バイヨン北経蔵 5, 180
　——バイヨン中央塔および内回廊レリーフ 5, 180
　——バイヨン南経蔵 5, 40
　——プラサート・スープラ N1 および N2 塔 5, 148
修復・保存活動 1, 2, 5, 40, 73
　イタリア隊による—— 118
　インド隊による—— 164, 182
　各国チームによる—— 5
　中国隊による—— 141
　ドイツ隊による—— 89
　フランス極東学院による——→フランス極東学院
宿駅 130, 217
　121 箇所の—— 10
シュミットハンマー 80
樹木・植物による影響 70
樹木の伐採（保存活動）70, 136
硝化細菌 62, 71
硝酸 63, 71, 155
　——塩 63, 71, 155

索引 245

──塩鉱物　155
硝酸ナトリウムの析出　63
焼成レンガ→レンガ
上智大学アンコール遺跡国際調査団　5, 152, 174
鍾乳石　110
植物紋様　90
地雷　4
　　──原　33
　　──撤去作業　199, 214
シリコン・ドリフト検出器　77
ジルコン　15,
人為的破壊　1, 72
針鉄鉱　16, 19, 23, 25, 79
神馬バラーハ　173
真臘（チェンラ）　6
　　──の王都　11
　　『──風土記』　151
　　水──　6
　　陸──　6
神話　163, 173, 213

す行

水位計→西メボン
水酸化塩化鉛→塩化物系鉛化合物
水酸化鉄→針鉄鉱
水平目地　50, 150
水平モールディング　64, 127, 161
水利施設　101
スコール　59, 70
スタッコ　27, 30, 88, 89, 90, 95, 96, 117, 120, 150, 166, 169, 176, 187
　　ロレイのレンガ造祠堂表面の──　27
スタンドマイクロスコープ　76
スドック・コーク・トム　54
ストロンチウム　23, 77, 105, 204, 205
　　──同位体比　67
砂地業　38, 58
スナン・カシュー　112
スピアン・プラップトゥフの橋　39
墨書き
　　日本人による17世紀初期の──　32
　　森本右近太夫による──　31
スラグ　34, 212
スラ・スラン　174
スラヤン村　204, 205
スリンドラヴァルマン　10
スリンドラジャヤヴァルマン　10
スールヤヴァルマン1世　9, 19,
127, 131, 137, 207
スールヤヴァルマン2世　10, 92, 140, 141, 144, 148, 152, 160, 214

せ行

聖牛ナンディン　89
整層積み→組積法
製鉄　34, 212
生物活動による影響　69
精霊信仰　110, 194
世界遺産　i, 72, 74, 216
石英　15, 16, 19, 21, 23, 26, 41, 69, 123, 204
石英質アレナイト　19
石英質砂岩　19, 52, 67, 123
石英質砂岩層　54, 100
石英質赤色砂岩　51, 123, 132, 223
石英粒子　19, 69
赤外線サーモグラフィ　81
　　──砂岩材表面剥離の調査　口絵20, 81
石材
　　大型の──　157, 215
　　──強度　49, 59, 79
　　──強度の異方性　59, 145
　　──採掘法　33
　　──の加工精度　15, 35, 51, 210, 223
　　──の形・大きさ・色　47, 223
　　──の含水率測定　65, 83, 84
　　──供給地推定　76
　　──の組積　25
　　──の断面　223
　　──の特徴の時代変化　41, 42
　　──の取り扱い　35, 181
　　──の不均質性　84
　　──表面温度　69, 81
　　──表面の黒ずみ　70, 71, 105, 181, 184
　　──表面の白い斑点　71, 181, 182
　　──表面の膨張　62, 64, 69, 81, 127
石材劣化　58, 225
　　──機構　iii
　　コウモリの排泄物による──　31, 61, 62, 63, 64, 71, 104, 155, 156, 157, 158, 184
　　藻類・地衣類・細菌による──　70
　　太陽光による──→太陽光による膨張・収縮
　　タフォニによる──→タフォニ
　　──度を推定　79
　　──の原因（プノン・クロム）　103, 104
　　方解石析出による──→方解石析出
石質砂岩（石質アレナイト）　123
赤色砂岩　14, 19
　　──顕微鏡写真　口絵6
　　──の主な構成粒子　19
　　──の化学組成　20
　　──の反発硬度　20
　　──のP波伝播速度　20
　　──バンテアイ・スレイ（中央祠堂, 前室）　口絵5, 14
赤色の土壌　21
赤鉄鉱　19, 23, 25, 30, 31, 32, 79, 123, 156, 157, 169
石こう　31, 32, 62, 63, 104, 155, 156, 157, 184, 225
接着剤（樹脂）　25, 38, 59, 90
迫り出し積みアーチ工法　27, 38, 39, 59, 178
　　──バイヨン　口絵16
施療院　130
102箇所の──　10
前アンコール時代　6, 11
　　──の遺跡　11, 114, 184, 207
遷移期→第Ⅲ期
千手観音のレリーフ→バンテアイ・チュマール
遷都　199, 206

そ行

層状珪酸塩　16
象の足　38
象の彫像　92, 115, 171
象のテラス　12, 46, 51, **192**
　　──顔料　30
　　──転用材（北側部分）　52
　　──の建造時期　193
層理　48, 104, 145, 155, 159, 162, 210, 211
　　水平──→層理
　　縦──→層理
　　──面　59, 223
　　横──→層理
藻類　70, 126, 153, 182, 183
組積法　38, 48, 223
　　空積み　25, 27, 38, 178
　　──簡易化　106
　　──切石積み　165, 166, 171, 175
　　──小口積み　26, 50, 95, 219
　　──整層積み　15, 50, 129, 197,

210, 223
——長手積み　26, 50, 89, 93, 95, 138, 219, 221
——乱積み　15, 50, 162, 167, 175, 178, 182, 193, 212, 218, 223

た 行

第Ⅰ期（プリア・コー期）　12, 14, 45, 46, 47, 49, 89, 93, 94, 96, 104, 107, 108
第Ⅱ期（バケン期）　12, 45, 46, 47, 101, 105, 108
第Ⅲ期（遷移期）　12, 45, 46, 111, 114, 117, 201
第Ⅳa期（プレ・ループ〜クレアン〜バブーオン期）　12, 45, 46, 47, 49, 113, 119, 126, 128, 132, 134, 138, 145, 149, 211
第Ⅳb期（アンコール・ワット期前期）　12, 45, 46, 129, 141, 142, 144, 211, 216
第Ⅴ期（アンコール・ワット期主要期）　12, 45, 46, 129, 150, 159, 161
第Ⅵa-d期（バイヨン期前期）　12, 15, 35, 45, 46, 47, 48, 50, 51, 161, 166, 167, 168, 171, 182, 183, 187, 189
第Ⅶ期（バイヨン期後期）　12, 15, 45, 46, 47, 48, 50, 93, 148, 149, 166, 167, 168, 170, 178, 183, 188, 189, 191, 211
第Ⅷa期（バイヨン期末期）　12, 14, 19, 45, 46, 50, 129, 158, 167, 168, 171, 176, 177, 181, 187, 192, 193, 195, 196, 198
第Ⅷb期（ポスト・バイヨン期）　12, 45, 46, 50, 161, 162, 166, 167, 176, 181, 193, 194, 195, 196, 198
帯磁率（磁化率）　i, 78
——計（携帯型）　79
——に基づく時代区分　12
堆積
——岩　48, 52, 59, 60, 78, 79, 80, 104
——構造　48, 182
——面→層理面
『大唐西域記』　173
タイ東北部（東北タイ）　9, 33, 34, 112, 123
大プリア・カーン→コンポン・スヴァイのプリア・カーン
太陽光による膨張・収縮　68, 81

太陽崇拝　212
タ・ケオ　9, 11, 12, 45, 53, 64, 125, 223, 225
——外周壁（灰色〜黄褐色砂岩）　15
——北経蔵　126
——基壇の方解石析出による石材劣化　64
——砂岩材の劣化現象　127
——全景　126
——中央祠堂（緑灰色硬砂岩）
——の石材　14, 126
——灰色〜黄褐色砂岩（外周壁）口絵 1, 5
——灰色〜黄褐色砂岩の帯磁率　126
——ピソライト質ラテライト（基壇）口絵 7, 22
——平面図　125
——ラテライト造基壇　127
多孔質ラテライト　22, 25, 60, 105, 224
——バクセイ・チャムクロン（基壇）口絵 8, 22
——礫の入った——（東メボン）　23
打診棒　82
タ・ソム　12, 46, 70, 188
——内回廊東ゴプラ　189
——中央祠堂　189
——東ゴプラ上に成育した樹木（外周壁）　70
——平面図　188
タ・ネイ　30, 46, 186
——内回廊内　187
——内回廊南面　187
——特殊な伽藍配置　187
——平面図　186
タフォニ　67, 182, 225
——太陽光との関係　68
——による石材劣化　67
タ・プローム　8, 10, 12, 45, 52, 70, 164, 174
——遺跡と自然との共存　70, 164
——外周壁（不同沈下の影響）　59, 176
——樹木による浸食　口絵 iv, 69
——デヴァタ像　167
——内周壁内の平面図　口絵 26, 165
——崩壊した外回廊　165
タ・ムアン・トム　54
ダム・ダエック　124

ダラニンドラヴァルマン 1 世　9
炭酸カルシウム　31, 32, 64, 157
ダンシング・ホール　130
弾性波の伝播速度　79

ち 行

地衣類　70, 82, 182, 183
チソール山　53
地中レーダ→電磁波レーダ
チャーイ（祭司）　34
チャウ・サイ・テヴォダ　9, 10, 12, 45, 141, 143
——前室および中央祠堂　142
——東ゴプラおよび空中参道　142
——平面図　142
チャンパ　9, 10, 114
中国史料　139, 151, 212
沖積層　54
超音波伝播速度測定　79
超広域配置計画　213
頂華飾り　167, 191
長石　41, 124
長石質アレナイト　15
長石質ワッケ　18

て 行

デーヴァ　180
デヴァタ像→タ・プローム
デヴァタ彫刻　124
デック山　34
鉄の鉱山　34, 212
鉄の水酸化物　16,
鉄分　21, 26, 98
Terrain Rouge 層→プー・クラドゥン層
電磁波レーダ　82
転用材　52, 132, 136, 158, 195, 197
——北クレアン中央塔内部　133
——象のテラス　51

と 行

盗掘　i, 93, 124, 222
——跡（大プリア・カーン周壁西ゴプラ）　72
——跡（ニアック・ポアン中央祠堂）　72
——孔（鉄製千切, タ・ケオの基壇）　39
鉄製の千切りを——　38, 126
——による破壊　208
——の被害　72
堂山型→ピラミッド型

索　引　247

銅塔（バプーオン）→『真臘風土記』
東洋のモナリザ 124
道路網の整備 10
トマノン 9, 10, 12, 45, 140, 141, 142
――中央祠堂と前室 140
――西ゴープラ 141
――の修復 140
――平面図 140
――南経蔵 141
トリブヴァナディティヤヴァルマン 10
トンレサップ湖 63, 97, 100, 102, 104, 217
トンレ・バティのタ・プローム 2, 52

な 行

内戦 i, 2, 4, 73
ナーガ 171, 194
長手積み→組積法
ナライ・ジェン・ウェン 20, 54, 123
奈良文化財研究所 5

に 行

ニアック・ポアン 12, 45, 72, 168, 171, 173, 213
――中央祠堂 172
――中央祠堂の盗掘跡 72
――の寺院計画 213
――平面図 172
――礼拝堂 172
2次元的な温度情報 81
西バライ（貯水池） 9, 99, 100, 137, 138
西メボン 9, 12, 45, 137
――水位計 137
――東側周壁 137
――平面図 137
日本国政府アンコール遺跡救済チーム（JSA） 2, 5
――の地盤班 59
――の事務所 5
日本刀の原料 41

ね 行

熱帯モンスーン気候帯 58, 68, 69
熱伝導 82

は 行

灰色～黄褐色砂岩 3, 12, 14, 15, 41, 46, 52, 223, 224
――顕微鏡写真 口絵 3, 16
――帯磁率に基づく時代区分 12
――帯磁率頻度分布 口絵 17
――タ・ケオ（外周壁） 口絵 1, 15
――の圧縮強度→圧縮強度
――の主な構成粒子・鉱物 15
――の化学組成 16
――の細分 43
――の劣化原因 16
――バイヨン（内周壁） 口絵 2, 15
――を含む地層 100
排水システム 96, 120
バイヨン 10, 12, 17, 43, 45, 130, 167, 176, 177, 180, 182, 183, 185, 187, 191, 194, 225
――アプサラ像（無傷と劣化を比較） 68
――内回廊西面のレリーフ 35, 37, 61, 65, 83
――遠景 口絵 i
――期前期→第Ⅵa-d期
――期後期→第Ⅶ期
――期末期→第Ⅷa期
――北経蔵（修復前, 修復後） 5
――三角破風に残る大入れの痕跡 29
――四面塔群の遠景 180
――四面塔尊顔 口絵 ii
――ジャヤヴァルマン7世と大蛇の決闘場面（内回廊レリーフ） 194
――石材表面の地衣類と藍藻類 70, 183
――迫り出し積みアーチ工法 口絵 16, 39
――外回廊南面のレリーフ 35
――南北経蔵の建造時期 196
――の砂岩 182
――の修復工事 40
――のスラグの塊（南側） 34
――の石材劣化 67
――灰色～黄褐色砂岩（内周壁） 口絵 2, 15
――蜂の巣状の穴（外回廊の内柱） 67
――平面図 口絵 29, 181
ポスト――→第Ⅷb期
――南経蔵基壇（内部構造） 口絵 15, 38
――女神の救済（内回廊） 36
――木材（中央塔開口部） 28
――劣化現象（内回廊のレリーフ） 65, 83, 84, 182
バヴァヴァルマン1世 6
バヴァヴァルマン2世 6
バヴァプラ 6
バクセイ・チャムクロン 12, 45, 114
――基壇→多孔質ラテライト
――全景 114
――多孔質ラテライト（基壇） 口絵 8
――平面図 115
――木材（開口部） 28
――レンガ造祠堂 25
剥落（装飾の） 27, 92, 127, 157
剥離 60, 61, 63, 64, 65, 66, 67, 69, 81, 82, 100
剥離現象（温度差による） 69
剥離現象（方解石析出による） 64, 127, 136, 158, 183
バケン期→第Ⅱ期
バケン山 7, 14, 97
バコン 7, 12, 26, 91, 225
――基壇内部のラテライト材 93
――象の影像 92
――中央祠堂 93
――鉄製千切りの盗掘孔 93
――東側参道方向の様子 92
――平面図（内壁内） 口絵 21, 91
――木材（南側レンガ造祠堂1基の開口部） 28
――レリーフ 92
――レンガ造祠堂 17
――レンガ造経蔵 92
――レンガ造周辺祠堂 93
バッタンバン 2, 20, 55, 112
バナジウム 23, 77
パノム・ルン（タイ・コラート高原） 53, 54
――遠景 53
――中央祠堂と前室 53
パノム・ワン 54
破風 124
――飾り 163, 184
――三角―― 29, 131
バプーオン 9, 134
――期→第Ⅳa期
――空中参道 135
――外回廊東ゴープラ 135

――中心部の全景　135
――東ゴープラ　135
――平面図　134
――涅槃仏（西面）　135, 136
バライ　88
玻璃獅子　173
ハリハラーラヤ　6
ハルシャヴァルマン1世　7, 111, 114, 199
ハルシャヴァルマン2世　8
ハルシャヴァルマン3世　9
版築　38
――土　14, 38, 58, 98
――土の圧密や流出　58
――土の強化　40
バンテアイ・クデイ　10, 12, 43, 46, 164, **174**, 177
――外周壁東ゴープラ（四面塔）　175
――赤色顔料（内回廊および中央祠堂内壁）　30
――ダンシング・ホール内部　175
――中央部　176
――内周壁東ゴープラおよび参道　175
――木材（中央塔天井廻り縁）　28
――内周壁内の平面図　口絵28, 174
バンテアイ・サムレ　8, 10, 12, 45, 47, 159, **160**, 225
――内回廊ゴープラ　176
――前室および中央祠堂　161
――付柱彫刻　163
――平面図　口絵25, 160
バンテアイ・スレイ　9, 14, 19, 47, 52, 54, 100, **121**, 132, 136, 223
――北経蔵　123
――赤色砂岩（顕微鏡写真）　口絵6, 21
――赤色砂岩（中央祠堂, 前室）　口絵5, 20
――中央部遠景　122
――中央部祠堂群　122
――内周壁東ゴープラ　122
――の破風　口絵iii, 124
――平面図　121
――様式　12
――レリーフ　20,
バンテアイ・チュマール　2, 51, 88, 123, **218**, 222
――のサテライト寺院　221

――四面塔　218
――千手観音のレリーフ（外回廊）　218, 221
――中心部　221
――平面図　219
――平面図（外回廊内）　220
バンテアイ・プレイ　46, **189**
――内回廊東ゴープラ　190
――中央祠堂　190
――平面図　189
反発硬度　18, **80**

ひ 行

東バライ（貯水池）　7, 8, 115
東メボン　8, 12, 45, 94, 114, **115**, 118
――回廊の原型（タ・ケオ以降の）　115
――全景　116
――中央祠堂（レンガ造）　117
――のラテライト　116
――平面図　116
非晶質シリカ　85
ヒ素　23, 77, 105
ピソライト質ラテライト　22, 25, 105, 224
――顕微鏡写真　口絵9, 22
――タ・ケオ（基壇）　口絵7, 22
――プノン・クロム　105
――プレ・ループ　119
人食い鬼女　173
非破壊調査　ii, **75**
P波伝播速度　18
ピマイ（タイ・コラート高原）　口絵19, 20, 47, 54, 123, 211
――博物館　39
ピメアナカス　9, 12, 45, **128**, 130, 151
――王宮の東ゴープラ　128
――全景　129
――中央祠堂　129
――平面図　128
――レリーフの彫られた男池護岸　129
表面吸水試験　**85**
――装置　85
ピラミッド
　階段――　14, 65, 92, 98, 101, 114, 125, 132, 134, 195, 196, 202
　――型　14
　――基壇　18, 89, 91, 93, 98, 118
　――寺院　14, 11, 91, 115

ヒンドゥー教　6, 110, 180
――建造物　2
――に改宗　191
――の神話　163
――の方位神　212

ふ 行

ファイ・ヒン・ラート層　53
ブー・クラドゥン層　53
仏教　6, 110, 180
――建造物　2
――徒　10
仏像
――のレリーフ　197
――破壊　10
仏陀の生涯　173
不同沈下（地盤の）　58, 59, 60, 164, 175
――の抑制　58
扶南　6
プノン・クロム　12, 23, 45, 63, 64, 100, **102**, 105, 107, 225
――経蔵　104
――祠堂外壁（塩類風化による穴・析出した塩類）　63
――祠堂群　103
――周壁（ラテライト造）　104
――の砂岩材の傷み　103
――の壁体石積み→石積み
――平面図　口絵22, 103
プノン・ダ　11
プノン・チソール　2, 9, 19, 52
プノン・バケン　12, 14, 45, 50, 64, 65, 66, 97, 98, 100, 101, 105, 114, 225
――北経蔵　99
――基壇内部の地山　98
――基壇の剥離現象　65, 100
――の全景　98
――中央祠堂に残る弾痕　72
――平面図　99
プノン・ペン　2
プノン・ボック　63, **107**, 110
――経蔵　107, 108, 109
――巨大リンガ　109
――祠堂群　108
――周壁（ラテライト造）　107
――の建物の崩壊　103
――平面図　口絵23, 108
プ・パーン層　53, 54
フライング・パレス　7
プラ・ヴィハーン層　52
プラサート・イエイ・ポアン

索　引　249

——主祠堂 11
プラサート・クナ→コー・ケル
プラサート・クラヴァン 12, 45, 111, 114
　——祠堂群（レンガ造） 112
　——のレンガ→レンガ
　——赤色顔料
　——平面図 111
　——ラクシュミのレリーフ 112
プラサート・クラハム→コー・ケル
プラサート・スープラ 5, 12, 22, 27, 45, 47, 148, 150, 151, 162, 225
　——期→第Ⅰ期
　——祠堂群 89
　——S1 塔（不同沈下による傾き） 59, 60
　——N1 塔 150
　——北側の塔 149
　——テラス 34
　——の建造年代 149
　——ピソライト質ラテライト（顕微鏡写真） 口絵 9, 22
　——平面図 249
　——木材の痕跡 27
プラサート・タオ 17
　——獅子像 17
プラサート・ダムレイ→コー・ケル
プラサート・タモン 7
プラサート・チュルン 178, 181
プラサート・トム→コー・ケル
プラサート・ナライ・ジェン・ウェン（タイ・コラート高原） 20, 123
プラサート・ネアン・クマウ（コー・ケル） 71, 184
プラサート・ネアン・クマウ（プノン・ペン南） 112
プラサート・バサット（バッタンバン） 2, 52
プラサート・バラン→コー・ケル
プラサート・プラム→コー・ケル
プラサート・プリア・ストゥン→コンポン・スヴァイのプリア・カーン
プラサート・プリア・トコル→コンポン・スヴァイのプリア・カーン
プラダクシナ→参拝方法
ブラフマー（神） 138, 180
フランス極東学院 33, 136
　——修復活動　i, 111, 121, 134, 140, 148, 152, 193
プリア・ヴィヘア 2, 14, 33, 48, 54, 216
プリア・カーン 10, 12, 45, 164, 168, 174
　——円柱をもつ建物 170
　——ガルーダ像（外周壁） 169
　——赤色顔料 30
　——中央祠堂 170
　——内周壁西ゴープラ 170
　——内周壁内の平面図　口絵 27, 169
プリア・コー 7, 12, 88, 225
　——期→第Ⅰ期
　——祠堂群 89
　——平面図（外周壁内） 89
　——レンガ（顕微鏡写真）　口絵 11, 26
　——レンガ造祠堂 25
プリア・パリライ 12, 46, 51, 123, 195, 224
　——中央祠堂 196
　——東ゴープラ 196
　——平面図 195
プリア・ピトゥ 46, 51, 123, 196, 224
　——グループ U の中央祠堂 197
　——グループ X の中央祠堂 198
　——グループ Y 198
　——平面図 197
プレ・ループ 8, 9, 12, 45, 116, 117, 118, 120
　——全景 119
　——中央祠堂（レンガ造） 119
　——のラテライト→ピソライト質ラテライト
　——東側祠堂群（レンガ） 26, 120
　——平面図 118
プレ・ループ～クレアン～バプーオン期→第Ⅳa 期

へ 行

壁龕 167, 191
ベン・メリア 2, 9, 10, 48, 52, 70, 88, 100, 214, 224
　——大型砂岩材使用の建物 216
　——外回廊の南ゴープラ 216
　——当時の交通の要所 214
　——平面図 215
　——崩壊した外回廊 215

ほ 行

方解石（炭酸カルシウム） 15, 61, 64, 66, 67, 100, 127, 136, 158, 184, 225
　——析出 64, 127
放射性炭素年代測定 28, 94, 132, 150, 176, 184, 225
ボック山 7, 63, 107
ボート型の家屋 102

ま 行

マカラ 120
梱材 14, 27
マハー・サラカーム層 53, 54
マヘンドラヴァルマン 6
マヘンドラパルヴァタ 6
マンガン 77
　——酸化細菌 71, 105, 184
　——酸化物 71, 105, 184

み 行

三島由紀夫 194
ミソン（ヴェトナム） 52
南クレアン 9, 12, 14, 19, 27, 45, 131
　——内部 132
　——西面 132
　——平面図 131, 149

む 行

ムアン・ケーク 54
ムアン・タム 54, 113

め 行

メコン川 6
目地 50, 51, 70, 167
　——材 114
　水平—— 50, 135, 149, 150, 195, 198
　縦—— 26, 50
メール山（須弥山） 91, 110

も 行

毛細管現象 62, 155
木材 14, **27**
　——天井板 14, 27, 28
　——天井廻り縁 14, 27, 28, 176
　当時の—— 28, 96, 176, 184
　——の痕跡 27
木製扉軸受け材 28
木炭の破片 150, 225
モチーフ 138, 163, 184, 191

盛土 97, 128
森本右近太夫の墨書き 31

や行

ヤジュナヴァラーハ 9
ヤショーヴァルマン1世 7, 88, 94, 97, 102, 107, 115, 199
ヤショーヴァルマン2世 10, 92, 160
ヤショーダラプラ 7, 97, 101, 151
　　第一次—— 101
屋根
　　——裏の表面剥離 66
　　——の構築 27, 39
　　——の崩壊 39, 69, 131, 148, 165
屋根材 25, 184
　　——木 14, 27, 29, 131, 148
　　——の劣化（アンコール・ワット）69
　　——レンガ 25, 122, 126
ヤマ神（閻魔大王） 194

ゆ行

誘電率 84

よ行

葉理 15
ヨーニ 18

ら行

ライ王のテラス 10, 12, 46, 50, 51, 123, **193**, 194
　　——石英質赤色砂岩 51
　　——外側と内側 193
ライ病 194
ラオス 2, 9, 11, 33, 52, 53, 217
　　——南部 2, 10, 34
ラクシュミ（ヴィシュヌ神の妻） 111
ラージェンドラヴァルマン 8, 114, 115, 118, 121, 174
ラージャ 180
ラテライト 14, **21**, 224
　　——新材の石切り場（JSA） 口絵10, 23
　　——帯磁率に基づく区分 79
　　——中の大小の孔隙 48
　　——中の微量元素含有量の比較 24
　　——鉄やアルミニウムの濃集度 21
　　——の圧縮強度→圧縮強度
　　——の圧縮破壊 60

　　——の石切り場 23
　　——の化学組成 21
　　——の構成鉱物 23, 224
　　——の主要構成成分 23, 224
　　プノン・クロムの—— 23, 105
　　礫を含む—— 22
　　ワット・アトヴィアの周壁—— 145, 162
ラトソル→赤色の土壌
ラハル（貯水池） 9, 199
ラーマヤーナ 163
乱積み→組積法

り行

リーゼガング構造（プノン・バケンの地山） 98
硫酸 62, 71, 155
硫酸鉛 31, 32, 156, 157
流紋岩質岩石 102
緑灰色硬砂岩 14, **18**, 223
　　——顕微鏡写真　口絵4, 19
　　タ・ケオ中央祠堂の—— 14, 18, 19, 53, 223
　　——の化学組成 18
　　——の主要構成鉱物 18
　　——の反発硬度 18
　　——のP波伝播速度 18
　　——の表面の割れ（タ・ケオ中央祠堂） 19
緑れん石 15
リン 62, 155, 204, 225
　　——酸塩鉱物 62, 63, 104, 155, 157, 184, 225
リンガ 18, 110
リン酸カルシウム類 31, 32, 156, 157
リンテル 90, 157, 163, 191

る行

ルーペ 75
瑠璃馬 173

れ行

レーザラマン分光 **78**
レリーフの剝落→剝落（装飾）
レリーフの平滑化 71
レンガ 14, **25**
　　——顕微鏡写真　口絵11, 26
　　——小口積み 26
　　——造建築の修復 113
　　——長手積み 26
　　——の厚さ 26
　　——の大きさ 26

　　——の主要成分 26
　　プラサート・クラヴァンの—— 113
　　ラテライト粒子が混入した—— 26
連子子 113, 123

ろ行

魯般の墓（アンコール・ワット）→『真臘風土記』
ロリュオス遺跡群 17, 88
ロレイ 7, 12, **94**
　　——平面図 95
　　——木材（2祠堂の開口部） 28
　　——リンガのような石柱 95
　　——リンガ様石柱と排水溝 96
　　——レンガ造祠堂 27
　　——レンガ造祠堂群 95

わ行

ワット・アトヴィア 8, 10, 12, 45, 47, 48, **144**, 147, 159, 215, 224, 225
　　——中央祠堂 145
　　——西側十字型ゴープラ内壁 146
　　——平面図 144
　　——北西側経蔵 145
　　——ラテライト造周壁 146
ワット・エク（バッタンバン） 2, 52
ワット・スナン（バッタンバン） 112
ワット・ノコール 2, 8, 52
ワット・ノコール（コンポン・チャム） 2, 52
ワット・バナン（バッタンバン） 2, 52
ワット・ブー（ラオス） 9, 11, 33, 52, 217
割栗石 38, 58

When the Building Blocks of Angkor Speak
―Petrological Approaches to the World Heritage―

Etsuo UCHIDA

When the building blocks of the Khmer Empire speak, they would tell a story of their creation at the dawn of time and their subsequent bond with man in the creation of religious monuments. They would also tell the story of past kings and the battle with the elements of nature to maintain their integrity as immovable objects of human ingenuity and religious affection. We ask questions through scientific inquiry―they respond with scientific facts.

The Angkor monuments were built by the Khmer people under the direction of great kings between the 9th-15th centuries across what is today known as modern Cambodia, Laos, and Thailand. The monuments near Siem Reap city were registered on the World Heritage List of UNESCO in 1992. The Angkor monuments were built mainly of sandstone and laterite over compacted soil. Brick was occasionally used during the 9th and 10th centuries. The sandstone used to construct these monuments can be classified into three categories based on color, texture, chemical composition, and constituent minerals: gray to yellowish brown sandstone, red sandstone, and greenish graywacke. The most commonly used sandstone―gray to yellowish brown sandstone―showed no differences in chemical or constituent mineral composition among the tested monuments. However, significant differences were found in the average magnetic susceptibility of the sandstone. Average magnetic susceptibility statistics help in elucidating the construction and enlargement process of monuments, as well as in broadly defining the potentially different sources of supply. Through average magnetic susceptibility, at least seven sandstone quarries, which were used to build the monuments at the Angkor Archaeological Park, have been elucidated.

Laterite existing in two forms, porous and pisolitic, has the same basic constituent minerals of quartz, kaolinite, hematite, and goethite; however, a difference in the content of arsenic, antimony, vanadium, and strontium was observed. At least five laterite quarries in the Siem Reap area were used to construct the temples on the basis of their chemical composition and texture.

The investigation of the sandstone used in the monuments of the Angkorian period in Cambodia, Laos, and Thailand suggests that the choice of sandstone used in construction was determined by the surrounding geology.

In addition to magnetic susceptibility and basic sandstone traits of color and texture, design and the construction techniques that shaped the stone, construction methods of interlocking or stacking the stones, and care taken in the orientation of the bedding plane are useful in estimating the initial construction period and subsequent structural changes. A combination of traits inherent with each construction period makes it possible to differentiate between Baphuon, Angkor Wat, and Bayon periods, as well as subsets within each important period.

Various types of sandstone deterioration are recognized in the Angkor monuments. Physical, chemical, and biological weathering, all contribute to form the degradation of the stone and foundation structure that constitute the monuments—water being the indispensible component in the complex chain of events.

Our journey of discovery with the "stones that speak" begins in the 9th century in the temple of Preah Ko, built by Indravarman I. It progresses through almost 500 years of building, innovation, and modification, ending with the post-Bayon temple complex of Jayavarman VIII at Preah Pithu in the 13th-14th centuries. We speak to each temple as they stand today and ask the question, "What happened?"

著　者

内田　悦生（うちだ　えつお）

早稲田大学理工学術院教授，理学博士（東京大学）
1977年早稲田大学理工学部資源工学科卒業
1979年東京大学大学院理学系研究科地質学専攻修士課程修了
1982年東京大学大学院理学系研究科地質学専攻博士課程修了
1982年-1984年ベルギー政府給費留学生（ルーバン・カトリック大学）
早稲田大学理工学部助手，専任講師，助教授を経て現在に至る。
1994年以来日本国政府アンコール遺跡救済チーム団員
専門分野：岩石・鉱物・鉱床学，文化財科学

コラム執筆

下田　一太（しもだ　いちた）

早稲田大学理工学術院総合研究所客員講師，日本国政府アンコール遺跡救済チーム技術顧問，博士（建築学）（早稲田大学）
1998年早稲田大学理工学部建築学科卒業
2001年早稲田大学大学院理工学研究科建築学専攻修士課程修了
2004年早稲田大学大学院理工学研究科建築学専攻博士後期課程修了
早稲田大学理工学研究所助手を経て現在に至る。
専門分野：建築史

早稲田大学学術叢書　12

石が語るアンコール遺跡
－岩石学からみた世界遺産－

2011年3月30日　初版第1刷発行

著　者……………内田　悦生
発行者……………島田　陽一
発行所……………株式会社　早稲田大学出版部
　　　　　　　　169-0051 東京都新宿区西早稲田1-9-12-402
　　　　　　　　電話 03-3203-1551　http://www.waseda-up.co.jp/
装　丁……………笠井　亞子
印刷・製本………大日本法令印刷　株式会社

© 2011, Etsuo Uchida. Printed in Japan　　ISBN978-4-657-11704-5
無断転載を禁じます。落丁・乱丁本はお取替えいたします。

刊行のことば

　早稲田大学は、2007年、創立125周年を迎えた。創立者である大隈重信が唱えた「人生125歳」の節目に当たるこの年をもって、早稲田大学は「早稲田第2世紀」、すなわち次の125年に向けて新たなスタートを切ったのである。それは、研究・教育いずれの面においても、日本の「早稲田」から世界の「WASEDA」への強い志向を持つものである。特に「研究の早稲田」を発信するために、出版活動の重要性に改めて注目することとなった。

　出版とは人間の叡智と情操の結実を世界に広め、また後世に残す事業である。大学は、研究活動とその教授を通して社会に寄与することを使命としてきた。したがって、大学の行う出版事業とは大学の存在意義の表出であるといっても過言ではない。そこで早稲田大学では、「早稲田大学モノグラフ」、「早稲田大学学術叢書」の２種類の学術研究書シリーズを刊行し、研究の成果を広く世に問うこととした。

　このうち、「早稲田大学学術叢書」は、研究成果の公開を目的としながらも、学術研究書としての質の高さを担保するために厳しい審査を行い、採択されたもののみを刊行するものである。

　近年の学問の進歩はその速度を速め、専門領域が狭く囲い込まれる傾向にある。専門性の深化に意義があることは言うまでもないが、一方で、時代を画するような研究成果が出現するのは、複数の学問領域の研究成果や手法が横断的にかつ有機的に手を組んだときであろう。こうした意味においても質の高い学術研究書を世に送り出すことは、総合大学である早稲田大学に課せられた大きな使命である。

　「早稲田大学学術叢書」が、わが国のみならず、世界においても学問の発展に大きく貢献するものとなることを願ってやまない。

２００８年１０月

早稲田大学

早稲田大学学術叢書シリーズ

　2007年に創立125周年を迎えた早稲田大学が「早稲田第2世紀」のスタートにあたり，大学が擁する幅広い学問領域から日々生み出される優れた研究成果をシリーズ化。学術研究書としての質の高さを保つために，大学での厳しい審査を経て採択されたもののみを刊行する。

中国古代の社会と黄河
　　　　　　　　　　　　　　　　濱川　栄 著（¥5,775　978-4-657-09402-5）
　中国の象徴とも言える黄河。幾多の災害をもたらす一方，その泥砂で華北に大平原を形成してきたこの大河は，中国古代の歴史といかなる関わりをもったかを検証。

東京専門学校の研究 ―「学問の独立」の具体相と「早稲田憲法草案」―
　　　　　　　　　　　　　　　　真辺　将之 著（¥5,670　978-4-657-10101-3）
　早稲田の前身・東京専門学校の学風を，講師・学生たちの活動より描き出した書。近代日本の政治史・思想史・教育史上の東京専門学校の社会的役割を浮き彫りに。

命題的推論の理論 ―論理的推論の一般理論に向けて―
　　　　　　　　　　　　　　　　中垣　啓 著（¥7,140　978-4-657-10207-2）
　命題的推論（条件文や選言文に関する推論）に関する新しい理論（MO理論）を提出し，命題的推論に関する心理学的諸事実をその理論によって説明したものである。

一亡命者の記録 ―池明観のこと―
　　　　　　　　　　　　　　　　堀　真清 著（¥4,830　978-4-657-10208-9）
　現代韓国の生んだ最大の知識人，『韓国からの通信』の著者として知られる池明観の知的評伝。韓国併合から百年，あらためて日本の隣国とかかわりかたを問う。

ジョン・デューイの経験主義哲学における思考論 ―知性的な思考の構造的解明―
　　　　　　　　　　　　　　　　藤井　千春 著（¥6,090　978-4-657-10209-6）
　長く正当な評価を受けてこなかったデューイの経験主義哲学における，西欧近代哲学とは根本的に異なった知性観とそれに基づく思考論を描き出した。

霞ヶ浦の環境と水辺の暮らし ―パートナーシップ的発展論の可能性―
　　　　　　　　　　　　　　　　鳥越　皓之 編著（¥6,825　978-4-657-10210-2）
　霞ヶ浦を対象にした社会科学分野でのはじめての本格的な研究書。湖をめぐって人間はいかなるルールを作り，技術を開発し，暮らしを営んできたか，に分析の焦点をあてた。

朝河貫一論 ―その学問形成と実践―
　　　　　　　　　　　　　　　　山内　晴子 著（¥9,345　978-4-657-10211-9）
　イェール大学歴史学教授朝河貫一の戦後構想は，これまで知られている以上に占領軍に影響があったのではないか。学問的基礎の形成から確立，その実践への歩みを描く。

源氏物語の言葉と異国
　　　　　　　　　　　　　　　　金　孝淑 著（¥5,145　978-4-657-10212-6）
　『源氏物語』において言葉としてあらわれる「異国」を中心に，その描かれ方を検討し，その異国の描かれ方がどのような機能を果たしているのかを分析する。

―2011年春季刊行の8冊―

経営変革と組織ダイナミズム ―組織アライメントの研究―
　　　　　　　　　　　　　　　　鈴木　勘一郎 著（¥5,775　978-4-657-11701-4）
　パナソニックや日産自動車などにおける変革プロセスの調査・分析をもとに，新しい時代の企業経営のために「組織アライメント・モデル」を提示する。

帝政期のウラジオストク —市街地形成の歴史的研究— 佐藤 洋一 著（¥9,765　978-4-657-11702-1） 国際都市ウラジオストクの生成・発展期における内部事象の特質を研究。これからの日露両国の交流や相互理解を進める上での必読書。	
民主化と市民社会の新地平 —フィリピン政治のダイナミズム— 五十嵐 誠一 著（¥9,030　978-4-657-11703-8） 「ピープルパワー革命」の原動力となった市民社会レベルの運動に焦点をあて，フィリピンにおける民主主義の定着過程および今後の展望を明らかにする。	
石が語るアンコール遺跡 —岩石学からみた世界遺産— 内田 悦生 著　下田 一太（コラム執筆）（¥6,405　978-4-657-11704-5） アンコール遺跡の文化財科学による最新の調査・研究成果をわかりやすく解説するほか，建築学の視点からみた遺跡にまつわる多数のコラムによって世界遺産を堪能。	
モンゴル近現代史研究：1921～1924年 —外モンゴルとソヴィエト，コミンテルン— 青木 雅浩 著（¥8,610　978-4-657-11705-2） 1921～1924年に外モンゴルで発生した政治事件の発生および経緯を，「外モンゴルとソヴィエト，コミンテルンの関係」という視点から，明らかにした力作。	
金元時代の華北社会と科挙制度 —もう一つの「士人層」— 飯山 知保 著（¥9,345　978-4-657-11706-9） 女真とモンゴルの支配下にあった「金元時代」の中国華北地方において，科挙制度の果たした社会的役割，特に在来士人層＝知識人たちの反応を解説。	
平曲譜本による近世京都アクセントの史的研究 上野 和昭 著（¥10,290　978-4-657-11707-6） 江戸期における京都アクセントの体系を，室町期以降のアクセントの変遷もふまえながら，平曲譜本を中心とした豊富な資料をもとに緻密に考察する。	
Pageant Fever: Local History and Consumerism in Edwardian England YOSHINO, Ayako 著（¥6,825　978-4-657-11709-0） The first-book length study of English historical pageantry looks at the vogue for pageants that began when dramatist Louis Napoleon Parker organised the Sherborne Pageant in 1905.	

—2011年度中に刊行予定—（書名は仮題）

全契約社員の正社員化 —広島電鉄労働組合・混沌から再生へ（1993年～2009年）—	河西 宏祐
対話のことばの科学 —話すと同時に消えるにもかかわらずなぜ対話は円滑に進むのか—	市川 熹
チベット仏教世界から見た清王朝の研究	石濱 裕美子

書籍のご購入・お問い合わせ
当出版部の書籍は，全国の書店・生協でご購入できます。書店等に在庫がない場合は，書店等にご注文ください。
また，インターネット書店でもご購入できます。

早稲田大学出版部
http://www.waseda-up.co.jp/